Aluísio de Freitas Miele
Carolina Helena Fontes
Cíntia Rosa Pereira de Lima
Claudia Lima Marques
Daniel Mendes Bioza
Eduardo Molan Gaban
Flávia Lira da Silva
Frederico Fernandes Moesch
Gisela Biacchi Emanuelli
João Victor Porto Jarske
Juliana Oliveira Domingues
Luciane de Loiola Rodrigues
Luis Gustavo Pinheiro Loureiro Carneiro
Luiz Felipe da Fonseca Pereira
Luma Cavaleiro de Macêdo Scaff
Marcelo Chiavassa de Mello
Paula Lima
Marcus Vinicius Fernandes Andrade da Silva
Mariana Zilio da Silva Nasaret

2023

Isabela Maiolino
Juliana Oliveira Domingues
Coordenadoras

REGULAÇÃO DAS RELAÇÕES DE CONSUMO
LIÇÕES CONTEMPORÂNEAS

Maria Cristina Rayol
Napoleão Casado Filho
Newton De Lucca
Nicolas Eric Matoso Medeiros de Souza
Patricia Semensato Cabral
Pedro Aurélio de Queiroz Pereira da Silva
Raíssa Guimarães Carvalho
Roberta Freitas Costa
Vinicius Klein
Vitor Moraes de Andrade
Viviane Salomão Braga

Dados Internacionais de Catalogação na Publicação (CIP) de acordo com ISBD

R344

Regulação das relações de consumo: lições contemporâneas / coordenado por Juliana Oliveira Domingues, Isabela Maoiolino. - Indaiatuba, SP : Editora Foco, 2023.

240 p. ; 16cm x 23cm.

Inclui bibliografia e índice.
ISBN: 978-65-5515-731-4

1. Direito. 2. Direito do consumidor. 3. Relações de consumo. I. Domingues, Juliana Oliveira. II. Maoiolino, Isabela. III. Título.

2023-285   CDD 342.5   CDU 347.451.031

Elaborado por Vagner Rodolfo da Silva - CRB-8/9410

Índices para Catálogo Sistemático:

1. Direito do consumidor 342.5
2. Direito do consumidor 347.451.031

Aluísio de Freitas Miele
Carolina Helena Fontes
Cíntia Rosa Pereira de Lima
Claudia Lima Marques
Daniel Mendes Bioza
Eduardo Molan Gaban
Flávia Lira da Silva
Frederico Fernandes Moesch
Gisela Biacchi Emanuelli
João Victor Porto Jarske
Juliana Oliveira Domingues
Luciane de Loiola Rodrigues
Luis Gustavo Pinheiro Loureiro Carneiro
Luiz Felipe da Fonseca Pereira
Luma Cavaleiro de Macêdo Scaff
Marcelo Chiavassa de Mello
Paula Lima
Marcus Vinicius Fernandes Andrade da Silva
Mariana Zilio da Silva Nasaret

Isabela Maiolino
Juliana Oliveira Domingues
Coordenadoras

REGULAÇÃO DAS RELAÇÕES DE CONSUMO
LIÇÕES **CONTEMPORÂNEAS**

Maria Cristina Rayol
Napoleão Casado Filho
Newton De Lucca
Nicolas Eric Matoso Medeiros de Souza
Patricia Semensato Cabral
Pedro Aurélio de Queiroz Pereira da Silva
Raíssa Guimarães Carvalho
Roberta Freitas Costa
Vinicius Klein
Vitor Moraes de Andrade
Viviane Salomão Braga

2023 © Editora Foco

Organizadoras: Juliana Oliveira Domingues e Isabela Maiolino
Autores: Aluísio de Freitas Miele, Carolina Helena Antunes, Cíntia Rosa Pereira de Lima, Claudia Lima Marques, Daniel Mendes Bioza, Eduardo Molan Gaban, Flávia Lira da Silva, Frederico Fernandes Moesch, Gisela Biacchi Emanuelli, João Victor Porto Jarske, Juliana Oliveira Domingues, Luciane de Loiola Rodrigues, Luis Gustavo Pinheiro Loureiro Carneiro, Luiz Felipe da Fonseca Pereira, Luma Cavaleiro de Macêdo Scaff, Marcelo Chiavassa de Mello Paula Lima, Marcus Vinicius Fernandes Andrade da Silva, Maria Cristina Rayol, Mariana Zilio da Silva Nasaret, Napoleão Casado Filho, Newton De Lucca, Nicolas Eric Matoso Medeiros de Souza, Patricia Semensato Cabral, Pedro Aurélio de Queiroz Pereira da Silva, Raíssa Guimarães Carvalho, Roberta Freitas Costa, Vinicius Klein, Vitor Moraes de Andrade e Viviane Salomão Braga

Diretor Acadêmico: Leonardo Pereira
Editor: Roberta Densa
Assistente Editorial: Paula Morishita
Revisora Sênior: Georgia Renata Dias
Capa Criação: Leonardo Hermano
Diagramação: Ladislau Lima e Aparecida Lima
Impressão miolo e capa: FORMA CERTA

DIREITOS AUTORAIS: É proibida a reprodução parcial ou total desta publicação, por qualquer forma ou meio, sem a prévia autorização da Editora FOCO, com exceção do teor das questões de concursos públicos que, por serem atos oficiais, não são protegidas como Direitos Autorais, na forma do Artigo 8º, IV, da Lei 9.610/1998. Referida vedação se estende às características gráficas da obra e sua editoração. A punição para a violação dos Direitos Autorais é crime previsto no Artigo 184 do Código Penal e as sanções civis às violações dos Direitos Autorais estão previstas nos Artigos 101 a 110 da Lei 9.610/1998. Os comentários das questões são de responsabilidade dos autores.

NOTAS DA EDITORA:

Atualizações e erratas: A presente obra é vendida como está, atualizada até a data do seu fechamento, informação que consta na página II do livro. Havendo a publicação de legislação de suma relevância, a editora, de forma discricionária, se empenhará em disponibilizar atualização futura.

Erratas: A Editora se compromete a disponibilizar no site www.editorafoco.com.br, na seção Atualizações, eventuais erratas por razões de erros técnicos ou de conteúdo. Solicitamos, outrossim, que o leitor faça a gentileza de colaborar com a perfeição da obra, comunicando eventual erro encontrado por meio de mensagem para contato@editorafoco.com.br. O acesso será disponibilizado durante a vigência da edição da obra.

Impresso no Brasil (02.2023) – Data de Fechamento (02.2023)

2023
Todos os direitos reservados à
Editora Foco Jurídico Ltda.
Avenida Itororó, 348 – Sala 05 – Cidade Nova
CEP 13334-050 – Indaiatuba – SP

E-mail: contato@editorafoco.com.br
www.editorafoco.com.br

SOBRE AS ORGANIZADORAS E AUTORES

ORGANIZADORAS

Isabela Maiolino
Doutoranda e Mestra em Direito pela Universidade de Brasília (UnB). Bacharel em Direito pelo Instituto Brasiliense de Direito Público (IDP). Coordenadora-geral de normatização da Autoridade Nacional de Proteção de Dados (ANPD). Foi Assistente e Coordenadora Substituta do Conselho Administrativo de Defesa Econômica (Cade). Também foi assessora e chefe de gabinete da Secretaria Nacional do Consumidor (Senacon). Foi Diretora Acadêmica da rede Women in Antitrust Brasil. E-mail: isabela.maiolino@hotmail.com.

Juliana Oliveira Domingues
Professora Doutora de Direito Econômico da Universidade de São Paulo (FDRP/USP). Procuradora-Chefe do Conselho Administrativo de Defesa Econômica. Codiretora regional da Academic Society for Competition Law. Foi *Visiting Scholar* da Georgetown University Law School. Foi Secretária Nacional do Consumidor, Presidente do CNDC e do CNCP. E-mail: julianadomingues@usp.br.

AUTORES

Aluísio de Freitas Miele
Mestre em Direito pela Faculdade de Direito da USP (FDRP-USP). Graduado em Direito pela UNESP. Diretor do Instituto Brasileiro de Concorrência e Inovação (IBCI). Professor em cursos de graduação e pós-graduação. Membro do Comitê Jovens Arbitralistas (CJA-CBMA). Membro do Grupo de Pesquisa Concorrência e Inovação da FDRP-USP. Pesquisador do Núcleo de Estudo e Pesquisa sobre Insolvência (NEPI) da PUC-SP. E-mail: aluisio@msmsociedadedeadvogados.com.

Carolina Helena Antunes
Especialização em Defesa da Concorrência e MBA em Administração Estratégica de Sistemas da Informação, ambos pela Fundação Getúlio Vargas (FGV). Graduada em Engenharia de Redes de Comunicação pela Universidade de Brasília (UnB). Servidora pública federal da carreira de Especialista em Políticas Públicas e Gestão Governamental (EPPGG). Coordenadora-Geral de Análise Antitruste do Conselho Administrativo de Defesa Econômica (CADE). E-mail: carol.helena@uol.com.br.

Cíntia Rosa Pereira de Lima
Pós-doutorado em Direito Civil pela Università degli Studi di Camerino (Itália) e Fordham Law School (Nova York). Doutora em Direito Civil pela USP. Livre-Docente em Direito Civil pela USP. Professora-Associada de Direito Civil da Faculdade de Direito da USP Ribeirão Preto – FDRP. Presidente do Instituto Avançado de Proteção de Dados – IAPD. E-mail: cintiar@usp.br.

Claudia Lima Marques
Doutora *iuris utriusque* (Heidelberg), L.L.M. (Tübingen). Professora Titular e Diretora da Faculdade de Direito da Universidade Federal do Rio Grande do Sul. Professora do PPGD UFRGS e UNNOVE. Presidente do Comitê de Proteção Internacional dos Consumidores da International Law Association-ILA (Londres). Pesquisadora do CNPq. Ex-Presidente do Instituto Brasileiro de Política e Direito do Consumidor – Brasilcon. E-mail: dirinter@ufrgs.br.

Daniel Mendes Bioza
Bacharel e Mestrando em Direito na Universidade de São Paulo. *Coach* dos times de Arbitragem Comercial Internacional, Arbitragem de Investimento, Negociação/Mediação e Direito Penal Internacional que representam a Universidade de São Paulo em competições internacionais. Membro-fundador do Grupo de Negociação da Universidade de São Paulo (GNUSP). Assistente legal de Napoleão Casado Filho no Projeto das Nações Unidas para o Desenvolvimento. Advogado. E-mail: daniel@ccflaw.com.br.

Eduardo Molan Gaban
Professor Doutor de Direito Econômico nos programas de pós-graduação da FDRP/USP, PUC/PR e UEL. Diretor do Instituto Brasileiro de Concorrência e Inovação (IBCI - [http://www.ibcibr.br]). Visiting Fulbright Scholar at the New York University (2010-2011). Líder do Núcleo de Pesquisa em Concorrência e Inovação da PUC/SP. E-mail: gaban@nglaw.com.br.

Flávia Lira da Silva

Especialista em Direito Constitucional, em Direito do Consumidor na Era Digital, e em Direito Regulatório. Analista de Proteção e Defesa do Consumidor e Assessora Jurídica da Presidência do Procon/RJ. Conselheira no Conselho Nacional de Defesa do Consumidor (CNDC). Advogada. Palestrante. E-mail: flavials.adv@gmail.com.

Frederico Fernandes Moesch

Mestre em Ciência Política pela Universidade Federal do Rio Grande do Sul (UFRGS). Especialista em Políticas Públicas e Gestão Governamental (EPPGG). Graduado em Direito pela Pontifícia Universidade Católica do Rio Grande do Sul (PUCRS). Servidor público federal da carreira. Assessor na Secretaria Especial de Produtividade e Competitividade (SEPEC) do Ministério da Economia (ME). Foi Coordenador-Geral de Estudos e Monitoramento de Mercado na Secretaria Nacional do Consumidor (SENACON) do Ministério da Justiça e Segurança Pública (MJSP). E-mail: ffmoesch@gmail.com.

Gisela Biacchi Emanuelli

Mestre em Integração Latino-Americana pela Universidade Federal de Santa Maria. Pós-graduada em Altos Estudos de Defesa Nacional, pela Escola Superior de Guerra (ESG). Graduada em Direito pela Universidade Federal de Santa Maria. Técnica em Regulação de Aviação Civil da Agência Nacional de Aviação Civil (ANAC). E-mail: giselabiacchi@gmail.com.

João Victor Porto Jarske

Graduado em Direito pela Universidade Federal da Paraíba. *Coach* do Grupo de Estudos de Arbitragem e Comércio Exterior do Centro Universitário de João Pessoa – GEACE Unipê. Advogado. E-mail: joao.jarske@gmail.com.

Juliana Oliveira Domingues

Professora Doutora de Direito Econômico da Universidade de São Paulo (FDRP/USP). Procuradora-Chefe do Conselho Administrativo de Defesa Econômica. Codiretora regional da Academic Society for Competition Law. Foi *Visiting Scholar* da Georgetown University Law School. Foi Secretária Nacional do Consumidor, Presidente do CNDC e do CNCP. E-mail: julianadomingues@usp.br.

Luciane de Loiola Rodrigues

Especialista em Direito Processual Civil pelo COGEAE/PUC-SP. Coordenadora e especialista em contencioso da área de Direito Educacional no escritório Morais Andrade Advogados. Com vasta experiência em contencioso civil consumerista, a advogada tem atuação destacada em ações envolvendo Instituições de Ensino Superior. E-mail: lrodrigues@moraisandrade.com.

Luis Gustavo Pinheiro Loureiro Carneiro

Mestre em Transportes pela Universidade de Brasília (UnB). Graduado em Engenharia Civil pela Universidade Federal de Minas Gerais (UFMG). Especialista em Regulação da Agência Nacional de Aviação Civil (ANAC). E-mail: luisgustavo.pinheiro@gmail.com.

Luiz Felipe da Fonseca Pereira

Doutorando e Mestre em Direito pela Universidade Federal do Pará – UFPA. Graduado em Direito pela UFPA com período sanduíche na Faculdade de Direito da Universidade de Coimbra – Portugal. Advogado. Professor de Direito Público e Digital na UFPA. Pesquisador e Consultor no projeto Elos do Ministério da Ciência, Tecnologia e Inovações e Pnud-ONU Brasil. Vice-líder do Grupo de Pesquisa Financiando Direitos (CNPq). E-mail: felip.fons02@gmail.com.

Luma Cavaleiro de Macêdo Scaff

Doutora em Direito Financeiro pela Universidade de São Paulo. Mestre em Direitos Humanos pela Universidade de São Paulo. Graduação em Direito pela Universidade Federal do Pará. Advogada. Professora da graduação e pós-graduação (mestrado e doutorado acadêmico – PPGD e mestrado profissional – PPGDDA em Direito) da Universidade Federal do Pará. Ex-pesquisadora bolsista da Fundação Ford. Membro da Rede de Pesquisa Junction Amazonian Biodiversity Units Research Network Program (JAMBU-RNP). Líder do Grupo de Pesquisa Financiando Direitos (CNPq). E-mail: lumascaff@yahoo.com.br.

Marcelo Chiavassa de Mello Paula Lima

Professor de Direito Civil, Digital e Direito da Inovação nas turmas de graduação da Faculdade de Direito da Universidade Presbiteriana Mackenzie, além de presença acadêmica que contempla a Universidade de São Paulo, a Pontifícia Universidade Católica de São Paulo, a Università Degli Studi di Camerino (Itália), a Università degli Studi di Perugia (Itália) e a Universidad de Salamanca. É presente também em associações profissionais e acadêmicas, além de ser Coordenador do Caderno de Direito Digital da Revista Forense. E-mail: mchiavassa@moraisandrade.com.

Marcus Vinicius Fernandes Andrade da Silva

Doutor e Mestre em Direito do Consumidor pela PUC SP. Especialista em Direito das Relações de Consumo pela PUC SP. Especialista em Direito das Inovações Tecnológicas pela UFRN/IMD. Professor Doutor da UNI RN. Chefe de Gabinete da SENACON. Conselheiro Suplente do Fundo de Direitos Difusos. Consultor do Núcleo de Pesquisa e Extensão do Cascudojurilab da UFRN. Advogado. E-mail: marcusvfas@gmail.com.

Maria Cristina Rayol

Mestre em Relações Internacionais pelo Instituto Rio Branco (2009) e pela Universidade Torcuato dei Tella (Argentina, 2018). Formada em Direito pela Universidade Federal do Ceará. Diplomata de carreira desde 2006, atualmente integra a Assessoria Especial de Relações Federativas e com o Congresso Nacional do Ministério das Relações Exteriores. Foi assessora do Cerimonial da Presidência da República e Coordenadora-Geral de Articulação e Relações Institucionais e Internacionais da Secretaria Nacional do Consumidor do Ministério da Justiça e Segurança Pública. No exterior, serviu nas embaixadas do Brasil em Teerã (Irã), Buenos Aires (Argentina) e Díli (Timor-Leste). E-mail:

Mariana Zilio da Silva Nasaret

Graduada em Direito pela Universidade do Estado de Mato Grosso. Foi aluna especial do PPGD/UnB. Advogada. Foi Chefe de Gabinete e Assessora Técnica na Secretaria Nacional do Consumidor. E-mail: msmarianazilio@gmail.com.

Napoleão Casado Filho

Pós-Doutor pela Société de Législation Comparée de Paris. Doutor e Mestre em Direito das Relações Econômicas Internacionais pela PUC-SP. Presidente do CIArb Brazil Branch. Professor de Arbitragem e Direito do Comércio Internacional da PUC/SP, do IBMEC-SP e do Centro Universitário João Pessoa – UNIPÊ. Advogado e árbitro em São Paulo. napoleao@ccflaw.com.br.

Newton De Lucca

Professor Titular da Faculdade de Direito da Universidade de São Paulo. Professor do Corpo Permanente da Pós-Graduação Stricto Sensu da UNINOVE. Desembargador Federal, Presidente do Tribunal Regional Federal da 3ª Região (biênio 2012/2014). Membro da Academia Paulista de Direito. Membro da Academia Paulista de Letras Jurídicas. Membro da Academia Paulista dos Magistrados. Vice-Presidente do Instituto Avançado de Proteção de Dados – IAPD. E-mail: desnewtondelucca@gmail.com.

Nicolas Eric Matoso Medeiros de Souza

LL.M em Direito Societário e ampla experiência na representação de empresas locais e internacionais em processos complexos e sensíveis, tanto no âmbito administrativo e judicial, em serviços de consultoria e em planejamento estratégico. Contribuindo com seu conhecimento interno do Governo Federal e do Sistema Nacional de Defesa do Consumidor brasileiro, sua atuação inclui a coordenação de casos de destaque em instâncias judiciais e administrativas, como Órgãos de Defesa do Consumidor e Ministério Público. Associado sênior com atuação voltada em Direito do Consumidor, da Tecnologia e Regulatório E-mail: nicolaseric.mms@gmail.com.

Patricia Semensato Cabral

Mestre em Economia do Setor Público (UnB) e especialista em Defesa da Concorrência (FGV). Servidora Pública Federal da carreira de Especialista em Políticas Públicas e Gestão Governamental. Gerente Técnica de Educação para o Consumo e Qualidade dos Serviços de Transporte Aéreo, na Agência Nacional de Aviação Civil (ANAC). Foi Coordenadora-Geral de Análise Antitruste, no Conselho Administrativo de Defesa Econômica (CADE). E-mail: psemensatocabral@gmail.com.

Pedro Aurélio de Queiroz Pereira da Silva

Mestre e Doutorando em Direito pela USP. Procurador da Fazenda Nacional na Advocacia Geral da União (AGU). Foi Diretor do Departamento de Proteção e Defesa do Consumidor da Secretaria Nacional do Consumidor do Ministério da Justiça e Segurança Pública. E-mail: pequeiroz@hotmail.com.

Raíssa Guimarães Carvalho

Mestre e Graduada em Direito pela Universidade de São Paulo (FDRP/USP). Diplomata. E-mail: raissa.carvalho@itamaraty.gov.br.

Roberta Freitas Costa

Pós-graduada em Direito Público pela Faculdade Unyleya. Coordenadora de Projeto na Subchefia Adjunta de Assuntos Legislativos da Subchefia para Assuntos Jurídicos da Secretaria-Geral da Presidência da República. Foi Assessora Técnica da Secretaria Nacional do Consumidor. E-mail: robertafreitasc@hotmail.com.

Vinicius Klein

Doutor em Desenvolvimento Econômico pela UFPR. Doutor em Direito Civil pela Universidade Estadual do Rio de Janeiro (UERJ). Professor de Direito e Economia no Departamento de Economia da Universidade Federal do Paraná (UFPR). Procurador do Estado do Paraná. E-mail: viniciusklein78@yahoo.com.br.

Vitor Moraes de Andrade

Professor Doutor de Direito do Consumidor e Tecnologia da Pontifícia Universidade Católica de São Paulo (PUC/SP). Vice-Presidente do Instituto de Pesquisa Sociedade e Consumo (IPSConsumo) e da Associação Brasileira das Relações Empresa Cliente (ABRAREC). Membro do Conselho de Ética do CONAR e Conselheiro no Sistema de Autorregulação do Setor de Telecomunicações (SART). E-mail: vandrade@moraisandrade.com.

Viviane Salomão Braga

Pós-graduada em "Ética Empresarial: Estruturas Societárias, Contratos e *Compliance*" pela Universidade de São Paulo – FDRP/USP, e, em "Gestão Tributária" pela Universidade de São Paulo (USP). Formada em Direito pela Universidade de São Paulo – FDRP/USP (2013). Foi chefe de gabinete da SENACON/MJSP. E-mail: salomaoviviane@gmail.com.

SUMÁRIO

SOBRE AS ORGANIZADORAS E AUTORES V

PREFÁCIO
Bruno Miragem XIII

APRESENTAÇÃO
Teresa Moreira XVII

A DESREGULAÇÃO DO SETOR AÉREO E A DIVERSIFICAÇÃO DE SERVIÇOS PARA O CONSUMIDOR: O CASO DAS EMPRESAS *LOW COST*
Luis Gustavo Pinheiro Loureiro Carneiro e Gisela Biacchi Emanuelli 1

ANÁLISE DE IMPACTO REGULATÓRIO NAS POLÍTICAS PÚBLICAS CONSUMERISTAS: RACIONALIDADE, CONSEQUENCIALISMO E PREDIÇÃO
Juliana Oliveira Domingues, Aluísio de Freitas Miele e Pedro Aurélio de Queiroz Pereira da Silva 19

AS VIRTUDES DA ARBITRAGEM NAS RELAÇÕES DE CONSUMO
Napoleão Casado Filho, João Victor Porto Jarske e Daniel Mendes Bioza 31

CONSUMIDOR E SAÚDE SUPLEMENTAR: EXTERNALIDADES POSITIVAS DA RESOLUÇÃO DO CONSELHO DE SAÚDE SUPLEMENTAR (CONSU) 01, DE 2021 NO ATENDIMENTO DOS CONSUMIDORES DE PLANOS DE SAÚDE
Juliana Oliveira Domingues e Frederico Fernandes Moesch 39

DESAFIOS À PROTEÇÃO DE DADOS DOS CONSUMIDORES NO CENÁRIO TRANSFRONTEIRIÇO INTERAMERICANO
Cíntia Rosa Pereira de Lima, Newton De Lucca e Claudia Lima Marques ... 49

DESAFIOS PARA A SEGURANÇA JURÍDICA NOS CASOS QUE ENVOLVEM DADOS DO CONSUMIDOR

Juliana Oliveira Domingues, Eduardo Molan Gaban e Viviane Salomão Braga.... 69

ESPECIALIZAÇÃO DA JUSTIÇA COMO POLÍTICA DE DEFESA DO CONSUMIDOR

Eduardo Molan Gaban e Vinicius Klein... 89

INTELIGÊNCIA ARTIFICIAL NO SETOR EDUCACIONAL E OS DIREITOS DOS CONSUMIDORES

Luciane de Loiola Rodrigues, Marcelo Chiavassa de Mello Paula Lima, Nicolas Eric Matoso Medeiros de Souza e Vitor Morais de Andrade............ 105

O CONSENTIMENTO DOS USUÁRIOS/CONSUMIDORES NAS POLÍTICAS DE DADOS – ANÁLISE DOS CONTEÚDOS NAS PLATAFORMAS E SEU INSTRUMENTO JURÍDICO DE ADESÃO

Marcus Vinicius Fernandes Andrade da Silva... 117

AGENDA INTERNACIONAL E O ENGAJAMENTO DA SECRETARIA NACIONAL DO CONSUMIDOR JUNTO À OCDE

Juliana Oliveira Domingues e Maria Cristina Rayol 141

O PROGRAMA DE INCENTIVO À REDUÇÃO VOLUNTÁRIA DO CONSUMO DE ENERGIA ELÉTRICA PELAS LENTES DAS CIÊNCIAS COMPORTAMENTAIS APLICADAS. *SOFT REGULATION* AFETA O CONSUMIDOR?

Flávia Lira da Silva 147

OS 10 ANOS DO NOVO CADE E DA SENACON: AVANÇOS E DESAFIOS FUTUROS

Carolina Helena Antunes e Patricia Semensato Cabral 161

REGULAÇÃO E ESG: O PAPEL DAS POLÍTICAS PÚBLICAS DA SENACON NA AGENDA SUSTENTÁVEL

Juliana Oliveira Domingues, Raíssa Guimarães Carvalho e Roberta Freitas Costa 173

REGULAÇÃO E PROTEÇÃO DO CONSUMIDOR: DO TRIPARTISMO REPUBLICANO REGULATÓRIO À MODULAÇÃO EM TRÍPLICE HÉLICE

Luiz Felipe da Fonseca Pereira e Luma Cavaleiro de Macêdo Scaff............... 185

RESPONSIVIDADE NA COORDENAÇÃO DO SISTEMA NACIONAL DE DEFESA DO CONSUMIDOR: O CASO CONSUMIDOR.GOV.BR

Juliana Oliveira Domingues e Mariana Zilio da Silva Nasaret....................... 199

PREFÁCIO

A disciplina das relações de consumo é um dos capítulos mais relevantes da ordenação jurídica do mercado. Em sistemas jurídicos com fundamento na livre iniciativa – como é o caso do Brasil – a intervenção do Estado no domínio econômico adota o modelo constitucional que equilibra a proteção dos diversos interesses legítimos em concorrência no próprio texto da Constituição. Neste sentido, é conhecida a determinação do art. 5º, XXXII, da Constituição da República: "O Estado promoverá, na forma da lei, a defesa do consumidor". Da norma resulta que a defesa do consumidor é um direito fundamental, identificando-se para logo a posição jurídica a ser protegida, e confiando ao legislador delimitar o conteúdo desta proteção.

A liberdade de conformação do legislador, ademais, definirá, no direito brasileiro, quem é o consumidor, estabelecendo o conteúdo essencial da proteção constitucional que lhe é dirigida por intermédio do Código de Defesa do Consumidor – consagrada legislação que, reconhecidamente, deu novas bases às relações de consumo no Brasil.

Ocorre que decorridos mais de 30 anos da edição do Código de Defesa do Consumidor, as transformações do mercado de consumo, seja como resultado de sua ampliação – com o acesso de ainda mais brasileiros a bens diversos – ou sob o influxo das novas tecnologias da informação, constituem um desafio, sobretudo à regulação do fornecimento de produtos e serviços aos consumidores. A própria noção de regulação aqui, merece atenção. Em sentido lato, expressa qualquer intervenção normativa do Estado, por intermédio de lei ou da variada gama de normas infralegais. Em sentido estrito, é o conteúdo das normas que dão vida à lei, mediante decisões jurídicas que, em diferentes graus, concretizam o comando do legislador. Para tanto, há oportunidade e medida, uma vez que à regulação também cabe atualizar o sentido da lei, mantendo-a fiel aos seus objetivos, especialmente frente a alterações da realidade do tempo da sua edição. No caso da regulação econômica, não se desconhece que, por trás destas decisões, está presente também certa visão sobre as relações entre o Estado e o mercado, e suas respectivas demarcações. Tudo, entretanto, sobre as bases da ordem constitucional econômica, fundada na valorização do trabalho humano e da livre iniciativa.

A riqueza do tema da regulação das relações de consumo presta-se a múltiplas abordagens, o que pode ser percebido nesta obra, cujas coorganizadoras, Dras. Isabela Maiolino e Juliana Oliveira Domingues, me honraram com o convite para redigir o prefácio. Aliás, tratam-se elas próprias, de reconhecidas especialistas no tema. Isabela Maiolino atuou na Secretaria Nacional do Consumidor e, atualmente, exerce importantes funções na Autoridade Nacional de Proteção de Dados, para além de uma sólida formação acadêmica. Juliana Oliveira Domingues, por sua vez, há muito se destaca na academia como uma das grandes especialistas em direito econômico, como professora da Universidade de São Paulo. Mais recentemente vem exercendo importantes funções na Administração Federal, das quais me permito destacar as de Secretária Nacional do Consumidor do Ministério da Justiça, e, atualmente, Procuradora-Chefe do Conselho Administrativo de Defesa Econômica (CADE).

Costumo dizer que as obras de literatura técnica (como é o caso das obras jurídicas), contam com dois tipos principais de leitores. O primeiro é o 'leitor interessado', que tomando em conta o tema da obra, geralmente anunciado no título, sabe o que pretende encontrar na leitura; e o 'leitor desavisado', que explora possibilidades em tudo o que lhe chega aos olhos, ávido pela descoberta de novos interesses. A presente obra atende a ambos. Suas organizadoras, reconhecidas experts no tema da regulação econômica, reuniram um invejável grupo de especialistas, entre juristas consagrados e pensadores promissores, para tratar de temas que não são usuais na literatura nacional. O mote principal é a regulação das relações de consumo, porém só isso diz pouco. A rigor, há propostas de análise sobre temas variados, alguns, inclusive, convertidos quase em 'tabus' ao longo de todos estes anos do direito do consumidor no Brasil. E aqui se destaca uma primeira virtude da obra em questão: aborda temas difíceis ou, mesmo que correntes, a partir de perspectivas nem sempre usuais na doutrina tradicional.

A utilização do método de análise econômica do direito em muitos dos capítulos se destaca, mas não apenas. Também a força do argumento da redução de intervenção regulatória como meio para alcançar benefícios para o consumidor está presente no exame sobre o caso das empresas de 'baixo custo' (*low cost*) no setor aéreo, ou no incentivo à redução do consumo de energia elétrica, objeto de estudos específicos da obra. Por outro lado, o próprio procedimento regulatório é objeto de atenção, seja em exames de casos específicos (como o da Resolução 1/2021 do Conselho de Saúde Suplementar), ou do modelo de regulação de proteção do consumidor e sua contribuição para um mercado eficiente. Outro tema sempre polêmico, objeto de análise entusiasmada nesta obra, diz respeito à arbitragem de consumo, em estudo que destaca vantagens e sustenta sua implementação.

Há também lugar para a reflexão sobre a regulação das novas tecnologias, como é o caso da proteção de dados pessoais, objeto de três estudos específicos, com distintas abordagens, e mesmo um sobre a utilização da inteligência artificial nos serviços educacionais – tema vibrante e de enorme atualidade. Por fim, destaque-se outros vários estudos abordando aspectos da atuação concreta na regulação e execução de política pública de defesa do consumidor, sob os auspícios da Secretaria Nacional do Consumidor, inclusive como órgão de coordenação do Sistema Nacional de Defesa do Consumidor – nos termos do art. 106 do CDC. Neste caso, a qualidade das reflexões dos autores é acrescida pelo protagonismo de uma das coorganizadoras da obra, a Professora Juliana Oliveira Domingues, quando exerceu o cargo de Secretária Nacional do Consumidor, e que também responde com outros juristas, pela coautoria destes mesmos estudos. No ponto, para além de outras qualidades do texto, destaque-se o de um autorizado registro documental sobre as iniciativas do período.

Há, portanto, muito o que se aprender com os estudos reunidos nesta obra, que em boa hora é publicada. Não se espera, naturalmente, que o leitor concorde em tudo e com tudo o que a diversidade de autores propõe. E neste ponto, geralmente, reside uma das principais qualidades, sobretudo em obras coletivas, que reúnem estudos com perspectivas variadas: a multiplicidade de enfoques que fomenta a dúvida, a crítica e que leva a pensar e repensar os temas objeto de exame.

Neste sentido, é de registrar, igualmente, os cumprimentos não apenas às organizadoras e aos autores, mas também à editora Foco, que se firma como responsável por obras de efetiva contribuição ao debate jurídico nacional de elevado nível, em tempos de tantas dificuldades, nos quais a pressa e o apego à superfície desafiam a solidez da ciência do Direito.

Estou certo de que a leitura desta obra será de grande proveito.

Porto Alegre, Rio Grande do Sul, janeiro de 2023.

Bruno Miragem

Professor da Universidade Federal do Rio Grande do Sul. Professor Permanente do Programa de Pós-Graduação em Direito da UFRGS.

APRESENTAÇÃO

A proteção dos consumidores é uma temática da maior importância devido ao amplo reconhecimento dos direitos dos consumidores e da necessidade da sua afirmação por todo o mundo. O trabalho desenvolvido pela UNCTAD – Conferência das Nações Unidas sobre o Comércio e Desenvolvimento, guardiã das Linhas Diretrizes das Nações Unidas sobre a Proteção dos Consumidores (1985), o único instrumento plenamente global neste domínio, assim o confirma.

A crescente digitalização da economia tem vindo a proporcionar o acesso dos consumidores a novos produtos e serviços, envolvendo, todavia, muitos desafios em matéria de dados pessoais, práticas enganosas e fraudulentas, resolução de litígios e reparação de prejuízos. É, portanto, essencial o estudo aprofundado da regulamentação das relações de consumo, em constante evolução, mediante a análise das novas normas e linhas de orientação adotadas para proteger os direitos dos consumidores, o balanço de medidas e iniciativas implementadas e a avaliação do seu impacto. Com efeito, para bem se apreender a especificidade das relações de consumo hoje é preciso refletir sobre o seu quadro jurídico e regulamentar e sobre as melhores práticas que se lhes aplicam de forma a extrair algumas conclusões.

Esta coletânea oferece uma visão geral dos princípios que regem as relações de consumo em áreas relevantes que respeitam à proteção dos direitos dos consumidores num mundo cada vez mais digital, tais como a análise do impacto regulatório, a resolução de litígios de consumo, as relações de consumo transfronteiriço, os dados pessoais e a privacidade, a transparência e a responsabilidade das empresas, bem como a educação do consumidor.

Por isso, é uma valiosa fonte de informação para todos os que procuram conhecer a mais recente regulamentação das relações de consumo no Brasil e compreender os seus desafios atuais, permitindo-me salientar a notável experiência do Brasil em sede de proteção do consumidor, que constitui uma importante referência internacional neste âmbito.

Teresa Moreira
Chefe do Serviço de Políticas de Concorrência e de Proteção dos Consumidores, UNCTAD – Conferência das Nações Unidas sobre o Comércio e Desenvolvimento.

A DESREGULAÇÃO DO SETOR AÉREO E A DIVERSIFICAÇÃO DE SERVIÇOS PARA O CONSUMIDOR: O CASO DAS EMPRESAS *LOW COST*

Luis Gustavo Pinheiro Loureiro Carneiro

Gisela Biacchi Emanuelli

Resumo: O mercado de transporte aéreo brasileiro expandiu com a desregulação do setor, consolidando melhorias por meio de maior oferta de serviços e tarifas acessíveis. O presente estudo apresenta essa evolução, as principais características do setor no Brasil, o fenômeno *low cost* e os princípios norteadores da regulação, cujo escopo é fazer serviço prestado o mais atraente possível ao passageiro.

Palavras-chave: Transporte aéreo – Desregulação – *Low cost* – Concorrência – Agência reguladora.

Sumário: 1. Introdução – 2. O caminho até a criação da ANAC; 2.1 Pilares decorrentes da constituição federal e da lei de criação da agência nacional de aviação civil; 2.2 Pilares de atuação e os reflexos no desenvolvimento do setor – 3. Aspectos financeiros do transporte aéreo – 4. Características das empresas *low cost* e ultra *low cost* – Considerações Finais – Referências.

1. INTRODUÇÃO

O aumento da demanda de passageiros pelo transporte aéreo tem grande relação com os efeitos provocados pela desregulação no setor, iniciada na década de 1970 nos Estados Unidos, mas que no Brasil começa no fim da década de 1980.

A desregulação do setor também provocou redução do *yield* (valor médio do quilômetro voado por passageiro) no mundo, devido ao aumento da capacidade de transporte (frequência). Houve uma redução das tarifas como uma das formas de ocupar essa capacidade extra criada, tudo isso a partir da liberalização do setor.[1]

Este trabalho busca apresentar a evolução histórica no setor de transporte aéreo no Brasil, passando pelos princípios que regem a atuação da Agência

---

1. Cf. DOGANIS, R. *The airline business*. 3. ed. New York: Routledge, 2006.

Nacional de Aviação Civil – ANAC. Em seguida, são apresentadas as principais características do setor, que embora seja um mercado naturalmente concentrado em todos os países que possuem transporte aéreo relevante, apresenta grande competição entre as empresas aéreas.

Por fim, são apresentadas algumas das características das empresas *low cost*, com o intuito de apresentar uma reflexão sobre como deve atuar a agência reguladora para redução dos custos, da assimetria de informação e promoção da concorrência, com o objetivo de que seja ofertado um melhor serviço para o consumidor.

2. O CAMINHO ATÉ A CRIAÇÃO DA ANAC

A empreitada de reestruturação da administração pública no Brasil, posto em prática partir de 1995 com o Plano Diretor da Reforma do Aparelho do Estado (PDRAE), pretendeu, entre outros fins, diminuir a intervenção estatal no setor econômico para conter o encarecimento dos serviços públicos e aumentar a eficiências na prestação desses serviços. O país visava à mudança de um Estado burocrático para um Estado gerencial e um dos meios escolhido para atingir seus objetivos foi a fundação de agências.[2]

Segundo o planejamento do PDRAE,[3] o desafio da época era:

> [...] o de articular um novo modelo de desenvolvimento que possa trazer para o conjunto da sociedade brasileira a perspectiva de um futuro melhor. Um dos aspectos centrais desse esforço é o *fortalecimento do Estado para que sejam eficazes sua ação reguladora, no quadro de uma economia de mercado*, bem como os serviços básicos que presta e as políticas de cunho social que possa implementar. (Destaque nosso).

Os objetivos voltados para a produção para o mercado incluíam desestatização por meio de privatizações e reorganização e fortalecimento dos órgãos de regulação.[4]

Resultado dessa ação voltada para a administração gerencial do Estado e do fortalecimento da regulação, a Agência Nacional de Aviação Civil (ANAC), criada por meio da Lei 11.182 de 27 de setembro de 2005, recebeu a incumbência de regular e fiscalizar as atividades de aviação civil e de infraestrutura aeronáutica e aeroportuária.[5]

---

2. BRASIL. Presidência da República. Câmara da Reforma do Estado. Plano Diretor da Reforma do Aparelho do Estado (PDRAE). Brasília, 1995, p. 74.
3. BRASIL. Presidência da República. Câmara da Reforma do Estado. Plano Diretor da Reforma do Aparelho do Estado (PDRAE). Brasília, 1995, p. 09.
4. BRASIL. Presidência da República. Câmara da Reforma do Estado. Plano Diretor da Reforma do Aparelho do Estado (PDRAE). Brasília, 1995, p. 60.
5. BRASIL. Lei 11.182 de 27 de setembro de 2005. Cria a Agência Nacional de Aviação Civil – ANAC, e dá outras providências.

Após a adoção desse novo modelo de gestão e decorridos mais de quinze anos da instalação da ANAC, percebe-se inovações ao setor, cujos efeitos são evidenciados, não só pela administração gerencial, mas também pela evolução do serviço de transporte aéreo de passageiros e, neste trabalho, algumas dessas evoluções serão destacadas.

2.1 Pilares decorrentes da Constituição Federal e da Lei de criação da Agência Nacional de Aviação Civil

A Constituição trouxe premissas importantes para o exercício das autarquias de escopo regulatório, especialmente princípios voltados para o mercado concorrencial.

No caso da Agência Nacional de Aviação Civil, destaca-se na Constituição Federal o princípio de livre concorrência (art. 170, IV), fundamental para o desenvolvimento do serviço de transporte aéreo brasileiro. Por consequência, outros princípios e liberdades derivam desta fonte. Assim, o princípio da liberdade de preços é esperado, bem como a mais ampla liberdade de entrada e de saída de empresas no mercado nacional. Essa dinâmica incentiva o ajuste de preços por meio da interação entre demanda e oferta (Lei 11.182/2005, art. 49).

Como sabido, o esforço de atração do consumidor para uma oferta se estrutura por meio de diferenciações entre os produtos disponíveis. Esse mecanismo aumenta o catálogo de produtos a serem ofertados, possibilitando maior liberdade de operação às empresas. No caso das empresas aéreas, desde que observem a capacidade operacional de cada aeroporto e as normas regulamentares de prestação de serviço expedidas pela ANAC (Lei 11.182/2005, art. 48), incluídas as normas de segurança operacional, podem compor seus preços o mais atraentes possível de acordo com a demanda que se lhe apresenta.

Indica ainda a Constituição Federal, que a lei disporá sobre a ordenação dos transportes aéreos (CF/88, art. 178). A lei, *in casu*, é a citada Lei 11.182, de 27 de setembro de 2005 e, com isso, assegurou aos regulados o regime de liberdade de oferta nos termos do seu art. 48, *in verbis*:

> Art. 48. (Vetado)
>
> § 1º Fica assegurada às empresas concessionárias de serviços aéreos domésticos a exploração de quaisquer linhas aéreas, mediante prévio registro na ANAC, observada exclusivamente a capacidade operacional de cada aeroporto e as normas regulamentares de prestação de serviço adequado expedidas pela ANAC.

A relevância desse dispositivo para a sociedade se sustenta sobre as citadas liberdades que informam o setor de transporte aéreo, a liberdade de oferta e a liberdade tarifária. O setor admite e incentiva a entrada de diversos operadores no mercado. Quem vence com a liberdade de oferta, é a sociedade como um todo, dada a diversidade de ofertantes no mercado, que incentiva a redução de tarifas pela competitividade.

Com relação à liberdade de preços, fatores de diversas ordens podem compor o valor de um produto ofertado. Para o serviço de transporte aéreo de passageiros são corriqueiros insumos como a demanda, o grau de concorrência na rota, o nível de maturação do serviço e da empresa no mercado, a capacidade das aeronaves, a taxa de ocupação das aeronaves, a estrutura de custos da empresa, o meio de comercialização do serviço, a distância da ligação, a organização da malha aérea da empresa, o horário e dia da semana do voo, as ações de marketing, a momento de aquisição da passagem, sazonalidade.

Ressalta-se, novamente, que o setor aéreo é um mercado em que as companhias têm livre entrada e saída, no qual o preço é definido endogenamente, por meio da interação entre oferta e demanda, sem intervenção do Estado ou, até mesmo do ente regulador. O interesse do Estado é que haja a maior quantidade de operadores possível, de modo que concorram entre si e, consequentemente, haja queda nos preços praticados, diversificação de produtos e serviços, e contínua inovação.

2.2 Pilares de atuação e os reflexos no desenvolvimento do setor

O valor da liberdade de oferta preconizada pelo referido art. 48 (Lei 11.182/2005) coincide com a liberdade de acesso a todas as empresas que queiram operar, observando-se, obviamente, a capacidade operacional da infraestrutura e a regulação técnica de segurança. Não há, portanto, exigências ou sugestões por parte do Estado sobre como uma empresa de transporte aéreo de passageiro deve operar no mercado ou se deve aumentar suas frequências para algum destino. A liberdade de oferta assegura às empresas aéreas a exploração de quaisquer linhas, e, desse modo, a exploração de uma determinada rota por empresa aérea ocorre conforme sejam suas estratégias, independentemente de imposição estatal.

Exemplo característico de diversificação da oferta de produtos e a busca pelo ponto de equilíbrio com a demanda foi a desregulamentação da bagagem despachada. À época da publicação da Resolução ANAC 400, de 13 de dezembro de 2016,[6] que normatiza as Condições Gerais do Transporte Aéreo de Passageiros (CGTA), houve resistência de alguns setores quanto a mudança de modelo de despacho de bagagem. A norma prevê apenas a regulamentação da bagagem de mão deixando livre a oferta de despacho de bagagem.

---

6. BRASIL. ANAC. Resolução 400 de 13 de dezembro de 2016. Dispõe sobre as Condições Gerais de Transporte Aéreo. Brasília, 2016.

Até então, a franquia de bagagem despachada submetia-se às normas expedidas pelo Ministério da Aeronáutica, competente para o tema até a criação da ANAC. As regras eram reflexos de orientações da Associação Internacional do Transporte Aéreo (IATA) revogadas e substituídas por outras sem regulamentação de bagagem. Por fim, no cenário mundial do transporte aéreo de passageiros, o Brasil restara entre os poucos países no mundo com normas que regulamentavam o transporte de bagagem. Os demais países estavam livres para oferecer aos seus passageiros a franquia que melhor encontrasse o ponto de equilíbrio entre oferta e demanda.[7] Em estudo comparado entre regulamentações de países selecionados, a ANAC apurou que:[8]

> [...] poucos países do mundo têm intervenção estatal sobre transporte de bagagem. Identificaram-se os seguintes casos: México - franquia de 25 kg para o transporte doméstico; Rússia - franquia de 10 kg, para o transporte doméstico, como bagagem despachada ou bagagem de mão; e China – 20 kg, para o transporte doméstico. Ressalte-se que o país que mais se aproxima da franquia brasileira é a Venezuela, que recentemente editou norma que estabelece, para voos internacionais no sistema peça, franquia de 2 peças de 23 kg na classe econômica e 3 peças de 23 kg na classe executiva. No transporte doméstico, a Venezuela, igualmente ao Brasil, determinou a obrigação do oferecimento de franquia de 23 Kg (evidentemente que se faz incluir no preço da passagem). Ou seja, o Brasil hoje obriga que seja embutido na passagem aérea internacional o equivalente a 64 kg de bagagem por passageiro na classe econômica, enquanto o governo venezuelano obriga a 46 kg na classe econômica e 69 kg na classe executiva.
>
> Ressalte-se que a Rússia, que poderia ser perfeitamente comparável ao Brasil, no que toca à dimensão continental e variações climáticas, estabelece exatamente a franquia de 10kg de bagagem, em alinhamento com a medida regulatória que se positivou. Já Estados Unidos, Austrália e Turquia, perfeitamente comparáveis ao Brasil também nestes aspectos, não impõe franquias obrigatórias [...]

O consumidor brasileiro de então não tinha alternativa, era obrigado a pagar pelo transporte de bagagem ainda que não a despachasse, pois o valor da franquia compunha o preço da passagem. O ambiente econômico no transporte aéreo de hoje é muito diferente daquele que serviu de base para as regras de franquia de bagagem. Com efeito, nos anos 2000 pouco mais de 35 milhões de passageiros viajavam por ano. No ano de 2019 foram transportados mais de 95 milhões de passageiros.[9]

---

7. BRASIL. ANAC. Nota Técnica 7(SEI)/2017/GCON/SAS. Sistema Eletrônico de Informação do Governo Federal 0495016. Brasília, 2017.
8. BRASIL. ANAC. Nota Técnica 7(SEI)/2017/GCON/SAS. Sistema Eletrônico de Informação do Governo Federal 0495016. Brasília, 2017.
9. BRASIL. ANAC. Painel de indicadores do transporte aéreo 2019. Disponível em: https://www.gov.br/anac/pt-br/assuntos/dados-e-estatisticas/mercado-do-transporte-aereo/painel-de-indicadores-do-transporte-aereo/painel-de-indicadores-do-transporte-aereo-2019. Acesso em: 31 ago. 2021.

O aumento da quantidade de passageiros transportados é um indício dos resultados da evolução normativa porque passou o setor após a estruturação da gestão em agência reguladora e a adoção do princípio da liberdade tarifária, este, corolário do princípio constitucional da liberdade de concorrência, bem como da adoção de políticas públicas sofisticadas para o setor que permitiram efetiva concorrência entre as empresas aéreas, sobretudo em relação aos preços das passagens.

Com relação a essas políticas o art. art. 8°, I da Lei 11.182/2005 refere que:

> Art. 8° Cabe à ANAC adotar as medidas necessárias para o atendimento do interesse público e para o desenvolvimento e fomento da aviação civil, da infraestrutura aeronáutica e aeroportuária do País, atuando com independência, legalidade, impessoalidade e publicidade, competindo-lhe:
>
> I – Implementar, em sua esfera de atuação, a política de aviação civil;

A política a ser implementada, parte do plano geral estabelecido pelo Decreto 6.780, de 18 de fevereiro de 2009, que aprovou a Política Nacional de Aviação Civil (PNAC) formulada pelo Conselho de Aviação Civil (CONAC). A PNAC, entre outras diretrizes, traça ações em prol da proteção do consumidor, a fim de minimizar diferenças de tratamento jurídico nas relações de consumo existentes na provisão de serviços de transporte aéreo doméstico e internacional, assegurar a transparência na relação de consumo e promover a segurança jurídica nas relações de consumo existentes no setor de aviação civil:[10]

> 3.4. A proteção do consumidor
>
> Ações Gerais
>
> Promover a segurança jurídica nas relações de consumo existentes no setor de aviação civil.
>
> Garantir a previsibilidade, precisão e clareza das obrigações das empresas prestadoras de serviços aéreos.
>
> Assegurar a adequada regulamentação dos direitos e obrigações dos usuários, dos prestadores de serviços aéreos, da infraestrutura aeronáutica e aeroportuária civis, de forma a prover o equilíbrio no relacionamento entre as partes e minimizar o contencioso administrativo e judicial.
>
> Assegurar a transparência e a provisão de informações referentes à relação de consumo pelos diversos segmentos participantes do Sistema de Aviação Civil.
>
> Minimizar diferenças de tratamento jurídico nas relações de consumo existentes na provisão de serviços de transporte aéreo doméstico e internacional.

---

10. BRASIL. Decreto 6.780 de 18 de fevereiro de 2009. Aprova a Política Nacional de Aviação Civil (PNAC) e dá outras providências.

3. ASPECTOS FINANCEIROS DO TRANSPORTE AÉREO

Para entender como esses pilares (liberdade tarifária e de rotas) levaram ao cenário atual do transporte aéreo, é preciso entender algumas das características do setor. O crescimento da aviação está fortemente ligado ao crescimento da economia e do PIB,[11]-[12] entretanto existe uma defasagem no tempo entre o crescimento do PIB e o reflexo na aviação.[13]

Com margens de lucro relativamente pequenas, a condição financeira da indústria da aviação é altamente dependente das condições econômicas globais e do nível de concorrência. Os lucros sobem durante épocas de boom econômico e, em tempos de dificuldades, as empresas aéreas são obrigadas a cortar a capacidade e é esperado que passem por dificuldades financeiras.[14]

A partir da desregulação, as empresas aéreas passaram a ter liberdade de oferta, entretanto com mudanças no cenário econômico, seja por um baixo crescimento ou redução da demanda muito além do esperado, leva-se um tempo para que as empresas consigam readequar o seu planejamento. Um dos exemplos mais claros é a ampliação da frota de aeronaves (por meio de arrendamento ou aquisição) para adequação da oferta ao crescimento da demanda.

A aquisição ou arrendamento de aeronaves normalmente é um processo que pode ser longo, por não ser um produto que normalmente esteja disponível no mercado para se adquirir a qualquer momento. Da mesma forma, em momentos de crise econômica e queda da atividade em relação à expectativa, as empresas aéreas geralmente têm prejuízos por conta da estrutura de custos, com custos fixos altos como aqueles relacionados a propriedade ou arrendamento de aeronaves. Adicionalmente, em situações de oligopólio, como parece muito frequentemente o caso das empresas aéreas, pode ser produzida uma concorrência muito agressiva na qual a empresa média está operando rotineiramente no vermelho.[15]

A competição gerada no setor tem como um dos indutores a própria estrutura de custos das empresas. As empresas aéreas geralmente têm custos fixos muito altos e custos marginais baixos. Portanto, há um pequeno aumento no custo para cada passageiro adicional, uma vez que, independentemente do número de passageiros, as companhias aéreas têm que pagar os altos custos fixos associados à

---

11. DOGANIS, R. *The airline business*. 3. ed. New York: Routledge, 2006.
12. VASIGH, B.; Fleming, K.; Tacker, T. *Introduction to Air Transport Economics*: From Theory to Application. 3. ed. New York: Routledge, 2018.
13. DOGANIS, R. *The airline business*. 3. ed. New York: Routledge, 2006.
14. VASIGH, B.; Fleming, K.; Tacker, T. *Introduction to Air Transport Economics*: From Theory to Application. 3. ed. New York: Routledge, 2018.
15. VASIGH, B.; Fleming, K.; Tacker, T. *Introduction to Air Transport Economics*: From Theory to Application. 3. ed. New York: Routledge, 2018.

propriedade ou arrendamento de aeronaves, despesas de terminais e instalações de manutenção.[16]

Importante destacar que a programação de uma empresa aérea geralmente é definida com meses de antecedência e que a maioria dos custos é essencialmente fixa para esse período. Dessa forma, o custo marginal de colocar um passageiro em um assento vazio em uma aeronave é extremamente baixo - consistindo principalmente no custo do processamento do bilhete ou da comissão do agente de viagens (presente geralmente apenas nas empresas tradicionais). Assim, cada companhia aérea individual está em uma posição onde até mesmo um preço muito baixo é melhor do que nada para um assento vazio.[17]

A dificuldade financeira e a concorrência também fizeram com que as companhias aéreas fossem mais inovadoras e conscientes dos controles de custos. Durante esses períodos, ferramentas como gerenciamento de receita e programas de fidelidade de passageiros foram desenvolvidos para aumentar a lucratividade. Além disso, as inovações tecnológicas permitiram às companhias aéreas melhorar suas margens de lucro. O combustível é um custo tão relevante que a indústria concentra esforços intensos na sua redução, por meio da escolha de aeronaves e motores mais eficientes.[18]

Ainda assim, eventualmente as empresas aéreas podem continuar a enfrentar problemas financeiros, e respondem a tais dificuldades por meio de fusões e consolidações. Alguns economistas argumentam que a consolidação e a coordenação de ações podem realmente beneficiar os passageiros ao permitir que as companhias aéreas construam redes mais eficientes, com maiores economias de escala, escopo e densidade.[19] Em todo caso, muitos economistas argumentam que a consolidação de empresas aéreas de alguma forma, tanto na Europa quanto

---

16. VASIGH, B.; Fleming, K.; Tacker, T. *Introduction to Air Transport Economics*: From Theory to Application. 3. ed. New York: Routledge, 2018.
17. Idem, ibidem.
18. Idem, ibidem.
19. Economia de escala ocorre quando há uma diminuição do custo médio de produção com o aumento da quantidade produzida (ex.: redução do custo da aeronave devido a maior quantidade a ser comprada). Economia de escopo ocorre quando existe a redução de custo unitário ao aumentar a eficiência dos recursos por meio de compartilhamento em múltiplos projetos ou linhas de produção. Uma das diferenças entre os dois é que economia de escala implica em aumentar a produção, característica que pode não estar presente na economia de escopo. Economia de escala é alcançada por meio da consolidação das operações. Um dos exemplos de economia de escala no transporte aéreo é a adoção do sistema chamado hub-and-spoke frente ao sistema ponto a ponto. O sistema hub-and-spoke pode ser mais eficiente na medida que concentra as operações num único aeroporto, mantendo o atendimento ao mesmo número de cidades (localidades) com menor custo de operação do que o sistema ponto a ponto. Economia de densidade ocorre no transporte aéreo por meio do uso de aeronaves maiores ou operando uma rede do tipo hub-and-spoke. Ou seja, refere-se a um adensamento espacial que ocorre no transporte aéreo ao buscar atender uma dada demanda de passageiros com um menor número de voos e assim reduzir parte dos custos (tripulação, tarifas aeroportuárias, combustível etc.). Cf. VASIGH,

nos EUA, é inevitável.[20] O mercado tem uma tendência a funcionar com poucas empresas, operando em níveis moderados e/ou altos de concentração.[21]

As economias de escala desempenham um papel significativo na indústria, já que, como vimos, os custos fixos são extremamente altos. Esses altos custos fixos e a necessidade de campanhas de marketing (quando da entrada de uma empresa aérea em um novo mercado) são as principais razões para a existência de poucas empresas aéreas pequenas no mercado.[22]

Nos EUA entre as 20 empresas tradicionais que operavam na época do início do processo de desregulação, apenas 6 ainda operavam em 2005,[23] sendo que todas estas haviam pedido proteção contra falência em algum momento. Atualmente, apenas 3 destas 20 empresas tradicionais ainda operam.[24]

No Brasil, assim como outros países que passaram pelo processo de desregulação, houve uma acentuada redução do *yield* (valor médio do quilômetro voado por passageiro), enquanto as empresas aéreas, em especial aquelas que já operavam previamente ao processo de desregulação, passaram por sérias dificuldades para se manter no mercado.

Após o início do processo de monitoramento das tarifas aéreas no Brasil, instituído pela Portaria 248, de 10.08.2001, do Ministério da Fazenda, o *yield* medido pela ANAC registrou redução real de 74%.

Figura 1 – Evolução do Yield real médio (Brasil)

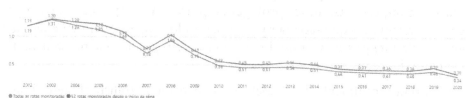

Fonte: Consulta Interativa (https://www.anac.gov.br/assuntos/dados-e-estatisticas/mercado-de-transporte-aereo/consulta-interativa)

B.; Fleming, K.; Tacker, T. *Introduction to Air Transport Economics*: From Theory to Application. 3. ed. New York: Routledge, 2018.
20. Idem, ibidem.
21. BRASIL. Conselho Administrativo de Defesa Econômica – Cade. Cadernos do Cade: Mercado de transporte aéreo de passageiros e cargas. Brasília, 2017.
22. VASIGH, B.; Fleming, K.; Tacker, T. *Introduction to Air Transport Economics*: From Theory to Application. 3. ed. New York: Routledge, 2018.
23. CARLTON, D. et al. Are legacy airline mergers pro- or anti-competitive? Evidence from recent U.S. airline mergers. *International Journal of Industrial Organization*. v. 62, , p. 58-95, jan. 2019.
24. A empresa aérea Southwest é considerada como uma empresa aérea *low cost* e não uma empresa aérea tradicional (ou *legacy carrier*).

Portanto, o fato de o mercado de transporte aéreo ter passado por processo de fusões e falências de empresas poderia levar intuitivamente a conclusão de um mercado menos competitivo, devido a maior concentração do mercado, mas ainda assim as tarifas continuam caindo, conforme apresentado anteriormente. Doganis[25] afirma que, no início do século, as baixas tarifas tiveram mais impacto no crescimento da aviação do que o PIB, notadamente provocadas pela introdução de empresas *low cost* (ou ultra *low cost*).

Entretanto, destaca-se que o consumidor do serviço de transporte aéreo é altamente sensível ao preço,[26] e isso foi reforçado com as mudanças trazidas pela internet, possibilitando ao passageiro a checagem das tarifas das diversas empresas facilmente. Isso fez com que houvesse uma mudança do poder de mercado das empresas aéreas (produtores) para o consumidor.[27-28]

A maioria das evidências suporta a hipótese de que o aumento da concentração geralmente se traduz em tarifas mais altas. Ou seja, ao diminuir barreiras à entrada e atrair novas empresas para o mercado, está se buscando não apenas aumentar o número de empresas, considerando que o aumento pode ser transitório devido às falências e fusões características do setor, mas essencialmente uma busca por empresas mais eficientes. Dificultar a entrada de novas empresas pode ter como consequência a manutenção de empresas menos eficientes no mercado.[29]

Oliveira[30] afirma que o regulador deve sempre procurar induzir as situações competitivas, nunca proteger empresas. A competição vai sempre gerar os resultados que são mais pró-consumidor do que qualquer coisa que ele (regulador) possa fazer ou do que qualquer regra que ele possa inventivamente elaborar.

Portanto, o aumento da competição no mercado de transporte aéreo brasileiro depende também da redução das principais barreiras à entrada do setor, da redução da escassez de infraestrutura em alguns aeroportos (onde destaca-se o caso do aeroporto de Congonhas que atende a maior cidade brasileira e possui restrição nos horários de pouso e decolagem), e a liberdade de oferta de serviços, ou seja, não tornar obrigatório a inclusão de serviços não essenciais de forma

---

25. DOGANIS, R. *The airline business*. 3. ed. New York: Routledge, 2006.
26. VASIGH, B.; Fleming, K.; Tacker, T. *Introduction to Air Transport Economics*: From Theory to Application. 3. ed. New York: Routledge, 2018.
27. DOGANIS, R. *The airline business*. 3. ed. New York: Routledge, 2006.
28. Warnock-Smith, D.; Connell, J. F.; Maleki, M. An analysis of ongoing trends in airline ancillary revenues. *Journal O- f Air Transport Management*, v. 64, p. 42-54, set. 2017.
29. VISCUSI, W. K; Harrington Jr., J. E.; Vernon, J. M. *Economics of Regulations and Antitrust*. 4. ed. Cambridge: The Mit Press, 2005.
30. OLIVEIRA, A. V. M. *Transporte aéreo: economia e políticas públicas*. São Paulo: Pezco Editora, 2009.

gratuita para todos os consumidores (mesmo aqueles que não iriam consumir tal serviço, como no caso de bagagem despachada).

Ao se exigir que as empresas ofereçam gratuitamente determinados tipos de serviço não essenciais podemos estar inibindo a entrada de novas empresas que possuem modelo de negócio diferente daquelas que já atuam no mercado brasileiro. Isso pode afastar novas empresas que poderiam ser mais eficientes, e, consequentemente, trazerem benefícios para os consumidores.

Mesmo que existam algumas imperfeições na competição de mercado, não é simplesmente impondo multas e aumentando os custos das empresas ao impor um determinado padrão mínimo de serviço, que os reguladores irão fomentar melhoras para os consumidores. Afinal, tais custos tendem a ser repassados aos consumidores na forma de preços mais elevados, e o preço é o critério mais relevante para o passageiro.[31] Da identificação dessa preferência, surgiram novos modelos de negócio como as empresas *low cost* e *ultra low cost*.

4. CARACTERÍSTICAS DAS EMPRESAS *LOW COST* E ULTRA *LOW COST*

Utilizaremos os termos "tradicionais" e "*low cost*" para distinguir, respectivamente, as empresas geralmente mais antigas, eventualmente criadas antes da desregulamentação e que utilizam rede do tipo *hub-and-spoke*, e as novas empresas criadas geralmente após a desregulamentação com foco no baixo custo, assim como fez Nissemberg.[32] Adicionalmente, serão apresentadas algumas características das empresas *ultra low cost* que pode ser entendido como um subgrupo específico das empresas *low cost*.

A Southwest Airlines não foi a primeira empresa aérea com modelo de negócio baseado em baixo custo e sem oferta de serviços não essenciais ("*no frills*"). A criação da Southwest tinha como inspiração duas empresas criadas anteriormente na Califórnia: a Pacific Southwest Airlines e Air California.[33] O modelo de negócio da Southwest Airlines, lucrativo mesmo em tempos de instabilidade

---
31. VASIGH, B.; Fleming, K.; Tacker, T. *Introduction to Air Transport Economics*: From Theory to Application. 3. ed. New York: Routledge, 2018.
32. Nissenberg, J. M. *Competition Between Traditional and Low cost airlines for local hub traffic*. 1996. 142 f. Dissertação (Mestrado), Department of Civil and Environmental Engineering, Massachusetts Institute of Technology, 1996.
33. A Pacific Southwest Airlines foi comprada pela USAir em 1988, e Air California foi comprada pela American Airlines em 1987 já com o nome de AirCal. Lauer, C. *Southwest Airlines*. Greenwood, 2010. (Corporation That Change The World).

econômica, foi estudado e adotado por diversas outras empresas[34] que vieram a surgir no mercado após a desregulação.[35]

O modelo da Southwest e suas variantes forneceram aos mercados um pacote alternativo e permitiram que alguns segmentos de mercado se afastassem das empresas tradicionais. O sucesso dessa estratégia tem sido impulsionado por vários fatores, incluindo o acesso a mercados maiores, a concorrência baseada na eficiência de custos e o foco em estimular a demanda do mercado, em vez de canibalizá-los.[36]

Existia uma preocupação que, com o objetivo de diminuir os custos, poderia levar à problemas na segurança, mas não houve uma redução dos índices de segurança devido a desregulação.[37]

O modelo *low cost* atualmente conhecido não é o mesmo adotado pela Southwest no início de sua operação em 1971. Ao longo do tempo as empresas foram se adaptando e tanto as características das empresas tradicionais como as *low cost* foram se modificando.[38]

Não existe estratégia uniforme entre as empresas *low cost*, existe um objetivo comum que é a minimização dos custos.[39] A Figura 2 apresenta o que seriam as cinco características mais comuns entre as empresas aéreas *low cost*.

Para este trabalho vamos explorar melhor uma das características das empresas *low cost* que é a ausência de oferta gratuita de serviços não essenciais ("*no frills*"). Nas primeiras empresas *low cost* foi feita a redução da oferta desses serviços, uma vez que as empresas tradicionais geralmente ofereciam bebidas e refeição quente.[40] Essa iniciativa tinha como objetivo a redução dos custos das empresas aéreas, uma vez que os serviços não eram oferecidos.

---

34. Outra referência de empresa *low cost* atual, a Ryanair, também estudou o modelo da Southwest para a mudança da Ryanair de uma empresa *full service* para uma empresa *low cost* (Doganis, 2006).
35. JIANG, Q. *The Evolution of U.S. Airlines' Productivity and Cost Performance from 2004 to 2012*. 2014. 129 f. Dissertação (Mestrado), Department of Aeronautics and Astronautics, Massachusetts Institute of Technology, 2014.
36. GILLEN, D.; Morrison, W. Bundling, integration and the delivered price of air travel: are low cost carriers full service competitors? *Journal Of Air Transport Management*, v. 9, n. 1, p. 15-23, jan. 2003.
37. VISCUSI, W. K; Harrington Jr., J. E.; Vernon, J. M. *Economics of Regulations and Antitrust*. 4. ed. Cambridge: The Mit Press, 2005.
38. WIT, J. G.; Zuidberg, J. The growth limits of the low cost carrier model. *Journal Of Air Transport Management*, v. 21, p. 17-23, jul. 2012.
39. PELS, E. Airline network competition: Full-service airlines, low cost airlines and long-haul markets. *Research In Transportation Economics*, v. 24, n. 1, p. 68-74, jan. 2008.
40. Vasigh, B.; Fleming, K.; Tacker, T. *Introduction to Air Transport Economics*: From Theory to Application. 3. ed. New York: Routledge, 2018.

Figura 2 – Principais características do modelo de negócio *low cost*

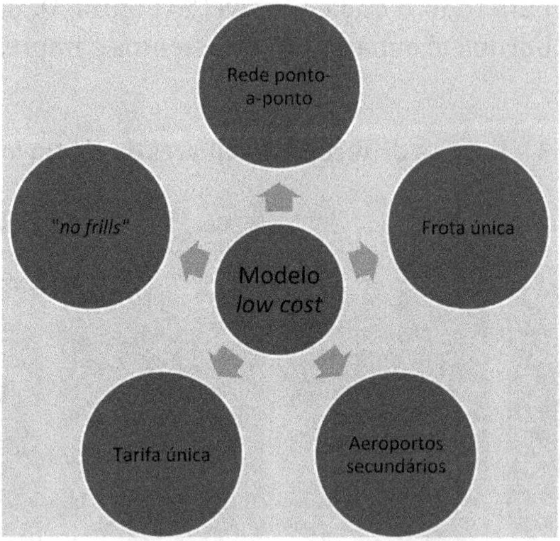

[Figura: Modelo low cost com os elementos: Rede ponto-a-ponto, Frota única, Aeroportos secundários, Tarifa única, "no frills"]

Fonte: Adaptado de Vasigh, Fleming e Tacker[41]

Existem registros de início da cobrança por alguns serviços já no início da década de 80,[42] entretanto na metade da década de 2000 essa prática se torna mais comum no setor, são as chamadas receitas auxiliares ou *ancillary Revenue*.[43]

Geralmente, as empresas *low cost* também restringem as permissões de bagagem.[44] Particularmente na Europa, as *low cost* têm regras rigorosas sobre os pesos das bagagens por passageiro, isso economiza combustível e gera receita extra.[45]

As empresas *low cost* dificilmente conseguirão ganhar dinheiro apenas com a venda de bilhetes, mas podem ganhar dinheiro a bordo com a venda de lanches e nos aeroportos de onde voam.[46] Os serviços extras ofertados podem variar mesmo entre as empresas *low cost*.[47]

---

41. VASIGH, B.; Fleming, K.; Tacker, T. *Introduction to Air Transport Economics*: From Theory to Application. 3. ed. New York: Routledge, 2018.
42. A People Express (EUA) começou a cobrança por bagagem despachada e alimentação a bordo já no início da década de 80. https://www.nytimes.com/1984/08/13/business/people-express-vs-the-giants.html.
43. SORENSEN, J. *Top 10 Things You Need to Know About Ancillary Revenue and Airlines*: Reviewing the past, present and future of the ancillary revenue revolution in its 10th year. 2014.
44. Uma das exceções é a própria Southwest Airlines que possui uma política de restrição a tarifas adicionais por serviço, principalmente quando a bagagem despachada (Wit e Zuidberg, 2012).
45. VASIGH, B.; Fleming, K.; Tacker, T. *Introduction to Air Transport Economics*: From Theory to Application. 3. ed. New York: Routledge, 2018.
46. Pels, E. Airline network competition: Full-service airlines, low cost airlines and long-haul markets. *Research In Transportation Economics*, v. 24, n. 1, p. 68-74, jan. 2008.
47. GILLEN, D.; Morrison, W. Bundling, integration and the delivered price of air travel: are low cost carriers full service competitors? *Journal Of Air Transport Management*, v. 9, n. 1, p. 15-23, jan. 2003.

Para manter sua estrutura de custos baixa, uma empresa aérea *ultra low cost* cobra taxas para tudo o que é possível[48] (Figura 3), desde bagagem de mão e bebidas a bordo até a marcação de assentos e impressão de cartão de embarque.[49]

Figura 3 – Formas de receitas auxiliares das Ultra *low cost*[50]

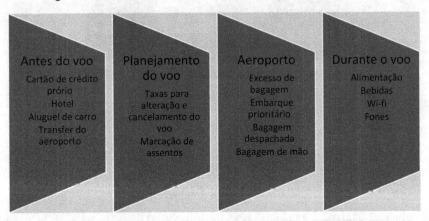

De acordo com Bachwich e Wittman,[51] a primeira empresa aérea a operar sustentavelmente com um modelo de empresa *ultra low cost* foi a irlandesa Ryanair que, após enfrentar perdas significativas, decide pela reestruturação do seu modelo de negócios no início da década de 90. A empresa passa a oferecer tarifas muito baixas e iniciar a cobrança por diversos tipos de serviço incluindo alimentação e bebidas a bordo, cartão de embarque e realização de check-in no balcão do aeroporto. Nos Estados Unidos, as empresas Allegiant, Spirit e Frontier são reconhecidas como *ultra low cost*.

De fato, algumas empresas *ultra low cost* geram mais de um terço de sua receita de receitas auxiliares.[52] A Tabela 1 apresenta uma lista com as 10 empresas com maior percentual de receitas auxiliares sobre a receita total em 2019, uma das principais características de uma empresa *ultra low cost*.

---

48. Em alguns casos não se trata de cobrar uma taxa direta do passageiro, mas obter receita de um serviço oferecido ao passageiro por meio de parcerias, como no caso de cartão de crédito próprio, reserva de hotel e aluguel de carro.
49. VASIGH, B.; Fleming, K.; Tacker, T. *Introduction to Air Transport Economics*: From Theory to Application. 3. ed. New York: Routledge, 2018.
50. A cobrança pela bagagem de mão não é permitida no Brasil (Resolução 400, de 13.12.2016).
51. BACHWICH, A. R.; Wittman, M. D. The emergence and effects of the ultra-low cost carrier (ULCC) business model in the U.S. airline industry. *Journal of Air Transport Management*. v. 62, p. 155-164. jul. 2017.
52. VASIGH, B.; Fleming, K.; Tacker, T. *Introduction to Air Transport Economics*: From Theory to Application. 3. ed. New York: Routledge, 2018.

Tabela 1 – 10 maiores empresas em participação de receitas auxiliares

Empresa Aérea	% receitas auxiliares em 2019 em relação a receita total
Spirit	47.0%
Allegiant	46.5%
Wizz Air	45.4%
Viva Aerobus	45.0%
Frontier	43.6%
Volaris	38.5%
Ryanair Group	34.5%
Pegasus	26.4%
Vietjet	25.2%
Jetstar Group	23.9%

Fonte: Sorensen[53]

Antes da desregulação do setor no final dos anos 1970, a competição entre as empresas aéreas nos EUA ocorria sobre aspectos de qualidade dos serviços, visto que não poderia haver competição por tarifa. Não há dúvida que os consumidores valorizam um serviço de alta qualidade promovido por regulação, entretanto eles são prejudicados quando não existe uma alternativa de baixo preço e qualidade inferior.[54] O preço ainda é critério mais relevante para o passageiro, principalmente para o passageiro em turismo de lazer, do que as diferenciações de serviço e qualidade.[55]

Destaca-se que o termo "qualidade", citado anteriormente, considera uma visão mais tradicional do termo em que estariam incluídos aspectos como espaçamento entre as poltronas, franquia para bagagens despachadas gratuitamente, alimentação etc.

Outro ponto relevante a ser mencionado é que, independentemente do modelo de negócio adotado pela empresa aérea, não existe diferenciação em relação aos aspectos de segurança, pois todas as empresas devem seguir as mesmas regras.

Daí o surgimento das empresas *low cost* e *ultra low cost*, que buscam oferecer o serviço ao menor custo possível e assim atrair consumidores, incluindo a criação de novos consumidores. Isso explica essas serem as empresas que mais crescem no mundo.

---
53. SORENSEN, J. *The 2020 CarTrawler Yearbook of Ancillary Revenue*. 2020.
54. VISCUSI, W. K; Harrington Jr., J. E.; Vernon, J. M. *Economics of Regulations and Antitrust*. 4. ed. Cambridge: The Mit Press, 2005.
55. VASIGH, B.; Fleming, K.; Tacker, T. *Introduction to Air Transport Economics*: From Theory to Application. 3. ed. New York: Routledge, 2018.

Santos[56] faz as seguintes considerações sobre o controle de preços e exigências de qualidade de serviço):

> O efeito no mercado gerado por uma política de controle de preços é bem parecido com o efeito da criação do subsídio em relação à possibilidade da ocorrência de peso morto, uma vez que, quando se reduz o preço (através de regulamentação), o número de consumidores que pode pagar pelo bem afetado aumenta, mas, devido à redução de preço, cai o interesse de alguns produtores de ofertarem o bem, o que resulta em um número menor de consumidores atendidos do que aquele que se tinha com o preço de mercado (excesso de demanda). Nesse caso, podem diminuir tanto o excedente total quanto o próprio excedente do consumidor.

Portanto exigir, por meio de regulação, determinado nível de qualidade que repercuta no aumento do preço final ao consumidor, pode tornar o mercado brasileiro menos atraente para operação das empresas aéreas. Isso pode ter como consequência a saída de empresas aéreas do mercado, ou inibir a entrada de novas empresas no mercado brasileiro. Isso pode ser visto em casos recentes de empresas *low cost* que preferiram iniciar suas operações em outros países da América do Sul, do que no Brasil. Não significa que este foi o único fator decisório, pois é sabido que a alta judicialização no país também é fator de preocupação das empresas.

CONSIDERAÇÕES FINAIS

No transporte aéreo, assim como em outros setores, a criação de subsídios ou serviços não essenciais podem elevar o interesse dos consumidores, mas simultaneamente diminuir o interesse dos produtores (empresas aéreas) em ofertar o serviço, e isso pode ser prejudicial justamente para os consumidores.

A melhor opção para o consumidor é ter escolhas. E a partir do momento que existe uma intervenção do poder público determinando como deve ser prestado o serviço, pode-se limitar as opções de escolha para o consumidor, tanto em qualidade, quanto em preço.

Ao exigir que uma empresa inclua na tarifa informações essenciais à transparência do negócio e ao desobrigá-la a oferecer serviços acessórios, leva à redução dos custos, consequentemente da tarifa (em mercados onde existe competição), e isso leva à democratização do sistema pela inclusão de consumidores que podem ter menor disposição em relação ao valor da tarifa.

O exercício da regulação é tentar manter um equilíbrio, que muitas vezes pode ser apenas em tentar diminuir a assimetria de informação entre o produtor (empresa aérea) e o consumidor.

---

56. SANTOS, R. S. D. dos. Uma Análise Econômico-Institucional do Mercado de Transporte Aéreo Doméstico de Passageiros no Brasil: falhas de governo ou falhas de mercado? 2011. *VI PRÊMIO SEAE* – 2011.

Em mercados desregulados onde há concorrência entre empresas ofertantes (como é o caso do transporte aéreo), as interações entre oferta e demanda tendem a evoluir conforme as preferências do consumidor. Dessa forma, como desdobramento dessa pesquisa, deixa-se o seguinte questionamento sobre o que vem moldando a oferta do setor de transporte aéreo de passageiros: são as empresas que ofertam, por escolha própria, serviços mais enxutos (restringindo-se mais ao que é essencial) na busca por disponibilizar tarifas menores, ou é o consumidor que busca preferencialmente tarifas menores?

REFERÊNCIAS

BACHWICH, A. R.; Wittman, M. D. The emergence and effects of the ultra-low cost carrier (ULCC) business model in the U.S. airline industry. *Journal of Air Transport Management*. v. 62, p. 155-164. jul. 2017.

BRASIL. ANAC. Resolução 400 de 13 de dezembro de 2016. Dispõe sobre as Condições Gerais de Transporte Aéreo. Brasília, 2016. Disponível em: https://www.anac.gov.br/assuntos/legislacao/legislacao-1/resolucoes/resolucoes-2016/resolucao-no-400-13-12-2016/@@display-file/arquivo_norma/RA2016-0400%20-%20Compilado%20at%C3%A9%20RA2017-0434.pdf. Acesso em: 31 ago. 2021.

BRASIL. ANAC. Nota Técnica 7(SEI)/2017/GCON/SAS. Sistema Eletrônico de Informação do Governo Federal 0495016. Brasília, 2017. Disponível em: https://www.anac.gov.br/Anac/pesquisa-publica-de-processos-e-documentos. Acesso em: 31 ago. 2021.

BRASIL. ANAC. Painel de indicadores do transporte aéreo 2019. Disponível em: https://www.gov.br/anac/pt-br/assuntos/dados-e-estatisticas/mercado-do-transporte-aereo/painel-de-indicadores-do-transporte-aereo/painel-de-indicadores-do-transporte-aereo-2019. Acesso em: 31 ago. 2021.

BRASIL. Presidência da República. Câmara da Reforma do Estado. Plano Diretor da Reforma do Aparelho do Estado (PDRAE). Brasília, 1995. Disponível em: http://www.biblioteca.presidencia.gov.br/publicacoes-oficiais/catalogo/fhc/plano-diretor-da-reforma-do-aparelho-do-estado-1995.pdf. Acesso em: 30 ago. 2021

BRASIL. Lei 11.182 de 27 de setembro de 2005. Cria a Agência Nacional de Aviação Civil – ANAC, e dá outras providências. Diário Oficial da União, Brasília, DF, 28 set. 2005. Disponível em: http://www.planalto.gov.br/ccivil_03/_ato2004-2006/2005/lei/l11182.htm. Acesso em: 30 ago. 2021.

BRASIL. Decreto 6.780 de 18 de fevereiro de 2009. Aprova a Política Nacional de Aviação Civil (PNAC) e dá outras providências. Diário Oficial da União, Brasília, DF, 19 fev. 2019. Disponível em: http://www.planalto.gov.br/ccivil_03/_ato2007-2010/2009/decreto/d6780.htm. Acesso em: 31 ago. 2021.

BRASIL. Conselho Administrativo de Defesa Econômica – Cade. Cadernos do Cade: Mercado de transporte aéreo de passageiros e cargas. Brasília, 2017. 158 p.

CARLTON, D. et al. Are legacy airline mergers pro- or anti-competitive? Evidence from recent U.S. airline mergers. *International Journal of Industrial Organization*. v. 62. p. 58-95. jan. 2019.

DOGANIS, R. *The airline business*. 3. ed. New York: Routledge, 2006.

GILLEN, D.; Morrison, W. Bundling, integration and the delivered price of air travel: are low cost carriers full service competitors? *Journal Of Air Transport Management*, v. 9, n. 1, p. 15-23, jan. 2003.

JIANG, Q. *The Evolution of U.S. Airlines' Productivity and Cost Performance from 2004 to 2012*. 2014. 129 f. Dissertação (Mestrado), Department of Aeronautics and Astronautics, Massachusetts Institute of Technology, 2014.

LAUER, C. *Southwest Airlines*. Greenwood, 2010. (Corporation That Change The World).

NISSENBERG, J. M. *Competition Between Traditional and Low cost airlines for local hub traffic*. 1996. 142 f. Dissertação (Mestrado), Department of Civil and Environmental Engineering, Massachusetts Institute of Technology, 1996.

OLIVEIRA, A. V. M. *Transporte aéreo*: Economia e Políticas Públicas. São Paulo: Pezco Editora, 2009.

PELS, E. Airline network competition: Full-service airlines, low cost airlines and long-haul markets. *Research In Transportation Economics*, v. 24, n. 1, p. 68-74, jan. 2008.

SANTOS, R. S. D. dos. Uma Análise Econômico-Institucional do Mercado de Transporte Aéreo Doméstico de Passageiros no Brasil: falhas de governo ou falhas de mercado? 2011. VI Prêmio SEAE – 2011.

SORENSEN, J. *Top 10 Things You Need to Know About Ancillary Revenue and Airlines:* Reviewing the past, present and future of the ancillary revenue revolution in its 10th year. 2014.

SORENSEN, J. *The 2020 CarTrawler Yearbook of Ancillary Revenue*. 2020.

VASIGH, B.; Fleming, K.; Tacker, T. *Introduction to Air Transport Economics*: From Theory to Application. 3. ed. New York: Routledge, 2018.

VISCUSI, W. K; Harrington Jr., J. E.; Vernon, J. M. *Economics of Regulations and Antitrust*. 4. ed. Cambridge: The Mit Press, 2005.

WARNOCK-SMITH, D.; Connell, J. F.; Maleki, M. An analysis of ongoing trends in airline ancillary revenues. *Journal O- f Air Transport Management*, v. 64, p. 42-54, set. 2017.

WIt, J. G.; Zuidberg, J. The growth limits of the low cost carrier model. *Journal Of Air Transport Management*, v. 21, p. 17-23, jul. 2012.

ANÁLISE DE IMPACTO REGULATÓRIO NAS POLÍTICAS PÚBLICAS CONSUMERISTAS: RACIONALIDADE, CONSEQUENCIALISMO E PREDIÇÃO

Juliana Oliveira Domingues

Aluísio de Freitas Miele

Pedro Aurélio de Queiroz Pereira da Silva

Resumo: A partir da regulamentação da Análise de Impacto regulatório (AIR), o presente artigo tem como objetivo trazer algumas considerações acerca da incidência no contexto das relações de consumo e a aproximação um conceito racional de maximização de benefícios e minimização de custos capazes de gerar incentivos para uma boa regulação. Para além da importância da AIR, o decreto oferece outra importante ferramenta, a Avaliação de Resultado Regulatório (ARR) que também foi objeto do presente artigo. Por meio da análise de impacto regulatório (em termos de edição normativa) como também de uma análise dos resultados, melhorias podem ocorrer. Há uma clara preocupação voltada à regulação de políticas públicas consumeristas com alcance eficiente. A decisão do regulador, portanto, deve ser precedida da análise de consequências e incentivos que sobrevêm da própria decisão do ato normativo regulador e as políticas públicas consumeristas devem ser pautadas no interesse público e no bem-comum.

Palavras-chave: Análise de impacto regulatório – Política pública consumerista – Racionalidade – Regulação do bem comum.

Sumário: 1. Introdução – 2. Da existência da air antes do novo decreto à avaliação de resultado regulatório (ARR) – 3. Os vetores da AIR: porque, para que e para quem regular? – 4. Análise das consequências de políticas públicas consumeristas e o chamado "bem comum" – Considerações finais – Referências.

1. INTRODUÇÃO

No cenário adverso de pandemia e de crise sanitária, soluções "mágicas" foram – e ainda são – ventiladas sem a análise de suas consequências. Assim, foi importante a publicação do Decreto 10.411/2020 que regulamenta a Análise de Impacto Regulatório (AIR) e a Avaliação de Resultado Regulatório (ARR). Dentro do contexto das relações de consumo, o tema se tornou ainda mais importante com o questionamento das agências reguladoras, de Procons, Institutos o que ficou refletido em debates do CNDC (Conselho Nacional de Defesa do Consumidor, recriado em 2021), sobre a aplicação da AIR.

Se antes havia resistência em trazer o tema, as reuniões das Comissões do CNDC ilustraram que boa parte dos representantes, não apenas das agências reguladoras, como também dos consumidores, passaram a compreender a necessidade de AIR nas políticas públicas de regulação das relações de consumo.

Mas, afinal, a AIR seria aplicável agora, ou não, para os temas que envolvem políticas públicas de defesa do consumidor?

Não apenas este questionamento busca ser respondido neste artigo, como também a compreensão de políticas públicas consumeristas com foco na regulação do bem-comum fundada em racionalidade, predição e consequencialismo.

2. DA EXISTÊNCIA DA AIR ANTES DO NOVO DECRETO À AVALIAÇÃO DE RESULTADO REGULATÓRIO (ARR)

A possibilidade de AIR já existia no Brasil,[1] bem como o conteúdo do Decreto não é desconhecido, pois toma como base as Diretrizes Gerais e o Guia Orientativo para a Elaboração de AIR que foram editados como recomendação pelo Comitê Interministerial de Governança (CIG), em 2018. De toda forma, é o Decreto que confere força normativa à AIR e, assim, dá vida ao instituto.[2]

Apesar da sua vigência ter início na mesma data da sua publicação, a produção dos seus efeitos ocorreu em 15 de abril de 2021 para o Ministério da Economia,

---

1. Importante registrar que o Decreto 9.191/2017 já previa a necessidade de análise de impacto das propostas de atos normativos sob o prisma orçamentário-financeiro, sobre o meio ambiente e sobre outras políticas públicas (art. 32, V e VI). O Anexo deste decreto contém um roteiro de questões que devem ser analisadas e utilizadas como fundamento quando da elaboração e da opção de atos normativos, incluindo questões diagnóstico, alternativas, necessidade da lei e direitos fundamentais; com a diferença que se trata de um roteiro que deve ser observado e não respondido de forma obrigatória e formal. A Secretaria de Advocacia da Concorrência e Competitividade (SEAE) vinculada à Secretaria Especial de Produtividade, Emprego e Competitividade (SEPEC) do Ministério da Economia (ME) tem como uma das suas atribuições justamente, a de analisar o impacto regulatório de políticas públicas (art. 119, inc. IV, do Decreto 9.745/2019. Uma das atribuições da SEAE/SEPEC/ME é, justamente, a de analisar o impacto regulatório de políticas públicas (art. 119, inc. IV, do Decreto 9.745/2019). "In some countries, the advocacy bodies have become central and influential operators in the institutional framework for better regulation. Their value has been acknowledged and supported. A clear performance indicator is the fact that they have continued to be politically supported by successive governments." Cf. OCDE. *Making Reform Happen*: lessons from OECD Countries. Paris: OECD Publishing, 2010. p. 257.
2. Tais documentos encontram-se disponíveis no sítio eletrônico: www.gov.br/casacivil/pt-br/assuntos/governanca.

para as agências reguladoras mencionadas na Lei 13.848/2019 e para o Inmetro (Instituto Nacional de Metrologia, Qualidade e Tecnologia) e, desde 14 de outubro de 2021, para os demais órgãos e entidades da administração pública federal direta, autárquica e fundacional (art. 24). Nesse ponto, o legislador, indiretamente, previu um regime de transição diante de nova orientação com tempo suficiente para adequação e organização interna de todos os entes.[3]

Em um primeiro momento, talvez um ponto que gerou fissuras na aplicação da AIR foi a caracterização de ato normativo de "baixo impacto" que ocasionaria na dispensa da AIR. Segundo a própria definição legal, ato normativo de baixo impacto é aquele que: i. não enseja aumento excessivo tanto de custos para os usuários de determinados serviços e para os agentes econômicos quanto de despesa orçamentário ou financeira para o Estado; e ii. não impacta de forma substancial nas políticas públicas de saúde, de segurança, ambientais, econômicas ou sociais.

A questão que surge é o que pode ser considerado e caracterizado como "aumento expressivo" e "forma substancial" (art. 2º., II, a, b e c), pois são conceitos indeterminados e abertos que podem ser aproveitados para manter iniciativas de políticas regulatórias sem uma análise de impacto regulatório (ou, em outras palavras, manutenção da ineficiência).[4]

De toda forma, em caso de dúvidas quanto à subsunção de ato normativo a estas hipóteses, bem como às outras hipóteses descritas no artigo 4º que regulamentam a dispensa da AIR, espera-se que o agente público lance mão de motivação adequada para justificar uma ou outra escolha e de modo a facilitar o controle de seus atos, tal como exigido pelo direito administrativo e pela LINDB.

Isso significa que ao processo decisório da administração pública federal direta, das suas agências reguladoras, autarquias e fundações, regra geral, impõe-se a precedência da realização da AIR quando da proposta de edição ou revisão (alteração ou revogação) de atos normativos de interesse geral de agentes econômicos

---

3. De acordo com o Decreto (art. 13, § 3º, V) os atos normativos que podem ser objetos de ARR são aqueles cuja vigência some ao menos cinco anos, o que significa que sua utilização ocorrerá na gestão seguinte desses órgãos. Tratam-se, em verdade, de critérios preferenciais e não obrigatórios quando da escolha dos atos normativos que comporão a agenda de ARR. Tal fato deve conduzir estes órgãos a elaboração de AIRs mais robustas, sob pena de críticas e responsabilização na gestão seguinte. Outros são os desafios que podem ser apontados: i. capacitação contínua (considerando um contexto de restrição de recursos o desafio é ainda maior); ii. engajamento homogêneo de todo o corpo técnico; iii. aliar aos métodos qualitativos as análises quantitativas (buscar por meio robustez metodológica).
4. Nesse aspecto, Carrigan e Shapiro apontam riscos de um meio político para chancelar decisões já previamente tomadas, o que deve ser evitado. Nas palavras de Christopher Carrigan e Stuart Shapiro, "[...] benefit-cost analysis is frequently used to justify decisions already made for political reasons, rather than to inform those decisions" (CARRIGAN, Crhistopher; SCHAPIRO, Stuart. What's Wrong with the Back of the Envelope? A Call for Simple (and Timely) Benefit-Cost Analysis. *The George Washington University Regulatory Studies Center*, out. 2014. Disponível em: http://abar.org.br/?mdocs-file=47711. Acesso em: 04 jul. 2020. p. 3).

ou de usuários dos serviços prestados.[5] Mas não apenas isso. A regulamentação, de forma louvável, foi além: passou a prever a avaliação de resultado regulatório – ARR – para o controle de efeitos dos atos já editados, seus objetivos e demais impactos para mercado e sociedade (art. 2º, inc. III). Nesse passo, vislumbra-se grande desafio mesmo para aquelas agências federais que já utilizam o AIR,[6] pois terão que lançar mão agora do ARR.

A importância da ARR está exatamente na verificação dos impactos, efeitos e do alcance dos objetivos previamente estabelecidos,[7] o que pode evidenciar eventuais falhas e necessidade de correções e calibragem. O Decreto também evidencia a sua importância ao estipular que mesmo os atos normativos, que por razão de urgência, não realizaram AIR serão objeto de ARR no prazo de três anos, contado da data de início da sua vigência.

3. OS VETORES DA AIR: PORQUE, PARA QUE E PARA QUEM REGULAR?

Os principais vetores que fazem parte do processo da AIR, vinculados à eficiência,[8] destacadamente são: i. adoção de metodologias específicas capazes de aferir a razoabilidade dos impactos econômicos (sendo que esses também podem gerar impactos sociais); ii. avaliação de resultado regulatório que considerará o alcance dos objetivos e dos reais impactos previstos sobre o mercado e a sociedade após a efetiva implementação da AIR; iii. relatório de AIR (este identificará e avaliará o problema regulatório que se pretende solucionar, os agentes econômicos, os usuários e outros atores que podem ser afetados, definirá os objetivos a serem alcançados, identificará os riscos e descreverá a forma de implementação da AIR);

---

5. Importante mencionar que o Decreto 10.420/2020 alterou o artigo 24, III, do Decreto 9.191/2017, determinando a possibilidade da Subchefia de Análise e Acompanhamento de Políticas Governamentais da Casa Civil da Presidência da República, quando entender conveniente, requerer a utilização de análise prévia de impacto das propostas nos casos de edição de atos normativos apresentados pelos respectivos órgãos proponentes. Esta recente alteração possibilita a solicitação de AIR mesmo nas hipóteses, antes excepcionadas, relativas a atos da Administração Federal tributária e aduaneira.
6. Dentre as agências que fazem AIR e também estão um passo à frente na implementação do ARR podemos citar a Agência Nacional de Vigilância Sanitária (ANVISA); Agência Nacional de Energia Elétrica (ANEEL) Agência Nacional de Cinema (ANCINE); Agência Nacional de Telecomunicações (Anatel). Estas agências estão em diferentes níveis de maturidade, abrangência e implementação tanto da AIR quanto da ARR, com a observância de que a grande parcela das agências já faz AIR, ainda que de forma não sistemática, e estão se preparando para a realização da ARR.
7. A ARR não pode ser confundida com a atualização do estoque regulatório, de suma importância para verificar a pertinência da manutenção (alteração ou revogação) dos atos normativos. Esta previsão de atualização do estoque regulatório é outro ponto de muita importância, uma vez que desde a Constituição Federal de 1988 foram editadas quase 5,9 milhões de noras no Brasil. (Cf. Instituto Brasileiro de Planejamento e Tributação. Quantidade de normas editadas no brasil: 30 anos da constituição federal de 1988. 2018. Disponível em: https://ibpt.com.br/estudos/quantidade-de-normas-editadas-no-brasil-30-anos-da-constituicao-federal-de-1988/. Acesso em: 17 jul. 2020).
8. Correlação entre resultados e os recursos empregados, ou seja, alcance dos objetivos traçados com o menor custo.

iv. gestão de estoque regulatório com periodicidade de análise dos atos normativos e com a finalidade de verificar a efetividade,[9] atualidade e consonância/pertinência com a estrutura normativa e, se necessário, decidir pela sua manutenção, alteração/atualização ou mesmo revogação; v. colocação à consulta pública, o que pode incluir a consulta aos atores sociais afetados pelo ato normativo.

Tão logo, ao pensar e elaborar determinada política pública (ou tomada de decisão, alteração de regras e normas) o regulador deve buscar conhecer qual formatação e implementação possui maior probabilidade de vir a ser socialmente mais benéfica. Para tanto, deve-se atentar quais são os prováveis efeitos (consequências) de uma determinada decisão regulatória e os objetivos perquiridos. A decisão sobre a elaboração de uma determinada regulação perpassa, necessariamente, por modelos capazes de predizer as consequências, de forma que a própria tomada de decisão consiga cumprir com seu objetivo em maior grau de probabilidade.

Nesse sentido, é importante mencionar, dentro da pesquisa jurídica, que se trata de restabelecer no estudo do Direito as relações causais, ou seja, "[...] nas relações concreta estabelecidas entre as condutas humanas de reguladores e destinatários das normas".[10] Efeitos e consequências importam tanto quanto a compreensão abstrata da regulação, o que designa reconhecer que a regulação (aliás, o direito e a norma jurídica) influencia os comportamentos e as consequências, podendo, ou não, funcionalizar o alcance do(s) seu(s) objetivo(s). Em outras palavras, o regulador deve manusear quais são (ou seriam) os estímulos capazes de influenciar comportamentos que conduzam ao alcance dos objetivos delimitados. Portanto, deixa-se de considerar a decisão do regulador (e a própria norma jurídica) isoladamente, para a sua compreensão de forma articulada com o comportamento do regulado e dos possíveis estímulos no comportamento dos destinatários de uma dada regulação.[11]

Precisamente nesse passo que o instrumento da AIR pode proporcionar uma melhor calibragem para as respostas do porquê regular, para que regular, para quem regular.

Vale observar que não é simples definir o melhor regulamento para um determinado problema regulatório e apontar quais serão os impactos da política regulatória adotada. A teleologia é orientar e suscitar elementos para a tomada de decisão pelo gestor de forma a alcançar maior previsibilidade, transparência,

---

9. Efetividade deve ser compreendida como a capacidade de funcionalizar o alcance dos objetivos e impactos definidos.
10. NUNES, Marcelo Guedes. *Jurimetria*: como a estatística pode reinventar o direito. 2. ed. São Paulo: Revista dos Tribunais, 2019. p. 131.
11. Neste sentido, Cf. NUNES, Marcelo Guedes. Jurimetria: como a estatística pode reinventar o direito. 2. ed. São Paulo: Ed. RT, 2019. p. 111. Em verdade, saímos de uma regulação idiossincrática para uma regulação baseada na realidade.

tecnicidade, qualidade, eficiência e, também, evitar distorções de mercado quando da opção por um determinado ato regulatório, por meio da participação efetiva e ativa da sociedade, do Estado e do mercado.

4. ANÁLISE DAS CONSEQUÊNCIAS DE POLÍTICAS PÚBLICAS CONSUMERISTAS E O CHAMADO "BEM COMUM"

A regulamentação da AIR reforça uma nova e necessária visão do Estado "regulador", pautada em uma regulação responsável com a finalidade de trazer estímulos para o mercado e o que podemos chamar de "bem comum regulatório" sob um enfoque de melhor regulação, afastando-se de um embate muitas vezes enviesado[12] e reducionista entre a total ausência de regulação pelo Estado (ausência de intervenção na economia) e a defesa pura e simples da intervenção do Estado na regulação econômica e social.[13]

É exatamente neste sentido que se debate na área de consumidor sobre a necessidade de definirmos políticas públicas voltadas à proteção do consumidor com base empírica, ou pelo menos nos melhores dados disponíveis. Soluções simples ou sem análise de impactos podem gerar mais perdas do que benefícios, prejudicando, justamente, os vulneráveis ou a quem se pretende proteger. Portanto, há muito tempo o Brasil carece de um instrumento como este.

Há importantes inovações legislativas[14] que visam à tomada de decisões na esfera administrativa (leia-se, também, políticas públicas) de forma fundamentada, consubstanciada na ponderação das consequências práticas. Isto porque, a análise de impacto regulatório é uma ferramenta que busca evidenciar os efeitos positivos e negativos de um determinado ato normativo regulatório – inclusive na regulação das relações de consumo – voltada ao bem-estar social reforçada também pela Lei da Liberdade Econômica (LLE).

A AIR, pode ser reconhecida como um procedimento pragmático-consequencialista, o que faz com que o regulador tenha que superar a defesa de determinada decisão invocando valores jurídicos puramente abstratos e passe

---

12. Como dispõe o artigo 20 da LINDB, há uma compreensão de que as decisões administrativas devem se afastar de valores jurídicos abstratos e considerar todos os possíveis efeitos e seus impactos econômicos; a decisão deve ser informada.
13. Para uma crítica sobre estes dois posicionamentos extremados, cf. OLIVEIRA, Rafael Carvalho Rezende. Comentários ao artigo 5º. In: CRUZ, André Santa; DOMINGUES, Juliana Oliveira; GABAN, Eduardo Molan (Org.). *Declaração de direitos de liberdade econômica*: comentários à Lei 13.874/2019. Salvador: Editora JusPodivm, 2020. p. 357-358.
14. Dentre as inovações legislativas podemos citar o art. 20 da LINDB introduzido pela Lei 13. 655/2018, o Decreto 9.830/2019 que regulamentou o mencionado art. 20 e, ainda mais recente, o artigo 5º da Lei de Liberdade Econômica (Lei 13.874/2020).

a considerar os efeitos e resultados práticos[15] e/ou como um instrumento de reforço à LINDB.

No caso, há potencial uso dos agentes públicos (e pelo Estado) das lentes da Análise Econômica do Direito como um dos instrumentos (e não como um fim em si) para melhor equacionar as questões políticas regulatórias, ao mesmo tempo que familiariza a aplicação das políticas públicas aos conceitos econômicos como "escassez", "racionalidade", "incentivos" e "eficiência".[16] A pandemia de coronavírus reforçou que tais conceitos devem ser compreendidos pelos aplicadores de políticas públicas, principalmente no que diz respeito à análise de custo-benefício na tomada de decisões.[17]

O mecanismo voltado a reduzir os custos de transação (art. 4º, inciso V) – inclusive nas relações de consumo – abrindo o caminho para o desenvolvimento de modo mais efetivo e sustentável.[18] Nada mais oportuno em um contexto que reforça o dever de realizar análises responsáveis e ponderadas para minimizar tais custos e fomentar a segurança jurídica, trazendo benefícios maiores a todos os consumidores.[19]

Aliás, neste sentido, é importante esclarecer que apesar do Decreto não fazer menção expressa ao termo "consumidores", entende-se que estes estão incorporados no termo *usuários* de serviços (art. 1º § 1º, "a" e inciso IV, art. 3º, art. 6º, III, art. 13 *caput* e § 2º), entendimento que não poderia ser diverso dada a preocupação

---

15. BINENBOJM, Gustavo; CYRINO, André; VORONOFF, Alice; KOATZ, Rafael L. F. *Direito da regulação econômica*: teoria e prática. Belo Horizonte: Forum. p. 334.
16. O quadro conceitual e procedimental nos parece bem definido, o ferramental está lançado, o desafio será a sua utilização com vistas a proporcionar o bem comum. Ainda há muito trabalho, mas vê-se luz para além da caverna da dogmatização da atuação do Estado sob um pêndulo de ausência total de intervenção no mercado e interferência (ir)racional no mercado (necessidade precípua de intervenção), sob um reforço da legitimidade democrática nas escolhas de política regulatória pautada em um conceito racional de maximização de benefícios e minimização de custos capazes de gerar incentivos para se chegar a uma boa regulação.
17. Neste sentido, veja-se também: KLEIN, Vinicius; DOMINGUES, Juliana Oliveira. Análise Econômica do Direito e Defesa da Concorrência: Novos Desafios. In: Luciana Yeung. (Org.). *Análise Econômica do Direito*. Atual, 2020, v., p. 79-108.
18. Nações em que as instituições geram elevado custo de transação, vale dizer, oportunismo, ambiente inseguro, complexidade e incerteza, gerariam também baixos níveis de desenvolvimento. Destarte, o decreto, ao trazer à lume como um de seus desideratos a redução dos custos de transação, tende a funcionalizar e permitir o desenvolvimento de modo mais sustentável.
19. Conforme importante estudo do IBRAC sobre este tema "[e]mbora em muitos países isso seja prática obrigatória, no Brasil ela é ainda incipiente." (PEREIRA NETO, DOMINGUES, BOTELHO et al. IBRAC – Instituto Brasileiro de Estudos de Concorrência, Consumo e Comércio Internacional. Advocacia da concorrência: propostas com base nas experiências brasileira e internacional. São Paulo: Singular, 2016. p. 68.) Nessa linha, órgãos internacionais importantes (tais como a *ICN* e a *OCDE*) reconhecem o papel relevante da advocacia da concorrência (*competition advocacy*) como vetor de AIR, uma vez que a análise "[...] é composta pela (i) identificação clara dos objetivos da política, (ii) apresentação de medidas alternativas aptas a atingir os mesmos objetivos, (iii) apreciação dos efeitos sobre a concorrência de cada alternativa e (iv) comparação entre as alternativas". Ibidem, p. 55.

constitucional com a defesa e proteção do consumidor (art. 5º, XXXII, art. 24, VIII, art. 150, § 5º, art. 170, V, art. 175, II e art. 48 do ADCT).

Vale lembrar que a própria Lei das Agências Reguladoras faz referência expressa a "consumidores ou usuários" (art. 6º, art. 9º e art. 9º, § 7º). O esclarecimento se faz necessário, pois diversos são os atos normativos com potencial impacto para os consumidores e que vão além, portanto, da relação estabelecida entre usuários e prestadores de serviços regulados ou de prestações diretas de serviços pela Administração Pública.[20] Com isso, abre-se, também, outro caminho para reduzir a existência de assimetria de informação e, consequentemente, entregar uma melhor escolha de política econômico-social franqueada por maior legitimidade democrática.[21]

Em linha com a AIR, a recriação do Conselho Nacional de Defesa do Consumidor (CNDC) reforça a preocupação com uma análise das consequências de políticas públicas consumeristas ao mesmo tempo em que promove a compatibilização dessas políticas com o projeto maior de desenvolvimento previsto na Constituição Federal (art. 3) e no próprio CDC (art. 4º). Uma das competências do CNDC é justamente "propor o aperfeiçoamento, a compilação, a consolidação ou a revogação de normas relativas às relações de consumo e aos direitos do consumidor." (art. 3º, XI). Um dos principais efeitos das atividades do CNDC tem sido coordenação institucional e redução de assimetrias normativas relacionadas às políticas de consumo com ganhos para toda a sociedade.

É importante que os atores do Sistema Nacional de Defesa do Consumidor incorporem todo processo de análise de impacto regulatório, uma vez que ele promoverá um espaço para atender as necessidades considerando as implicações, os impactos e os efeitos apontados pelos envolvidos. Ou seja, todo processo potencializa a própria eficiência e legitimidade dos atos normativos regulatórios. De tal sorte, rompe-se com uma compreensão limitada dos fenômenos jurídicos, econômicos e sociais na elaboração de políticas regulatórias com um olhar técnico e responsável na análise das políticas públicas. Veja-se que, quanto maiores os

---

20. A utilização do termo "usuários" pode, porém, ter decorrido de "atecnia" legislativa, pois não faria sentido que a AIR deixasse de fora demais segmentos sujeitos à regulamentação com potencial impacto jurídico-econômico-social. Para além, é possível mencionar que o termo consumidores esteve presente no artigo 5º da Lei de Liberdade Econômica que dispõe sobre AIR.
21. "[...] a AIR reforça a legitimidade democrática das decisões estatais na medida em que efetiva os ideais de democracia deliberativa. A decisão regulatória, nesse cenário, não pode ser justificada por argumentos abstratos, distorcidos do contexto e sem consideração das respectivas consequências (sociais e econômicas). Daí a necessidade de reforçar a legitimidade por meio da procedimentalização e da participação dos interessados (empresários, usuários e consumidores) na elaboração da política regulatória, conferindo maior legitimidade democrática à regulação." (OLIVEIRA, Rafael Carvalho Rezende. Comentários ao artigo 5º. In: CRUZ, André Santa; DOMINGUES, Juliana Oliveira; GABAN, Eduardo Molan. *Declaração de direitos de liberdade econômica*: comentários à Lei 13.874/2019. Salvador: JusPodivm, 2020. p. 360).

níveis e qualidade das informações, debates e de participações dos atores enredados, maior será a oportunidade de a regulação cumprir os seus objetivos com externalidades positivas ao consumidor.

Diversas são as normas com potencial impacto nos interesses dos consumidores brasileiros, tais como: i) normas de padronização, ii) normas de controle de qualidade, iii) normas de segurança, iv) normas do setor financeiro e do mercado de capitais, v) normas relacionadas à inovação e competitividade, entre tantas outras. A própria experiência internacional na aplicação do direito do consumidor vem incorporando uma visão atualizada de avaliação econômica dos impactos de proposições normativas. Não é sem razão que as atividades da Senacon (Secretaria Nacional do Consumidor) passaram a ser mais alinhadas com as melhores práticas internacionais nos últimos anos.

É de suma importância também que a avaliação de impacto passe a incorporar a preocupação com práticas sustentáveis ambientais, de governança e sociais (ESG – Environment – Social – Governance), avaliação que vai além, portanto, da análise da relação "custo-benefício" das proposições normativas. Nesse ponto, andou bem o Decreto ao prever como um dos requisitos do ato normativo de baixo impacto a ausência de repercussão de forma substancial nas políticas públicas de saúde, de segurança, ambientais, econômicas ou sociais (art. 2, II, "c"). Nada impede, portanto, e seria até recomendável que entre as políticas sociais, objeto desta avaliação, sejam contempladas questões de gênero, classe social e raça. Sem dúvida, tal preocupação é convergente também com a própria noção de consumo sustentável, difundida especialmente pelas Diretrizes da ONU de 1999 para a Proteção dos Consumidores[22] e que tem sido há tempos objeto de redobrada atenção da Senacon.[23]

A atribuição de força normativa à necessidade de AIR e ARR em proposições descritas no Decreto 10.411/2020 nos permite concluir que o Estado passa a conceber a importância de introduzir concorrência,[24] eficiência, racionalidade

---

22. UNITED NATIONS. United Nations guidelines on consumer protection: as expanded in 1999. Genebra: UNCTAD, 2011, p. 11. Disponível em: http://unctad.org/en/Docs/poditcclpm21.en.pdf. Acesso em: 29 ago. 2020. O objetivo de Desenvolvimento Sustentável da ONU número 12 diz: "Assegurar padrões de produção e de consumo sustentáveis". (tradução livre). Disponível em https://nacoesunidas.org/pos2015/ods12/ Acesso em: 30 ago. 2020.
23. Veja-se sobre o tema: Brasil. Secretaria Nacional do Consumidor. Departamento de Proteção e Defesa do Consumidor. Consumo sustentável Patrícia Faga Iglecias Lemos et al; coordenação de Patrícia Faga Iglecias Lemos, Juliana Pereira da Silva e Amaury Martins Oliva. Brasília: Ministério da Justiça, 2013. Disponível em: https://www.novo.justica.gov.br/seus-direitos-2/consumidor/Anexos/consumo-sustentavel.pdf/view. Acesso em: 29 ago. 2020.
24. Sobre o reforço à tutela concorrencial proporcionado pelo AIR, cf. DOMINGUES, Juliana Oliveira; SILVA, Pedro Aurélio de Queiroz Pereira. Lei de Liberdade Econômica e a Defesa da Concorrência In: SALOMÃO, Luis Felipe; CUEVA, Ricardo Villas Bôas; FRAZÃO, Ana Frazão (Coord.). *Lei de Liberdade Econômica e seus Impactos no Direito Brasileiro*. São Paulo: Ed. RT, 2020. p. 267-288.

e maximização da utilidade de bens (maximização de benefícios e minimização de custos) que são capazes de gerar incentivos e elevar ao máximo a busca do bem-estar social e econômico.

A adoção de uma análise multicritério[25] como a estabelecida no Decreto, evidencia os benefícios sociais, econômicos e ambientais que servem ao interesse público e ao "bem comum". A análise deve levar em considerações questões sociais, de equidade e de distribuição de renda.[26]

CONSIDERAÇÕES FINAIS

Neste novo cenário, a Análise de Impacto Regulatório (AIR) instrumentaliza o que pode ser chamado de regulação do bem comum,[27] uma vez que o Decreto elenca as hipóteses sobre a obrigatoriedade de verificação concreta de cada ato normativo avaliar os possíveis resultados e impactos, a partir de toda uma metodologia de análise de riscos (metodologia de análise de impactos regulatórios – artigo 7º) de forma a conceber a melhor regulação e determinar abertura de espaço de consulta pública. Mas é na própria fase da realização da AIR (art. 8º) que o controle social tende a ser ainda mais efetivo, pois é nesta etapa que se discutem as opções regulatórias substantivas. Trata-se, nesse particular, de uma forma de incentivar e garantir a participação da sociedade, especificamente os atores afetados pelo ato normativo na formulação de políticas econômicas e sociais (artigo 9º), especialmente para o público mais difuso dos consumidores.

Assim, comemora-se o *feixe de luz* lançado na caverna com este importante reforço da legitimidade democrática nas escolhas de política regulatória nas relações que afetam aos consumidores, pautada em um conceito racional de maximização de benefícios e minimização de custos capazes de gerar incentivos para se chegar a uma boa regulação. Como o barato pode sair caro, pautar a análise em dados e evidências gera maior segurança na tomada de decisão.

Há um famoso ditado popular que diz que "não se faz uma omelete sem quebrar os ovos." O ditado faz referência ao esforço necessário para se alcançar objetivos maiores. Portanto, negar a utilidade e aplicação de AIR seria negar o esforço necessário de uma avaliação mais técnica e fundamentada no desenho

---

25. Para além da análise multicritério mencionada, o Decreto estabelece a flexibilidade metodológica no artigo 7º, uma vez que podem ser utilizadas tanto as metodologias elencadas quanto outras metodologias, desde que justificadamente.
26. Um bom exemplo nesse sentido é a situação pandêmica que vivenciamos, na medida em que permeia uma análise humanitária ("uma vida não tem preço") e não apenas uma análise puramente econômica (custos elevados para o Estado no combate ao coronavírus).
27. Esse termo é uma analogia ao termo utilizado pelo economista Jean Tirole no seu livro intitulado "Economia do Bem Comum".

de políticas públicas, inclusive aquelas dedicadas a mitigar a vulnerabilidade do consumidor.[28]

REFERÊNCIAS

BINENBOJM, Gustavo; CYRINO, André; VORONOFF, Alice; KOATZ, Rafael L. F. *Direito da regulação econômica*: teoria e prática. Belo Horizonte: Forum.

BRASIL. Governança. Disponível em: www.gov.br/casacivil/pt-br/assuntos/governanca. Acesso em: 15 ago. 2021.

BRASIL. Secretaria Nacional do Consumidor. Departamento de Proteção e Defesa do Consumidor. Consumo sustentável Patrícia Faga Iglecias Lemos [et al]; coordenação de Patrícia Faga Iglecias Lemos, Juliana Pereira da Silva e Amaury Martins Oliva. Brasília: Ministério da Justiça, 2013. Disponível em: https://www.novo.justica.gov.br/seus-direitos-2/consumidor/Anexos/consumo-sustentavel.pdf/view. Acesso em: 16 ago. 2021.

BRASIL. Decreto 10.411/2020. Regulamenta a análise de impacto regulatório, de que tratam o art. 5º da Lei 13.874, de 20 de setembro de 2019, e o art. 6º da Lei 13.848, de 25 de junho de 2019. Disponível em: https://www.in.gov.br/en/web/dou/-/decreto-n-10.411-de-30-de-junho--de-2020-264424798. Acesso em: 16 ago. 2021.

CARRIGAN, Crhistopher; SCHAPIRO, Stuart. What's Wrong with the Back of the Envelope? A Call for Simple (and Timely) Benefit-Cost Analysis. *The George Washington University Regulatory Studies Center*, out., 2014. Disponível em: http://abar.org.br/?mdocs-file=47711. Acesso em: 14 jul. 2021.

DOMINGUES, Juliana Oliveira; GABAN, Eduardo M.; SANTACRUZ, Andre; SILVA, Pedro Aurélio de Queiroz Pereira. Lei de Liberdade Econômica e a Defesa da Concorrência In: SALOMÃO, Luis Felipe; CUEVA, Ricardo Villas Bôas; FRAZÃO, Ana Frazão (Coord.). *Lei de Liberdade Econômica e seus Impactos no Direito Brasileiro*. São Paulo: Ed. RT, 2020.

INSTITUTO BRASILEIRO DE PLANEJAMENTO E TRIBUTAÇÃO. Quantidade de normas editadas no Brasil: 30 anos da constituição federal de 1988. 2018. Disponível em: https://ibpt.com.br/estudos/quantidade-de-normas-editadas-no-brasil-30-anos-da-constituicao-federal-de-1988/. Acesso em: 17 jul. 2020.

KLEIN, Vinicius; DOMINGUES, Juliana Oliveira. Análise Econômica do Direito e Defesa da Concorrência: Novos Desafios. In: Luciana Yeung. (Org.). *Análise Econômica do Direito*. Atual, 2020.

MENEGUIN, Fernando B.; SANTOS, Marjorie Lynn N. Análise de impactos regulatórios: políticas para o consumidor baseadas em evidências. In: MAIOLINO, Isabela; TIMM, Luciano Benetti (Org.). *Direito do consumidor*: novas tendências e perspectiva comparada. Brasília: Editora Singular, 2019.

NUNES, Marcelo Guedes. *Jurimetria*: como a estatística pode reinventar o direito. 2. ed. São Paulo: Ed. RT, 2019.

OCDE. *Making Reform Happen*: lessons from OECD Countries. Paris: OECD Publishing, 2010.

---

28. Os autores agradecem as contribuições de Kelvia Frota de Albuquerque e Roberto Domingos Taufick que fizeram uma leitura de parte do artigo trazendo reflexões importantes ao texto final.

OLIVEIRA, Rafael Carvalho Rezende. Comentários ao artigo 5º. In: CRUZ, André Santa; DOMINGUES, Juliana Oliveira; GABAN, Eduardo Molan (Org.). *Declaração de direitos de liberdade econômica*: comentários à Lei 13.874/2019. Salvador: JusPodivm, 2020.

PEREIRA NETO, DOMINGUES, BOTELHO et al. IBRAC – Instituto Brasileiro de Estudos de Concorrência, Consumo e Comércio Internacional. Advocacia da concorrência: propostas com base nas experiências brasileira e internacional. São Paulo: Singular, 2016.

UNITED NATIONS. United Nations guidelines on consumer protection: as expanded in 1999. Genebra: UNCTAD, 2011, p. 11. Disponível em: http://unctad.org/en/Docs/poditcclpm21.en.pdf. Acesso em: 16 ago. 2021.

AS VIRTUDES DA ARBITRAGEM NAS RELAÇÕES DE CONSUMO

Napoleão Casado Filho

João Victor Porto Jarske

Daniel Mendes Bioza

Resumo: Este artigo aborda a temática da arbitragem de consumo no Brasil, visando a esclarecer algumas dúvidas e dissipar alguns vieses e preconceitos que, não tão raramente, acometem nossa comunidade jurídica. Nessa linha, a fim de demonstrar que a arbitragem consumerista é perfeitamente alinhável à Constituição e à legislação brasileira, e sobretudo à Política Nacional das Relações de Consumo, este artigo examina o citado instituto a partir do direito comparado, demonstrando os princípios e as práticas que alicerçam a arbitragem de consumo Brasil afora. Também são colhidos e ponderados dados empíricos sobre a resolução de conflitos de consumo no Brasil, no ímpeto de desenvolver e fomentar a ideia da desjudicialização. Assim, adotando a metodologia descritiva e valendo-se de fontes primárias e secundárias, com ênfase nos dados da jurimetria, este artigo conclui que a arbitragem de consumo não apenas é perfeitamente possível, como extremamente salutar no contexto legal e judicial brasileiro.

Palavras-chave: Arbitragem de Consumo – Direito do Consumidor – Direito Comparado – Desjudicialização – SENACON.

Sumário: 1. Introdução – 2. Mitos que obscurecem a arbitragem consumerista no Brasil – 3. Unidirecionalidade – um pressuposto basilar para a arbitragem de consumo no Brasil e no mundo – 4. Disputas de consumo "em números" – Considerações finais – Referências.

1. INTRODUÇÃO

Agora que os debates acerca da arbitragem consumerista estão sendo retomados no Brasil, surgem algumas manifestações de inquietação que, a bem da verdade, demonstram um justo receio quanto às possíveis consequências e implicações que adviriam caso a arbitragem consumerista fosse, enfim, utilizada de maneira mais recorrente neste país.

Justamente por isso, este breve artigo tem por objetivo esclarecer alguns pontos que, a nosso ver, ainda estão um tanto nebulosos. Nosso intuito é reassegurar que nem no âmbito da SENACON (que ouviu sugestões para um futuro e eventual projeto em defesa ao consumidor) nem no âmbito dos trabalhos desenvolvidos por estes autores (e, de maneira geral, por todos aqueles que advogam de maneira razoável e racional em prol da arbitragem consumerista) estão sendo sugeridas quaisquer medidas contrárias à Constituição ou à legislação brasileira, tampouco que afrontem à reconhecida vulnerabilidade do consumidor.

Mais especificamente, este artigo abordará, bem sucintamente, a arbitragem de consumo à luz do direito comparado, demonstrando quais os princípios basilares que alicerçam o instituto Brasil afora – e que também podem, e devem, ser utilizados aqui. Igualmente, serão analisadas algumas informações empíricas sobre a resolução de conflitos de consumo no Brasil, com ênfase nos dados estatísticos sobre a desjudicialização.

Enfim, a metodologia ora adotada é a descritiva, e as fontes bibliográficas que corroboram e robustecem nossa narrativa são tanto primárias, com fulcro no texto de lei em sua literalidade, quanto secundárias, sempre colhidas da melhor doutrina nacional e estrangeira.

2. MITOS QUE OBSCURECEM A ARBITRAGEM CONSUMERISTA NO BRASIL

Pois bem, o primeiro ponto a ser esclarecido diz respeito às inseguranças que circundam a arbitragem consumerista no Brasil. Ressalte-se, de início, que a arbitragem de consumo não é um experimento inovador, controverso ou inexplorado, que estaria sendo testado em caráter aventureiro e que, mais recentemente, estaria sendo rechaçada pela prática internacional.

Isso não corresponde, de maneira alguma, ao que se vê no direito comparado. Cada vez mais, ficam reconhecidas e sedimentadas as virtudes que a arbitragem, quando adequadamente estabelecida, confere ao Poder Público, aos consumidores e, inclusive, às empresas.

Exemplificativamente, podemos mencionar a França que, em 2016, publicou sua Lei sobre a Modernização da Justiça do Séc. XXI. Foi através desse instituto, bastante celebrado pelos juristas franceses,[1] que a arbitragem de consumo, junto com outros métodos de resolução alternativa de conflitos, foi propulsionada naquele país.

---

1. VUCHOT, Alexandre; BARBIER, Marion; TIOURTITE, Djazia; ZNATY, Benjamin. *Médiation obligatoire des litiges de consommation*: mode d'emploi. Disponível em: https://www.twobirds.com/fr/insights/2016/france/mediation-obligatoire-des-litiges-de-consommation-mode-d-emploi; também em MOREAUX,

Ainda mais: na França, são os fornecedores, i.e., as empresas, que, obrigatoriamente, devem implementar e arcar com todas as despesas dos sistemas de resolução alternativa de conflitos, seja custeando um procedimento arbitral, seja financiando um *ombudsman* para prestar assistência aos seus clientes, por exemplo.

Fato é que, em âmbito internacional, a arbitragem de consumo não é uma figura polêmica: em Portugal, o Centro de Informação de Consumo e Arbitragem do Porto tem um histórico de mais de 4 (quatro) mil arbitragens, cujas sentenças foram proferidas num tempo médio de 23 (vinte e três) dias úteis;[2] na Espanha, há uma política pública de emissão de certificados de adesão ao Sistema Arbitral de Consumo, que pode ser ostentado como se fosse um "selo de qualidade" nos sites e nos produtos dos fornecedores espanhóis aderentes. Também nesse país, o Ministério do Consumo registrou 60.555 arbitragens recebidas apenas no ano de 2021, e outras 65.245 resolvidas no mesmo ano.[3]

Enquanto isso, aqui no Brasil, os consumidores têm que lidar com a demora, com a formalidade e com a imprevisibilidade do Poder Judiciário, onde um processo simples, como costumam ser as ações consumeristas, pode demorar até 3 anos para ser resolvido. O Poder Público, por sua vez, tem um dispêndio enorme com a "máquina" da Justiça: existe um total de 75,4 milhões de processos, sendo que pelo menos 1.655.989 são relacionados ao Direito do Consumidor. O financiamento desse sistema – essencialmente fadado à morosidade – custa incríveis R$ 100.067.753.052,00 por ano![4]

Enfim, apenas para arrematar essa questão da arbitragem de consumo no direito comparado, acrescente-se que o fomento aos métodos adequados de resolução de conflitos, como a conciliação, a mediação e a arbitragem, é objeto de destaque na OCDE,[5] na UNCTAD[6] e nos diálogos travados na Convenção

---

Anne. *J21*: l'arbitrage enfin ouvert aux consommateurs. Disponível em: https://www.affiches-parisiennes.com/j21-l-arbitrage-enfin-ouvert-aux-consommateurs-6750.html. Acesso em: 13 jul. 2022.

2. PORTUGAL. CENTRO DE INFORMAÇÃO DE CONSUMO E ARBITRAGEM DO PORTO. *Estatísticas: maio de 1995 a dezembro de 2018*. Disponível em: https://www.cicap.pt/cicap/estatisticas/. Acesso em: 13 jul. 2022.
3. ESPANHA, MINISTÉRIO DO CONSUMO. Estadísticas de la Actividad de las Juntas Arbitrales de Consumo: 2021. Disponível em: https://www.consumo.gob.es/sites/consumo.gob.es/files/consumo_masinfo/260422_actividadSistemaArbitral2021.pdf. Acesso em: 13 jul. 2022.
4. CNJ. CONSELHO NACIONAL DE JUSTIÇA. Justiça em Números 2021. Disponível em: www.cnj.jus.br/wp-content/uploads/2021/11/relatorio-justica-em-numeros2021-221121.pdf. Acesso em: 13 jul. 2022.
5. OCDE. ORGANIZAÇÃO DE COOPERAÇÃO E DE DESENVOLVIMENTO ECONÔMICO. *Recomendação do Conselho Relativa às Linhas Diretrizes que Regem a Proteção dos Consumidores no Contexto do Comércio Electrónico*. Disponível em: https://legalinstruments.oecd.org/en/instruments/OECD-LEGAL-0422.
6. ONU. ORGANIZAÇÃO DAS NAÇÕES UNIDAS. *Diretrizes das Nações Unidas para a Proteção do Consumidor*. p. 3. Disponível em: http://abrarec.com.br/wp-content/uploads/2018/09/Diretrizes-O-NU-Portugues-2018.pdf.

Interamericana de Direito Internacional Privado sobre a Lei Aplicável a Alguns Contratos com Consumidores – CIDIP VII.[7] É claro, portanto, que há um apoio tremendo da comunidade internacional a essa ideia.

3. UNIDIRECIONALIDADE – UM PRESSUPOSTO BASILAR PARA A ARBITRAGEM DE CONSUMO NO BRASIL E NO MUNDO

Desmistificada a noção errônea de que a arbitragem de consumo seria um instituto controverso, faz-se mister esclarecer uma outra premissa fundamental, que consolidou, internacionalmente, a eficácia desse método, e que também deverá ser aplicada no Brasil: trata-se do princípio da unidirecionalidade, segundo o qual cabe exclusivamente ao consumidor decidir se ele quer ou não utilizar a arbitragem para resolver sua reclamação.

Esse princípio já foi consagrado pelo STJ no Recurso Especial (REsp) 1.742.547, julgado em 18 de junho de 2019, no qual a razão de decidir foi no sentido de que:

> É possível a utilização de arbitragem para resolução de litígios originados de relação de consumo quando não houver imposição pelo fornecedor, bem como quando a iniciativa da instauração ocorrer pelo consumidor ou, se houver iniciativa do fornecedor, venha a concordar ou ratificar expressamente com a instituição.[8]

Isso quer dizer que não importa se há ou não uma cláusula arbitral no contrato de adesão celebrado entre consumidor e fornecedor. A única manifestação volitiva relevante é a do próprio consumidor. É ele quem detém a palavra final.

Nesse sentido, torna-se absolutamente despicienda a determinação constante no Projeto de Lei de Atualização do Código de Defesa do Consumidor de proibir as cláusulas arbitrais em contratos de consumo, ou de estipular a abusividade das cláusulas que "condicionem ou limitem de qualquer forma o acesso aos órgãos do Poder Judiciário".[9] Na prática, as cláusulas arbitrais vinculam apenas a empresa, na hipótese de o consumidor querer, de fato, recorrer à arbitragem.

---

7. OEA. CONSELHO PERMANENTE DA ORGANIZAÇÃO DOS ESTADOS AMERICANOS. *Propostas dos Estados-Membros para a Sétima Conferência Especializada Interamericana sobre Direito Internacional Privado (CIDIP-VII). Tema O*: Proteção ao Consumidor (Estados Unidos da América). Disponível em: http://www.oas.org/dil/Legislative_Guidelines_for_Inter-American_Law_on_Availability_of_Consumer_Dispute_Resolution_United_States.pdf. Acesso em: 13 jul. 2022.

8. STJ – REsp: 1742547 MG 2018/0121028-6, Relator: Ministra Nancy Andrighi, Data de Julgamento: 18/06/2019, T3 – Terceira Turma, Data de Publicação: DJe 21.06.2019.

9. BRASIL. CÂMARA DOS DEPUTADOS DO BRASIL. *Projeto de Lei 3.515/2015*. Disponível em: https://www.camara.leg.br/proposicoesWeb/prop_mostrarintegra;jsessionid=node010aoarojy6ya6awfx4hdc9w9z6898266.node0?codteor=1408277&filename=PL+3515/2015. Acesso em: 13 jul. 2022.

Também cai por terra a ideia de que a "Senacon/CNDC parece querer ir no sentido contrário das lições do direito comparado...daí a importância do tema".[10] Primeiro, porque nem a Senacon e nem o CNDC apresentou proposta formal, mas realizou pesquisas, avaliações e coleta de dados e de argumentos para subsidiar sua importantíssima política de desjudicialização. Segundo, porque o sistema de arbitragem de consumo, conforme proposto ao Brasil por estes autores, está completamente lastreado no direito comparado, nas diretrizes do STJ e na Constituição brasileira.

O que se busca com a implementação da arbitragem de consumo – e com o desenvolvimento de todo um amálgama de métodos de resolução de conflitos consumeristas – é empoderar e informar o consumidor.

A ideia desenhada por estes autores é que os consumidores tenham acesso fácil e simultâneo a múltiplas maneiras de resolver seus conflitos: mediação, recurso aos Procons, ao Poder Judiciário e, também, à arbitragem, caso assim o queiram.

Todos esses métodos deveriam ser facilmente acessíveis a qualquer pessoa com internet, que, hoje, representam mais de 81% da população brasileira.[11] Segundo proposto por estes autores, o acesso a esse "sistema multiportas" ocorreria através da plataforma digital oficial da Administração Pública "para a autocomposição nas controvérsias em relações de consumo", qual seja, o portal Consumidor.gov.br.

Ainda consoante as sugestões destes autores, as inúmeras vias extrajudiciais destinadas à resolução da disputa consumerista seriam "liberadas" mediante a implementação de uma condição extremamente razoável: a de que o consumidor tentasse, inicialmente e por um prazo máximo de 20 dias, dialogar diretamente com o fornecedor para resolver a disputa.

Essa condição, além de não impor qualquer ônus desmesurado ao consumidor, que poderá, a qualquer momento e incondicionalmente, judicializar sua disputa ou recorrer ao Procon por outros meios que não o da Plataforma Consumidor.gov.br, também está em linha com uma premissa básica da resolução de conflitos: a de que a pessoa mais apropriada para avaliar se uma solução é ou não satisfatória é aquela cujo direito foi lesado.

---

10. CANTO, Flávia do; SQUEFF, Tatiana Cardoso. *As limitações do uso da arbitragem nas relações de consumo.* Disponível em: https://www.conjur.com.br/2020-nov-18/garantias-consumo-limitacoes-uso-arbitragem-relacoes-consumo. Acesso em: 13 jul. 2022.

11. SILVA, Victor Hugo. *81% da população brasileira acessou a internet em 2021, diz pesquisa; TV supera computador como meio.* Disponível em: https://g1.globo.com/tecnologia/noticia/2022/06/21/81percent-da-populacao-brasileira-acessou-a-internet-em-2021-diz-pesquisa.ghtml. Acesso em: 13 jul. 2022.

Repita-se: essa condição do diálogo prévio seria aplicável apenas para quem desejasse ter acesso ao sistema multiportas centralizado na Plataforma Consumidor.gov.br. A tentativa prévia de negociação, apesar de recomendável, não seria condição de acessibilidade às defensorias públicas, aos Procons, aos canais de atendimento e denúncia das agências reguladores ou a nenhum outro meio de resolução de disputas. A ideia não é, de maneira alguma, criar óbices para o acesso à jurisdição.

4. DISPUTAS DE CONSUMO "EM NÚMEROS"

É bem verdade que entre 2020 e 2021, houve uma sensível diminuição no número de ações envolvendo o direito do consumidor – em 2020, foram 2.295.880,[12] enquanto em 2021, foram 1.655.989.[13] Esse evento, além de ser verdadeiramente elogiável, indica que é, sim, possível "desafogar" o Poder Judiciário mediante o desenvolvimento de outros métodos igualmente – ou talvez até mais – eficientes. Note-se, porém, que o número absoluto de casos continua altíssimo, e é justamente por causa dessa "hiperinflação processual" que a implementação dos métodos alternativos ganha caráter de urgência.

Mesmo porque, hoje, está bastante claro que o fornecedor tem, sim, na maioria dos casos, a intenção – ou, pelo menos, o incentivo econômico-comportamental – de atender o consumidor pelas vias alternativas e extrajudiciais, sendo-lhe financeiramente interessante resolver, fora da Justiça estatal, as disputas de consumo". Os dados tendem a demonstrar exatamente isso.

Citemos, por exemplo, o eBay, empresa que reporta mais de 60 milhões de disputas resolvidas por ano, através do mecanismo de resolução de conflitos desenvolvido em seu próprio site;[14] também o Mercado Livre informa que 80% das disputas submetidas a sua plataforma de negociação são resolvidas amigavelmente.[15] O mesmo ocorre com a Amazon e com diversas outras empresas, sobretudo no setor do e-commerce.

---

12. CNJ. CONSELHO NACIONAL DE JUSTIÇA. *Relatório Justiça em Números 2020*, p. 205. Disponível em: https://www.cnj.jus.br/wp-content/uploads/2021/08/rel-justica-em-numeros2020.pdf. Acesso em: 13 jul. 2022.
13. CNJ. CONSELHO NACIONAL DE JUSTIÇA. *Justiça em Números 2021*. Disponível em: https://www.cnj.jus.br/wp-content/uploads/2021/11/relatorio-justica-em-numeros2021-221121.pdf. Acesso em: 13 jul. 2022.
14. RULE, Colin. *Designing a Global Online Dispute Resolution System: Lessons Learned from eBay*. Issue 2, v. 13, Article 10. 2017. Disponível em: https://core.ac.uk/reader/217158080. Acesso em: 13 jul. 2022.
15. MARQUES, Ricardo Dalmaso. A Resolução de disputas online (ODR): do comércio eletrônico ao seu efeito transformador sobre o conceito e a prática do acesso à justiça. *Revista de Direito e Novas Tecnologias*, v. 5. 2019. Disponível em: https://edisciplinas.usp.br/pluginfile.php/5772965/mod_resource/content/2/22.10%20-%20A%20resolu%C3%A7%C3%A3o%20de%20disputas%20online.pdf. Acesso em: 13 jul. 2022.

É nítido, portanto, o alinhamento de interesses, não apenas das empresas e do Poder Público, que diminuirão sensivelmente suas despesas com a Justiça, mas também dos consumidores, que poderão resolver, com uma imensa facilidade, sem burocracias ou excessos de formalismo, suas queixas diárias. Respeitados os princípios basilares que ensejam e promovem a defesa do consumidor, não há razão para temer a arbitragem consumerista, pelo contrário. Seu uso será extremamente benéfico.

CONSIDERAÇÕES FINAIS

O debate acerca da arbitragem de consumo é salutar, mas não deve ser lastreado num receio ou numa relutância à inovação. Por certo que todos os cuidados deverão ser tomados; que todos os métodos alternativos que, eventualmente, venham a surgir devem ser acompanhados de uma ampla política de instrução ao consumidor, inclusive mediante vídeos informativos e infográficos; também é discutível a possibilidade de ter o Ministério Público fiscalizando os "centros de arbitragem de consumo" que viriam a ser desenvolvidos, bem como a instituição de outros mecanismos de fiscalização e *compliance*.

Foi exatamente nesses termos que o presente trabalho buscou esclarecer, embora de maneira muito breve, alguns dos pontos mais cruciais que, frequentemente, preocupam os acadêmicos do direito quanto à "normalização" da arbitragem consumerista. A tendência, tanto das políticas internacionais do consumidor, quanto das próprias empresas privadas brasileiras, é a de tirar da esfera do Judiciário o monopólio absoluto e inafastável da resolução dos conflitos, mesmo os mais simplórios. Essa política, sistematizada e aplicada aqui, trará imensos benefícios à nossa Justiça.

Enfim, o que é verdadeiramente incontestável é a inviabilidade econômica – e mesmo de recursos humanos – em se continuar com o Poder Público decidindo demandas consumeristas de massa, que poderiam, muito bem, migrar para uma resolução fora do ambiente do Judiciário.

REFERÊNCIAS

CANTO, Flávia do; SQUEFF, Tatiana Cardoso. *As limitações do uso da arbitragem nas relações de consumo*. Disponível em: https://www.conjur.com.br/2020-nov-18/garantias-consumo-limitacoes-uso-arbitragem-relacoes-consumo. Acesso em: 13 jul. 2022.

CÂMARA DOS DEPUTADOS DO BRASIL. Projeto de Lei 3.515/2015. Disponível em: https://www.camara.leg.br/proposicoesWeb/prop_mostrarintegra;jsessionid=node010aoarojy6ya6awfx4h-dc9w9z6898266.node0?codteor=1408277&filename=PL+3515/2015. Acesso em: 13 jul. 2022.

CENTRO DE INFORMAÇÃO DE CONSUMO E ARBITRAGEM DO PORTO. Estatísticas: maio de 1995 a dezembro de 2018. Disponível em https://www.cicap.pt /cicap/estatisticas/. Acesso em: 13 jul. 2022.

CONSELHO NACIONAL DE JUSTIÇA. Relatório Justiça em Números 2020. Disponível em https://www.cnj.jus.br/wp-content/uploads/2021/08/rel-justica-em-numeros2020.pdf. Acesso em: 13 jul. 2022.

CONSELHO NACIONAL DE JUSTIÇA. Justiça em Números 2021. Disponível em: www.cnj.jus.br/wp-content/uploads/2021/11/relatorio-justica-em-numeros2021-221121.pdf. Acesso em: 13 jul. 2022.

CONSELHO PERMANENTE DA ORGANIZAÇÃO DOS ESTADOS AMERICANOS. Propostas dos Estados Membros para a Sétima Conferência Especializada Interamericana sobre Direito Internacional Privado (CIDIP-VII). Tema O: Proteção ao Consumidor (Estados Unidos da América). Disponível em: http://www.oas.org/dil/Legislative_Guidelines_for_InterAmerican_Law_on_Availability_of_Consumer_Dispute_Resolution_United_States.pdf. Acesso em: 13 jul. 2022.

ESPANHA, MINISTÉRIO DO CONSUMO. Estadísticas de la Actividad de las Juntas Arbitrales de Consumo: 2021. Disponível em: https://www.consumo.gob.es/sites/consumo.gob.es/files/consumo_masinfo/260422_actividadSistemaArbitral2021.pdf. Acesso em: 13 jul. 2022.

MARQUES, Ricardo Dalmaso. A Resolução de disputas online (ODR): do comércio eletrônico ao seu efeito transformador sobre o conceito e a prática do acesso à justiça. *Revista de Direito e Novas Tecnologias*, v. 5. 2019. Disponível em: https://edisciplinas.usp.br/pluginfile.php/5772965/mod_resource/content/2/22.10%20-%20A%20resolu%C3%A7%C3%A3o%20de%20disputas%20online.pdf. Acesso em: 13 jul. 2022.

MOREAUX, Anne. *J21: l'arbitrage enfin ouvert aux consommateurs*. Disponível em: https://www.affiches-parisiennes.com/j21-l-arbitrage-enfin-ouvert-aux-consommateurs-6750.html. Acesso em: 13 jul. 2022.

ORGANIZAÇÃO DAS NAÇÕES UNIDAS. Diretrizes das Nações Unidas para a Proteção do Consumidor. Disponível em: http://abrarec.com.br/wp-content/uploads/2018/09/Diretrizes-ONU-Portugues-2018.pdf.

ORGANIZAÇÃO DE COOPERAÇÃO E DE DESENVOLVIMENTO ECONÔMICO. Recomendação do Conselho Relativa às Linhas Diretrizes que Regem a Proteção dos Consumidores no Contexto do Comércio Electrónico. Disponível em: https://legalinstruments.oecd.org/en/instruments/OECD-LEGAL-0422.

RULE, Colin. *Designing a Global Online Dispute Resolution System*: Lessons Learned from eBay. Issue 2, v. 13, Article 10. 2017. Disponível em: https://core.ac.uk/reader/217158080. Acesso em: 13 jul. 2022.

SILVA, Victor Hugo. *81% da população brasileira acessou a internet em 2021, diz pesquisa; TV supera computador como meio*. Disponível em: https://g1.globo.com/tecnologia/noticia/2022/06/21/81percent-da-populacao-brasileira-acessou-a-internet-em-2021-diz-pesquisa.ghtml. Acesso em: 13 jul. 2022.

VUCHOT, Alexandre; BARBIER, Marion; TIOURTITE, Djazia; ZNATY, Benjamin. *Médiation obligatoire des litiges de consommation*: mode d'emploi. Disponível em: https://www.twobirds.com/fr/insights/2016/france/mediation-obligatoire-des-litiges-de-consommation-mode-d--emploi. Acesso em: 13 jul. 2022.

CONSUMIDOR E SAÚDE SUPLEMENTAR: EXTERNALIDADES POSITIVAS DA RESOLUÇÃO DO CONSELHO DE SAÚDE SUPLEMENTAR (CONSU) 01, DE 2021 NO ATENDIMENTO DOS CONSUMIDORES DE PLANOS DE SAÚDE

Juliana Oliveira Domingues

Frederico Fernandes Moesch

Resumo: A regulação do setor de saúde suplementar sob a perspectiva da proteção e defesa do consumidor trouxe inovações. Com base no desempenho do setor durante a pandemia de Covid-19 e nas reclamações dos consumidores pelas vias judicial e administrativa foram criadas possibilidades de aprimoramentos regulatórios com a edição da Resolução do Conselho de Saúde Suplementar (CONSU) 01, de 03 de setembro de 2021, que instituiu a Política Nacional de Saúde Suplementar para o enfrentamento da Covid-19 (PNSS-Covid-19). Tais aprimoramentos são sintetizados em pontos relacionados à transparência das informações, em especial sobre os reajustes; garantia do atendimento à saúde, consubstanciada no melhor desfecho clínico, nos prazos legais e regulamentares e com custo adequado; cumprimento das coberturas contratadas pelos consumidores, nos limites definidos na Lei dos Planos de Saúde, incentivando a solução extrajudicial de conflitos de consumo; e promoção de ambiente regulatório que incentive a concorrência, resguardando a qualidade da assistência, os direitos e as garantias previstas na Lei dos Planos de Saúde.

Palavras-Chave: Regulação – Consumidor – Saúde suplementar – Transparência – Soluções judiciais e extrajudiciais – Concorrência.

Sumário: 1. Introdução – 2. Características do setor de saúde suplementar no Brasil – 3. Desempenho do setor de saúde suplementar nos últimos anos – 4. Reclamações de consumidores – 5. A resolução do Consu 01, de 03 de setembro de 2021 – Considerações finais – Referências.

1 INTRODUÇÃO

Mesmo com os importantes avanços desde a promulgação do Código de Defesa do Consumidor, há 31 anos, alguns setores regulados permanecem com diversas assimetrias e falhas de mercado. Algumas dessas falhas motivam processos judiciais que poderiam ser evitados por meio de maior transparência e de medidas aptas à harmonização das relações de consumo. Esse é o caso observado no setor da saúde suplementar.

Com a publicação da Resolução do Conselho de Saúde Suplementar (CONSU) 01, de 03 de setembro de 2021, institui-se a Política Nacional de Saúde Suplementar para o enfrentamento da Covid-19 (PNSS-Covid-19). Referida resolução trouxe diretrizes para atuação da Agência Nacional de Saúde Suplementar (ANS) enquanto perdurar a pandemia. É importante destacar que as ações previstas para implementar essas diretrizes constituem oportunidade para aperfeiçoar o atendimento dos consumidores pelos planos de saúde.

2. CARACTERÍSTICAS DO SETOR DE SAÚDE SUPLEMENTAR NO BRASIL

O Brasil, mesmo com um sistema público e universal de saúde, possui expressiva participação do setor privado como agente de mercado que oferece cobertura de planos e seguros de saúde. O setor de saúde suplementar diz respeito a uma rede composta por mais de 700 operadoras de assistência médica ativas e com beneficiários, com mais de quarenta milhões de beneficiários (quase um quarto da população brasileira) (ANS, 2021).

Os planos de saúde são segmentados em dois principais tipos de contratação: a) planos individuais ou familiares, que contam com cerca de 9 milhões de beneficiários (aproximadamente 20% do mercado); b) planos coletivos, com cerca de 39 milhões (aproximadamente 80% do mercado).

O plano individual ou familiar é o instrumento jurídico firmado entre uma operadora de plano de saúde e uma pessoa física para assistência à saúde de um indivíduo ou de um grupo familiar, caracterizando-se pela livre adesão de consumidores. Já o plano coletivo é o instrumento jurídico firmado entre uma operadora de plano de saúde e uma pessoa jurídica para assistência à saúde de um grupo de consumidores vinculado a esta pessoa jurídica por conta de uma relação empregatícia ou estatutária, no caso de plano coletivo empresarial; ou de uma relação de caráter profissional, classista ou setorial, no caso de plano coletivo por adesão. Em outras palavras, o plano coletivo demanda, na contratação, a intermediação de uma pessoa jurídica entre o usuário e a operadora de plano de saúde, podendo essa intermediação ser feita por empresa empregadora do usuário, associação ou sindicato.

A Lei 9.656, de 3 de junho de 1998, é o marco regulatório do setor de saúde suplementar. De acordo com a Lei, cabe à ANS o papel de regular, normatizar, fiscalizar e incentivar o setor a prover serviços de maior qualidade, além de garantir a manutenção de regras fundamentais para os beneficiários de planos de saúde. Essa Lei deu causa a expressiva reestruturação da atuação das operadoras de planos de saúde, principalmente com a imposição aos contratos de garantia de cobertura mínima, incorporação tecnológica obrigatória, restrições a alguns reajustes anuais dos prêmios e medidas de garantia de capital de solvência para as operadoras.

O setor de saúde suplementar também deve observar o disposto na Lei 8.078, de 11 de setembro de 1990 – Código de Defesa do Consumidor (CDC). A relação de consumo é uma relação jurídica composta, necessariamente, por um consumidor e um fornecedor, para aquisição de produto ou serviço. Dessa forma, os contratos de planos de saúde estabelecem uma relação de consumo – independentemente do tipo de plano, forma, modalidade ou data de contratação. Mesmo em contratos coletivos, com intermediação de empresa entre o beneficiário do plano de saúde (consumidor) e a operadora (fornecedora), configura-se relação de consumo entre estes dois.

De acordo com a jurisprudência consolidada do Superior Tribunal de Justiça (STJ) e objeto da Súmula 608 da Corte, "aplica-se o Código de Defesa do Consumidor aos contratos de plano de saúde, salvo os administrados por entidades de autogestão" (Súmula 608 – STJ, Segunda Seção, julgado em 11.04.2018, DJe 17.04.2018). As entidades de autogestão foram excepcionadas por não seriam tidas como fornecedoras, nos termos do art. 3º, § 2º do CDC.

Na Lei 9.656, de 3 de junho de 1998, Plano Privado de Assistência à Saúde é considerado uma prestação continuada de serviços ou cobertura de custos assistenciais a preço pré ou pós-estabelecido, por prazo indeterminado, com a finalidade de garantir, sem limite financeiro, a assistência à saúde, pela faculdade de acesso e atendimento por profissionais ou serviços de saúde, livremente escolhidos, integrantes ou não de rede credenciada, contratada ou referenciada, visando à assistência médica, hospitalar e odontológica, a ser paga integral ou parcialmente a expensas da operadora contratada, mediante reembolso ou pagamento direto ao prestador, por conta e ordem do consumidor.

Conforme Azevedo et al. (2016), o beneficiário desembolsa pagamentos contínuos para ter acesso a serviços privados de saúde e, dessa forma, inicia-se uma longa cadeia de atividades. Há vários agentes que atuam no fornecimento das atividades da cadeia de saúde suplementar e que estabelecem relações entre si ilustrado da seguinte forma:

Figura 1 – Cadeia do Setor de Saúde Suplementar

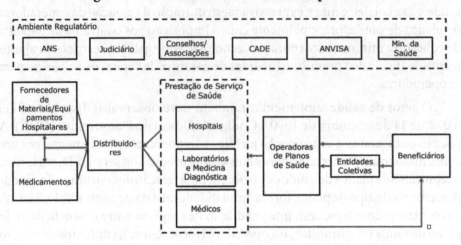

Figura   Mapa da Cadeia da Saúde Suplementar

Fonte: Azevedo et al. (2016), p. 28.

Nesse sentido, Azevedo et al. apontam que:

[...] os insumos seguem pela cadeia, em geral, por meio de distribuidores ou ofertados diretamente pelos fornecedores de materiais, equipamentos médicos e medicamentos. Os prestadores de serviços são os hospitais, os laboratórios, os estabelecimentos de medicina diagnóstica e os médicos, isto é, os responsáveis pelo atendimento ao paciente. Os pacientes, por sua vez, têm acesso ao sistema por meio das Operadoras de Planos de Saúde (OPS), que podem ser contratados individualmente, mas, na maior parte, são acessados por meio de entidades coletivas (por exemplo, empesas e sindicatos). Todo o sistema, em especial as OPS, opera em um ambiente regulado por vários agentes, tais como a ANS, o Poder Judiciário, os Conselhos e Associações (e.g. Conselhos Regionais de Medicina), o CADE, a Anvisa e o Ministério da Saúde".[1]

O beneficiário, individualmente ou com intermediação de uma pessoa jurídica (empresa empregadora do beneficiário, associação ou sindicato), escolhe o plano de saúde com base na qualidade da operadora, no preço do plano e na qualidade da rede credenciada. Os agentes que demandam um serviço de saúde não são os mesmos que arcam com as consequências financeiras. Por exemplo, o beneficiário que marca uma consulta não desembolsa valores monetários para pagamento do serviço médico, pois já realizou previamente o pagamento do acesso a toda rede credenciada da operadora, após a contratação do plano e com pagamentos frequentes para a operadora.

---

1. AZEVEDO, P. F., ALMEIDA, S. F., ITO, N.C., BOARATI, V., MORON, C. R., INHAZ, W. e ROSSET, F. *A cadeia de saúde suplementar no Brasil*: avaliação de falhas de mercado e proposta de políticas. INSPER, São Paulo, 2016, p. 30.

A ANS controla o reajuste de preços dos planos de saúde individuais e familiares. Como apontado por Azevedo et al. (2016), esses reajustes são determinados pela ANS de acordo com a Lei 9.961, de 28 de janeiro de 2000, que, entre outras providências, criou a ANS. Maia e Carvalho (2020) observam que o reajuste anual dos prêmios dos planos individuais têm sido objeto de forte discussão com o objetivo de se tentar conter os custos do sistema. Esse reajuste possui teto único para o país, sendo definido anualmente pela ANS, conforme metodologia publicada pela Resolução Normativa 441/2018.

Adicionalmente, a ANS:

> [...] define critérios em relação ao rol de procedimentos mínimos, qualidade dos serviços realizados pelas OPS, classes de planos, regras de reajustes, transparência de preços, regras sobre carência, adaptação do plano e portabilidade entre operadoras de planos de saúde.[2]

Para os planos coletivos com menos de 30 beneficiários, as normas da Resolução Normativa 309, de 24 de outubro de 2012, estabelecem o agrupamento dos contratos. A definição da metodologia de reajuste não é regulada, mas deve ser única e constar nos contratos.

Os reajustes nos planos coletivos com mais de 30 beneficiários são estabelecidos de acordo com negociações realizadas entre operadoras e contratantes. A regra de reajuste é realizada com base na utilização passada. Sobre esse ponto, Azevedo e outros (2016) comentam que, "a decisão individual do beneficiário, hoje, do uso do plano de saúde não afeta o preço atual, mas afetará, sim, o reajuste e, portanto, o preço futuro do plano". Dessa forma, não haveria "[...] vantagens aos beneficiários com menor nível de utilização, posto que o custo da carteira é igualmente diluído para todos os participantes".[3]

3. DESEMPENHO DO SETOR DE SAÚDE SUPLEMENTAR NOS ÚLTIMOS ANOS

Conforme dados e informações obtidas pela Secretaria Nacional do Consumidor (SENACON) junto a agentes econômicos e disponíveis ao público na NOTA TÉCNICA 14/2021/CGEMM/DPDC/SENACON/MJ, as operadoras de planos de saúde apresentaram nos últimos cinco anos situação econômico-financeira

---

2. AZEVEDO, P. F., ALMEIDA, S. F., ITO, N.C., BOARATI, V., MORON, C. R., INHAZ, W. e ROSSET, F. *A cadeia de saúde suplementar no Brasil*: avaliação de falhas de mercado e proposta de políticas. INSPER, São Paulo, 2016, p. 67.
3. AZEVEDO, P. F., ALMEIDA, S. F., ITO, N.C., BOARATI, V., MORON, C. R., INHAZ, W. e ROSSET, F. *A cadeia de saúde suplementar no Brasil*: avaliação de falhas de mercado e proposta de políticas. INSPER, São Paulo, 2016, p. 72.

relativamente estável. A rentabilidade, em sua maior parte, aumentou. Houve estabilização no *market share* e no número de beneficiários.

As informações obtidas pela SENACON estão em linha com informações divulgadas pela ANS em seu *site*, na Sala de Situação[4] e no Boletim Covid-19 de outubro de 2021.[5] Nesse Boletim, observa-se relativa estabilização do número de beneficiários no setor desde o início da série divulgada (janeiro de 2019); no período, o menor número foi de 46,7 milhões, e o maior, de 48,6 milhões (diferença de 4%), a saber:

Gráfico 1 – Número de beneficiários no setor de saúde suplementar no Brasil (em milhões)

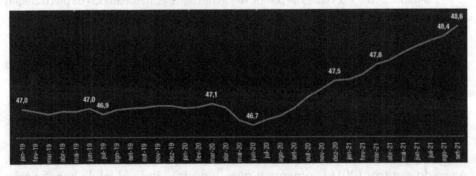

Fonte: ANS – Boletim Covid-19 de outubro de 2021

Outros dados importantes nesse documento dizem respeito ao índice de sinistralidade de caixa das operadoras, que consiste na relação entre as contraprestações (valores recebidos dos beneficiários) e os pagamentos (despesas com procedimentos de saúde realizados pelos beneficiários). Entre fevereiro de 2020 e setembro de 2021, no contexto da pandemia, o menor patamar do índice foi de 62%; o maior, de 84%.

O percentual mais baixo ocorreu em junho de 2020, quando muitas consultas e procedimentos eletivos haviam sido adiados ou cancelados por conta da pandemia de Covid-19. O gráfico, abaixo, mostra a evolução mensal.

---

4. BRASIL. ANS. Disponível em: https://www.ans.gov.br/images/stories/Materiais_para_pesquisa/Perfil_setor/sala-de-situacao.html. Acesso em: 10 ago. 2022.
5. BRASIL. ANS. Disponível em: https://www.gov.br/ans/pt-br/arquivos/assuntos/coronavirus-covid-19/boletim-covid-19/2021/BoletimCOVID19ANS_2021Outubror10_final.pdf. Acesso em: 10 ago. 2022.

Gráfico 2 – Índice de sinistralidade de caixa das operadoras

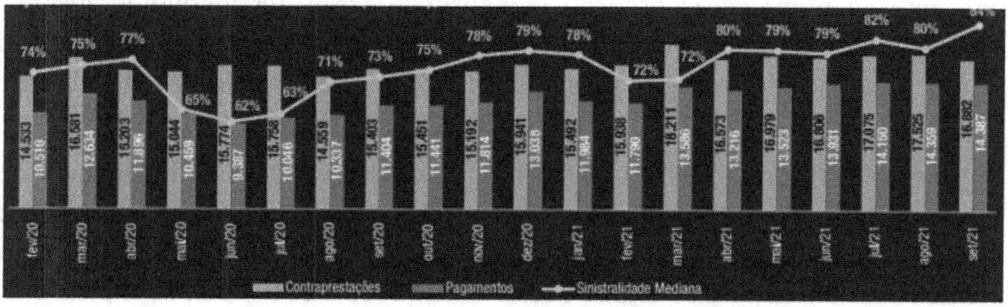

Fonte: ANS – Boletim Covid-19 de outubro de 2021

Por fim, os dados da ANS demonstram relativa estabilização na inadimplência dos beneficiários desde 2019, com queda após o início da pandemia. Considerando os relevantes impactos econômicos da crise sanitária que vivenciamos, com perdas de emprego e de renda para muitos cidadãos, a queda da inadimplência no setor de saúde suplementar demonstra que ele foi priorizado pelos consumidores.

Gráfico 3 – Inadimplência em planos com preço preestabelecido

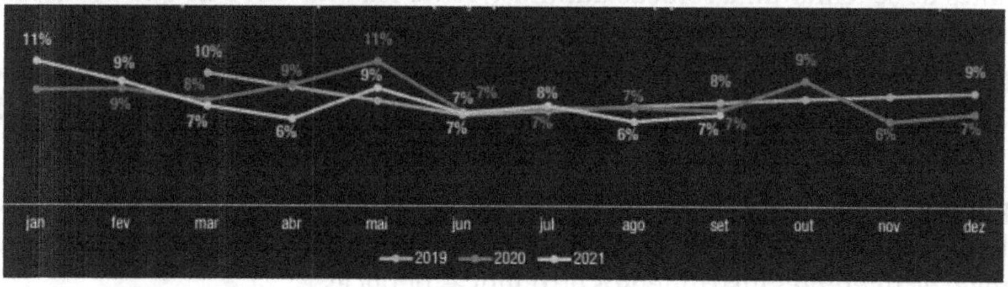

Fonte: ANS – Boletim Covid-19 de outubro de 2021

Em síntese, os dados trazem diversas sinalizações sobre a estabilização no setor de saúde suplementar. Em comparação com outros setores – como o de turismo, cultura e transportes –, pode-se dizer que, em termos financeiros, ele foi menos afetado pela pandemia de Covid-19.

4. RECLAMAÇÕES DE CONSUMIDORES

O setor de saúde suplementar é objeto de preocupações dos consumidores e apresentando elevada judicialização, o que levou membros do Sistema Nacional de Defesa do Consumidor a priorizarem o tema na pandemia. Na Secretaria Nacional do Consumidor (SENACON) do Ministério da Justiça e Segurança Pública (MJSP), foram adotadas iniciativas referentes ao setor na gestão de agosto de 2020 até março de 2022, por meio de diferentes instrumentos de política pública para proteger os consumidores, como o monitoramento de mercado, com notificações de agentes econômicos e elaboração de análise sobre reajustes dos planos de saúde, realização de testes de Covid-19; advocacia normativa, com muita articulação junto às autoridades competentes para fins de aperfeiçoamentos legislativos e regulatórios; sem deixar de lado a aplicação do poder de polícia, em alguns casos.

Segundo informações do Conselho Nacional de Justiça (CNJ), no documento "Judicialização e sociedade: ações para acesso à saúde pública de qualidade",[6] de 2021, houve incremento de 130% no número de demandas de direito à saúde em primeira instância para os anos de referência (2008 a 2017) e de 85% para o de segunda instância; ambos resultados extrapolam os números gerais do Judiciário (respectivamente de 50% e 40%). Nessa categoria "direito à saúde", os principais assuntos demandados foram "planos de saúde" e "seguro."

Já no âmbito administrativo, conforme os dados das plataformas de monitoramento de mercado gerenciadas pela SENACON, o Sistema de Informações de Defesa do Consumidor (SINDEC) e o consumidor.gov.br, o setor de saúde suplementar não aparece entre os mais reclamados, o que reforça a percepção de que o Judiciário tem sido muitas vezes buscado diretamente pelos consumidores desses serviços antes de se tentar uma solução administrativa. Há indicativo de que demandas referentes à negativa de tratamento (urgentes, em muitos casos) e a reajustes dos planos de saúde (em especial os coletivos, sujeitos à regulação mais branda do que a dos planos individuais e familiares) são comumente endereçadas pela via judicial.

Com vistas a reduzir a judicialização no setor de saúde suplementar, é importante seguir mapeando os principais problemas levados ao conhecimento do Poder Judiciário e, dessa forma, discutir alternativas para seu enfrentamento por meio de diferentes instrumentos de políticas públicas.

5. A RESOLUÇÃO DO CONSU 01, DE 03 DE SETEMBRO DE 2021

As duas Casas do Congresso Nacional têm mantido grandes discussões sobre proposições legislativas que nelas tramitam no setor de saúde suplementar. Na Agência Nacional de Saúde Suplementar (ANS), observam-se alguns avanços, como a facilitação da realização de testes de Covid-19, o reajuste negativo de planos individuais em 2021 e as iniciativas para ampliar a transparência sobre os dados e informações do setor, por meio da criação de painel que transforma dados brutos em informações mais facilmente compreensíveis.

Nesse contexto, relevante a edição da Resolução do Conselho de Saúde Suplementar (CONSU) 01, de 03 de setembro de 2021, que instituiu a Política Nacional de

---

6. BRASIL. CNJ. Disponível em: https://www.cnj.jus.br/wp-content/uploads/2021/06/Relatorio_Judicializacao-e-Sociedade_2021-06-08_V2.pdf. Acesso em: 10 ago. 2022.

Saúde Suplementar para o enfrentamento da Covid-19 (PNSS-Covid-19). Referida resolução trouxe diretrizes para atuação da Agência Nacional de Saúde Suplementar (ANS) enquanto perdurar a pandemia. As ações previstas para implementar essas diretrizes constituem oportunidade para um salto de qualidade regulatório em prol dos consumidores de planos de saúde, sobretudo no que se refere a:

a) transparência das informações, em especial sobre os reajustes;

b) garantia do atendimento à saúde, consubstanciada no melhor desfecho clínico, nos prazos legais e regulamentares e com custo adequado;

c) cumprimento das coberturas contratadas pelos consumidores, nos limites definidos na Lei dos Planos de Saúde, incentivando a solução extrajudicial de conflitos de consumo;

d) promoção de ambiente regulatório que incentive a concorrência, resguardando a qualidade da assistência, os direitos e as garantias previstas na Lei dos Planos de Saúde.

O CONSU foi criado na Lei 9.656, de 1998 (Lei dos Planos de Saúde), em seu art. 35-A, e regulamentado no Decreto 10.236, de 11 de fevereiro de 2020. É composto pelos Ministros de Estado da Saúde (que o preside), da Economia, da Justiça e Segurança Pública e Chefe da Casa Civil. A Secretaria-Executiva do CONSU é exercida pela Agência Nacional de Saúde Suplementar (ANS). Por iniciativa do Ministério da Saúde, as discussões referentes à resolução foram realizadas em reuniões de níveis ministerial e técnico, bem como consulta pública com importante participação da sociedade. Outros atores interessados (representantes de consumidores, de planos de saúde, de prestadores de serviços) também tiveram oportunidade de manifestação com vistas a aperfeiçoar e viabilizar a proposta.

A aprovação da resolução confere mandato à ANS para discutir e propor ao Conselho ações que confiram maior concretude aos princípios, objetivos e diretrizes da política pública. Tais ações seguirão as melhores práticas regulatórias, com participação dos atores interessados: representantes de planos de saúde, de prestadores de serviços e de consumidores, estes últimos sob coordenação da Secretaria Nacional do Consumidor (SENACON).

Do ponto de vista de efetividade, a execução das ações passa a ser monitorada, com vistas a eventuais correções de rumos durante a execução e avaliada permanentemente, de modo a subsidiar decisões futuras sobre o setor de saúde suplementar.

CONSIDERAÇÕES FINAIS

Essencial aos consumidores, o setor de saúde suplementar tornou-se ainda mais importante durante a pandemia de Covid-19.

Não sem-razão, o setor passou a ser um dos mais discutidos dentro da Secretaria Nacional do Consumidor, junto com à ANS, no ápice da pandemia, assim como no Ministério da Saúde e com os demais interessados. De todo modo, conforme os dados apontam tanto na ANS como na Senacon, persistem problemas no atendimento dos beneficiários que não têm sido resolvidos apenas no âmbito regulatório e administrativo. Com isso, o setor é objeto de elevada judicialização, como demonstra o documento do CNJ "Judicialização e sociedade: ações para acesso à saúde pública de qualidade."

Esforços de monta têm sido envidados por diferentes atores interessados (órgãos do Poder Judiciário, órgãos de defesa do consumidor, reguladores, fornecedores) para, com base e dados e informações, avançar no mapeamento dos principais problemas levados a conhecimento do Poder Judiciário para que se possa discutir possíveis medidas para seu enfrentamento.

Observa-se que o momento de pandemia foi oportuno no sentido de motivar a execução de medidas de natureza regulatória que podem contribuir sobremaneira para o melhor atendimento dos consumidores de planos de saúde e reduzir a judicialização. Dessa forma, a Resolução do Conselho de Saúde Suplementar (CONSU) 01, de 2021, que instituiu a Política Nacional de Saúde Suplementar, trouxe oportunidade para o aprofundar o diálogo entre todos os atores interessados e aperfeiçoar a regulação em benefício não apenas dos consumidores, mas da sustentabilidade do setor de saúde suplementar.

REFERÊNCIAS

AZEVEDO, P. F., ALMEIDA, S. F., ITO, N.C., BOARATI, V., MORON, C. R., INHAZ, W. e ROSSET, F. *A cadeia de saúde suplementar no Brasil*: avaliação de falhas de mercado e proposta de políticas. INSPER, São Paulo, 2016. Disponível em: https://www.iess.org.br/cms/rep/insper3.compressed.pdf. Acesso em: 10 ago. 2022.

BRASIL. Conselho Nacional de Justiça. Judicialização e saúde: ações para acesso à saúde pública de qualidade. Programa das Nações Unidas para o Desenvolvimento. – Brasília: CNJ, 2021.

GUSMÃO, Liziane P. S.; MARANHÃO, Andiara M. B. *Plano de saúde e relações de consumo*. Brasília: Ministério da Justiça e Segurança Pública, Secretaria Nacional do Consumidor: Fundação Universidade de Brasília – FUB, 2019.

KLEIN, Vinicius; DOMINGUES, Juliana Oliveira. Análise econômica do direito e defesa da concorrência: novos desafios. In: Luciana Yeung. (Org.). *Análise Econômica do Direito*. Atual, 2020.

MAIA, A. C. e CARVALHO., J. V. F. (2020) *A espiral de antiseleção no mercado brasileiro de planos de saúde individuais, Estudos Econômicos*, v. 50 (3), São Paulo.

MAIA, A. C. *Ensaios sobre a demanda no setor de saúde suplementar brasileiro*. Tese de Doutorado em Economia apresentada na Faculdade de Ciências Econômicas da Universidade Federal de Minas Gerais – UFMG, Belo Horizonte, 2012. Disponível em: https://repositorio.ufmg.br/bitstream/1843/AMSA-8YAH9U/1/ana_carolina_maia_13_02_2012.pdf. Acesso em: 10 ago. 2022.

DESAFIOS À PROTEÇÃO DE DADOS DOS CONSUMIDORES NO CENÁRIO TRANSFRONTEIRIÇO INTERAMERICANO

Cíntia Rosa Pereira de Lima

Newton De Lucca

Claudia Lima Marques

Resumo: Na sociedade informacional, o tratamento de dados dos consumidores é marcado pelo uso de tecnologias disruptivas que utilizam informações as quais circulam sem barreiras geograficamente definidas. Portanto, a preocupação de se garantir a efetiva proteção dos consumidores nesse cenário é característica marcante em todos os sistemas de proteção de dados pessoais. A proteção da pessoa natural consumidora, em relação ao processamento de dados pessoais, é direito fundamental reconhecido em muitos países da América. Neste artigo, busca-se salientar a necessidade de uma Convenção Interamericana de Proteção de Dados Pessoais a fim de se alcançar a desejada uniformização sobre o tema e a garantia de direitos fundamentais na transferência interamericana de dados.

Palavras-chave: Direito fundamental à proteção de dados – Lei Geral de Proteção de Dados – Consumidor – Direito Internacional Privado – Organização dos Estados Americanos (OEA).

Sumário: 1. Introdução – 2. Os princípios de proteção de dados da OEA: e a oportunidade de uma convenção interamericana sobre proteção de dados pessoais – 3. Análise das regras sobre transferência internacional de dados pessoais consoante à defesa do consumidor – 4. O papel da ANPD para atingir a harmonização das leis de proteção de dados pessoais – Considerações finais – Referências.

1. INTRODUÇÃO

Diante das características da sociedade informacional, sintetizadas de maneira impecável por Manuel Castells,[1] a saber: *informacional,* porque a produtividade e competitividade depende da capacidade de gerar, processar e aplicar de maneira eficiente as informações baseadas no conhecimento científico e tecnológico; *global,* porque a produção, a distribuição e o consumo são organizados em nível global e

---

1. CASTELLS, Manuel. *The rise of the network society.* 2 ed. Oxford: Blackwell, 2000. p. 147. v. I.

com a interligação entre vários agentes da economia; *interconectada* ("networked", na expressão de Manuel Castells), porque as novas condições socioeconômicas impõem a interconexão em redes entre as empresas.

Em outras palavras, quanto mais sólida for tal *network,* mais competitiva a produção desses agentes econômicos será. Uma preocupação constante é assegurar a eficácia das leis de proteção de dados pessoais, uma vez que tais informações são, quase sempre, tratadas por controladores e operadores sediados em diferentes países, sendo os dados pessoais armazenados em servidores cujo local nem sempre é conhecido.

É neste cenário de incertezas que as transferências de dados oriundas do comércio eletrônico internacional de consumo[2] e do comércio[3] aumentam a cada dia e a reação das cortes e países é alçar a direito fundamental a proteção de dados pessoais e autodeterminação informativa dos consumidores, como na decisão das ADIs 6.837, 6388, 6389, 6390 e 6393 do Supremo Tribunal Federal.[4] Para criar maior confiança,[5] às Leis de proteção dos consumidores se unem leis nacionais de proteção de dados pessoais, mas a coleta de dados com as novas tecnologias de *blockchain,*[6] *smart*[7] *contracts* e *predictive contracting*[8] desafiam estas leis, assim como sua rápida transferência internacional.[9]

---

2. Veja, no Brasil, por todos, MARTINS, Guilherme Magalhães. *Contratos eletrônicos de consumo*, São Paulo: Ed. Atlas, 2016, p. 42 e seg e, no cenário internacional, KOSYRA, Lea; DOMURATH, Irina. Datenschutz und Rechtsdurchsetzung, in MICKLITZ, Hans et al (Hrsg) *Verbraucherrecht 2.0 – Verbraucher in der digitaler Welt*. Baden-Baden: Nomos, 2017, p. 135- 172, p. 164.
3. Veja VIOLA, Mário. Transferência de dados entre Europa e Brasil: Análise da Adequação da Legislação Brasileira, Instituto de Tecnologia e Sociedade do Rio, Acessível in Transferência de dados entre Europa e Brasil: Análise da Adequação da Legislação Brasileira (itsrio.org) (15.11.2021).
4. MENKE, Fabiano. As origens alemãs e o significado da autodeterminação informativa. In: MENKE, Fabiano; VALLE DRESH, Rafael de Freitas. *Lei Geral de Proteção de dados* – Aspectos relevantes. Indaiatuba: Ed. Foco, 2021, p. 13 e s.
5. Veja MARQUES, Claudia Lima. *Confiança no comércio eletrônico e o direito do consumidor:* um estudo dos negócios jurídicos de consumo no comercio eletrônico. São Paulo: Ed. RT, 2004, p. 31 e s.
6. Veja NALIN, Paulo; NOGOROLI, Rafaella. Inteligência artificial, blockchain e *smart contracts*: breves reflexões sobre o novo desenho jurídico do contrato na sociedade da informação. In: BARBOSA, Mafalda Miranda et al (Coord.). *Direito digital e inteligência artificial*: diálogos entre Brasil e Europa. Indaiatuba: Foco, 2021. p. 753 e s.
7. Veja FINCK, Michèle. Smart Contracts as a Form of Solely Automated Processing under the GDPR, Max Planck Institute for Innovation and Competition Research Paper Series nr. 10-01, 8 jan. 2019, Acessível in https://papers.ssrn.com/sol3/papers.cfm?abstract_id=3311370 (16.11.2021) e SKLAROFF, Jeremy M. Smart Contracts and the Cost of Inflexibility. *University of Pennsylvania Law Review*, Pennsylvania, v. 166, p. 263-303, 2017. Acessível in: https://scholarship.law.upenn.edu/cgi/viewcontent.cgi?article=1009&context=prize_papers. (16.11.2021). E no Brasil, MARTINS, Guilherme Magalhães; FALEIROS JUNIOR, José Luiz de Moura. Reflexões sobre contratos inteligentes (Smart contracts) e seus principais reflexos jurídicos. In: EHRDARDT JUNIOR, Marcos; CATALAN, Marcos; MALHEIROS, Pablo (Coord.). *Direito civil e tecnologia*. Belo Horizonte: Fórum, 2020. p. 189-208.
8. Veja WILLIAMS, Spencer. Predictive Contracting, in *Columbia Business Law Review*, v. 2019, p. 621-695.
9. Veja sobre o tema da circulação transfronteiriça de dados, LIMA, Cíntia Rosa Pereira de. *Autoridade nacional de proteção de dados e a efetividade da Lei Geral de Proteção dos Dados*. Coimbra: Almedina, 2020, p. 272 e s.

Para regular estas transferências internacionais de dados pessoais, chama a atenção que além da aplicação extraterritorial[10] das leis nacionais – na região das Américas, há 23 países já com leis de proteção de dados e 11 com projetos de lei[11] – os países das Américas estão se unindo em Convenções de Direitos humanos europeias – México, Argentina, Uruguai são parte do Tratado 108 do Conselho da Europa, a *'Convention for the Protection of Individuals with regard to Automatic Processing of Personal Data'* de 1981 e o seu Protocolo 223 de 2018[12] – e estabelecendo convenções-marco, como o *EU-U.S. Privacy Shield Framework*,[13] além de a região possuir vários conjuntos de Diretrizes, como as *Diretrizes* da Organização para a Cooperação e Desenvolvimento Econômico (OCDE) foram revisitadas em 2013,[14] e de Princípios,[15] em especial os Princípios da OEA, recentemente atualizados em 8 de abril de 2021.[16] A pergunta é se estes esforços são suficientes para a proteção dos dados pessoais dos consumidores.

---

10. Veja JAEGER JUNIOR, Augusto; CRAVO, Daniela Copetti. The Extraterritoriality of the Right to Data Portability: Cross-Border Flow Between the European Union and Brazil. In: CUNHA RODRIGUES, Nuno (Ed.). *Extraterritoriality of EU Economic Law*. European Union and its Neighbours in a Globalized World. Cham: Springer, 2021, p. 359 e seg.
11. GREENLEAF, Graham. Global Tables of Data Privacy Laws and bills (6th Ed. January 2019). *(2019) Supplement to 157 Privacy Laws & Business International Report*, Acessível in: Global Tables of Data Privacy Laws and Bills (6th Ed January 2019) by Graham Greenleaf: SSRN (15.11.2021).
12. Veja VERONESE, Alexandre. Transferências internacionais de dados pessoais: o debate transatlântico norte e sua repercussão na América Latina e no Brasil, in p. 694. O texto é acessível in CETS 108 - Convention for the Protection of Individuals with regard to Automatic Processing of Personal Data (coe.int)
13. Veja LIMA, Cíntia Rosa Pereira de. *Autoridade Nacional de Proteção de Dados e a Efetividade da Lei Geral de Proteção dos Dados*. Coimbra: Almedina, 2020, p. 158 e s.
14. OECD GUIDELINES GOVERNING THE PROTECTION OF PRIVACY AND TRANSBORDER FLOWS OF PERSONAL DATA. *Recommendation of the Council concerning Guidelines governing the Protection of Privacy and Transborder Flows of Personal Data (2013) [C(80)58/FINAL, as amended on 11 July 2013 by C(2013)79]*. Disponível em: http://www.oecd.org/sti/ieconomy/2013-oecd-privacy-guidelines.pdf. Acesso em: 10 nov. 2021.
15. Veja SALAZAR ALBORNOZ, Mariana. Updating the Principles on Privacy and Protection of Personal Data, OAS/Ser. Q 2 – 6 March 2020 CJI/doc.606/20 corr.1, Acessível in CJI_doc_606-20_corr_1_ENG.pdf (oas.org) (16.11.2021), menciona além das Guidelines da ONU (1990: UN Guidelines for the Regulation of Computerized Personal Data Files, General Assembly Res. 45/95, Dec. 14, 1990) e da OECD, também os 'Principles on privacy of the 2011 Asia-Pacific Economic Cooperation forum (APEC)', o 'Personal Data Protection Standards for Ibero-American States' e o 'APEC Privacy Framework', SALAZAR ALBORNOZ, op. cit. p. 3-4.
16. A primeira versão dos princípios é de 2011, Preliminary Principles and Recommendations on Data Protection (The Protection of Personal Data), acessível in::/www.oas.org/dil/CP-CAJP-2921-10_rev1_corr1_eng.pdf , depois em 2015, os "OAS Principles on Privacy and Personal Data Protection with Annotations" até chegar na versão atual, Updated principles of the Inter-American juridical committee on privacy and personal data protection, with annotations, acessível in CJI-doc_638-21_EN.pdf (oas.org).

2. OS PRINCÍPIOS DE PROTEÇÃO DE DADOS DA OEA: E A OPORTUNIDADE DE UMA CONVENÇÃO INTERAMERICANA SOBRE PROTEÇÃO DE DADOS PESSOAIS

Além dessas características, não se pode olvidar que diante da sociedade de consumo massificada e do individualismo crescente, instaura-se uma crise sociológica, denominada por alguns de pós-moderna, desafiando constantemente o direito.[17] Tal crise é acentuada diante dos problemas cada vez mais complexos, haja vista o constante, e cada vez mais veloz, desenvolvimento tecnológico.[18]

Assim para bem examinar esta pergunta da proteção dos dados dos consumidores e a oportunidade de uma Convenção Interamericana sobre Proteção de Dados Pessoais, pretende-se nesta primeira parte de analisar rapidamente e as legislações nacionais na matéria e verificar as linhas de proteção ou desproteção atual dos dados pessoais dos consumidores e os princípios da OEA de proteção de dados. Vejamos.

A) As legislações nacionais e os casos de circulação transfrontceiriça de dados

Os dados mais valiosos hoje são os dados pessoais dos consumidores.[19] O grande desafio é determinar a lei e a jurisdição aplicáveis, quando se trata de circulação transfronteiriça de dados, porque há vários elementos de conexão como, por exemplo, o domicílio da pessoa cujos dados são tratados, o local da sede da empresa (e de suas filiais), o lugar onde os dados estão armazenados (mas a prática do armazenamento em nuvem acaba comprometendo tal localização) etc.

O Regulamento Geral Europeu sobre Proteção de Dados (GDPR)[20] deixou clara a possibilidade de ser a lei aplicável quando o tratamento de dados envolver

---

17. MARQUES, Claudia Lima. *Contratos no Código de Defesa do Consumidor*. 9. ed. São Paulo: Ed. RT, 2019. p. 155.
18. MARQUES, Claudia Lima. Função social do contrato como limite da liberdade de contratar e a confiança legítima no resultado em tempos digitais. In: MARQUES, Claudia Lima; LORENZETTI, Ricardo Luis; CARVALHO, Diógenes Faria de; MIRAGEM, Bruno. *Contratos de serviços em tempos digitais*. São Paulo: Ed. RT, 2021, p. 288.
19. MIRAGEM, Bruno. Novo paradigma tecnológico, mercado de consumo digital e o Direito do Consumidor. *Revista de Direito do Consumidor*, v. 125, p. 17-62, São Paulo, set./out. 2019.
20. UNIÃO EUROPEIA. *Regulation (EU) 2016/679 of the European Parliament and of the Council of 27 April 2016 on the protection of natural persons with regard to the processing of personal data and on the free movement of such data, and repealing Directive 95/46/EC (General Data Protection Regulation)*. Disponível em: https://eur-lex.europa.eu/legal-content/PT/TXT/HTML/?uri=CELEX:32016R0679&-from=EN. Acesso em: 10 nov. 2021: "2. O presente regulamento aplica-se ao tratamento de dados pessoais de titulares residentes no território da União, efetuado por um responsável pelo tratamento ou subcontratante não estabelecido na União, quando as atividades de tratamento estejam relacionadas com:
    a) A oferta de bens ou serviços a esses titulares de dados na União, independentemente da exigência de os titulares dos dados procederem a um pagamento;
    b) O controle do seu comportamento, desde que esse comportamento tenha lugar na União.

dados pessoais de residentes na União Europeia; quando a oferta se destinar ao mercado europeu ou, ainda, quando envolver o controle do comportamento dos residentes na União Europeia.

Semelhantemente, o Marco Civil da Internet (MCI) estabelece no art. 11 a regra de que ele se aplica às atividades de tratamento de dados quando, pelo menos, uma dessas atividades ocorra no Brasil, desde que um dos terminais esteja localizado no Brasil ou quando decorra da oferta de serviços e produtos ao público brasileiro ou que tenha filial no País.

Se inicialmente se poderia afirmar que esse artigo estaria tacitamente revogado pela Lei Geral de Proteção de dados (LGPD), que tratou especificamente de regras para a aplicação da lei às atividades de tratamento de dados pessoais.[21] Isto porque a LGPD, muito embora tenha o título "Lei Geral de Proteção de Dados", é específica no tema da proteção de dados, se comparada ao Marco Civil da Internet. A jurisprudência brasileira, porém, ainda utiliza o Art. 11 do Marco Civil de Internet para caso de circulação transfronteiriça de dados dos consumidores e ensina:

> Recurso especial. Internet. Jurisdição. Soberania digital. Prequestionamento. Ausência. Marco civil da internet. Alcance. Aplicação da legislação brasileira. Pertinência da jurisdição nacional. 1. Agravo de instrumento interposto em 29.08.2016, recurso especial interposto em 11.01.2017 e atribuído a este gabinete em 02.05.2018. 2. O propósito recursal consiste em determinar a competência da Poder Judiciário Brasileiro para a determinação do fornecimento de registros de acesso de endereço de e-mail, localizado em nome de domínio genérico ".com". 3. Em conflitos transfronteiriços na internet, a autoridade responsável deve atuar de forma prudente, cautelosa e autor restritiva, reconhecendo que a territorialidade da jurisdição permanece sendo a regra, cuja exceção somente pode ser admitida quando atendidos, cumulativamente, os seguintes critérios: (i) fortes razões jurídicas de mérito, baseadas no direito local e internacional; (ii) proporcionalidade entre a medida e o fim almejado; e (iii) observância dos procedimentos previstos nas leis locais e internacionais. 4. Quando a alegada atividade ilícita tiver sido praticada pela internet, independentemente de foro previsto no contrato de prestação de serviço, ainda que no exterior, é competente a autoridade judiciária brasileira caso acionada para dirimir o conflito, pois aqui tem domicílio a autora e é o local onde houve acesso ao sítio eletrônico onde a informação foi veiculada, interpretando-se como ato praticado no Brasil. Precedente. 5. É um equívoco imaginar que qualquer aplicação hospedada fora do Brasil não possa ser alcançada pela jurisdição nacional ou que as leis brasileiras não sejam aplicáveis às suas atividades. 6. Tem-se a aplicação da lei brasileira sempre que qualquer operação de coleta, armazenamento, guarda e tratamento de registros, de dados pessoais ou de comunicações por provedores de conexão e de aplicações de internet ocorra em território nacional, mesmo que apenas um dos dispositivos da comunicação esteja no Brasil e mesmo que as atividades sejam feitas por empresa com sede no estrangeiro. 7. Recurso especial parcialmente conhecido e, nessa parte, desprovido. (STJ, REsp 1745657/SP, Rel. Ministra Nancy Andrighi, Terceira Turma, julgado em 03.11.2020, DJe 19.11.2020).

---

21. Cf. LIMA, Cíntia Rosa Pereira de. Consentimento inequívoco *versus* expresso: o que muda com a LGPD? *Revista do Advogado*, ano XXXIX, n. 144, p. 60-66. São Paulo: AASP, 2019.

O referido artigo do Marco Civil da Internet dispõe:

Art. 11. Em qualquer operação de coleta, armazenamento, guarda e tratamento de registros, de dados pessoais ou de comunicações por provedores de conexão e de aplicações de internet em que pelo menos um desses atos ocorra em território nacional, deverão ser obrigatoriamente respeitados a legislação brasileira e os direitos à privacidade, à proteção dos dados pessoais e ao sigilo das comunicações privadas e dos registros. § 1º O disposto no caput aplica-se aos dados coletados em território nacional e ao conteúdo das comunicações, desde que pelo menos um dos terminais esteja localizado no Brasil. § 2º O disposto no caput aplica-se mesmo que as atividades sejam realizadas por pessoa jurídica sediada no exterior, desde que oferte serviço ao público brasileiro ou pelo menos uma integrante do mesmo grupo econômico possua estabelecimento no Brasil § 3º Os provedores de conexão e de aplicações de internet deverão prestar, na forma da regulamentação, informações que permitam a verificação quanto ao cumprimento da legislação brasileira referente à coleta, à guarda, ao armazenamento ou ao tratamento de dados, bem como quanto ao respeito à privacidade e ao sigilo de comunicações. § 4º Decreto regulamentará o procedimento para apuração de infrações ao disposto neste artigo.

No caso analisado, havia cláusula de eleição do foro e tal jurisdição foi afastada:

Um dos maiores desafios postos hoje à regulação da internet reside na compatibilização entre sua natureza transfronteiriça e o exercício da soberania digital pelos Estados, com óbvias implicações para o exercício da jurisdição estatal. Não se trata de um debate apenas teórico, uma vez que abrangidos conflitos de ordem prática, cuja resolução e desdobramentos podem ter grande impacto no desenvolvimento da internet, em temas que variam de proteção de direitos online à preservação de suas características fundamentais, tais como a abertura, a universalidade e a descentralização." (p. 8 do voto)

Na referida decisão de 2020 do STJ, o voto da relatora cita o Art. 11 do Marco Civil da Internet e o aplica ao caso, ensinando:

XXVII. Dessa forma, tem-se a aplicação da lei brasileira sempre que qualquer operação de coleta, armazenamento, guarda e tratamento de registros, de dados pessoais ou de comunicações por provedores de conexão e de aplicações de internet ocorra em território nacional, mesmo que apenas um dos dispositivos da comunicação esteja no Brasil e mesmo que as atividades sejam feitas por empresa com sede no estrangeiro. (Voto, p. 15)

[...]

XXXI. Considerando que tanto os recorridos têm seu domicílio no Brasil e que receberam aqui as ofensas, ademais, é certo que a recorrente, por si só, é empresa subsidiária destinada exclusivamente para operações no Brasil, mas pertence ao grupo econômico que reconhecidamente opera em todo o mundo.

XXXII. As alegações segundo as quais os acessos à conta de e-mail que originou as mensagens ofensivas teriam sido acessadas do estrangeiro, além de não serem devidamente comprovadas, não são relevantes para a solução desta controvérsia, visto que o recebimento e leitura das mensagens eletrônicas ocorreu em território brasileiro, o que já é suficiente para atrair a jurisdição pátria na controvérsia. (voto, p. 16)

Sendo assim, há dúvida se no Brasil pode ser entendido, que a jurisdição no espaço digital, no contexto da circulação transfronteiriça dos dados pessoais, é definida a partir do *Targeting Test*, ou seja, do teste do público-alvo, segundo o qual o elemento de conexão central é o local para onde os serviços foram ofertados,[22] para determinar o juízo competente. A tendência jurisprudencial antes demonstrada é mais focada na proteção das vítimas (domicílio das vítimas), no mercado atingido e menos no mercado ao qual a atividade é 'dirigida'.

Esta linha já tinha sido usada pelo e. Superior Tribunal de Justiça em caso anterior ao CPC atual, envolvendo o uso indevido de dados retirados de contrato internacional existente entre as partes, mas com vítimas domiciliadas no Brasil, em que o STJ ensinou:

> 4. A questão principal relaciona-se à possibilidade de pessoa física, com domicílio no Brasil, invocar a jurisdição brasileira, em caso envolvendo contrato de prestação de serviço contendo cláusula de foro na Espanha. A autora, percebendo que sua imagem está sendo utilizada indevidamente por intermédio de sítio eletrônico veiculado no exterior, mas acessível pela rede mundial de computadores, ajuíza ação pleiteando ressarcimento por danos material e moral...8. A comunicação global via computadores pulverizou as fronteiras territoriais e criou um novo mecanismo de comunicação humana, porém não subverteu a possibilidade e a credibilidade da aplicação da lei baseada nas fronteiras geográficas, motivo pelo qual a inexistência de legislação internacional que regulamente a jurisdição no ciberespaço abre a possibilidade de admissão da jurisdição do domicílio dos usuários da internet para a análise e processamento de demandas envolvendo eventuais condutas indevidas realizadas no espaço virtual.[...] 14. Quando a alegada atividade ilícita tiver sido praticada pela internet, independentemente de foro previsto no contrato de prestação de serviço, ainda que no exterior, é competente a autoridade judiciária brasileira caso acionada para dirimir o conflito, pois aqui tem domicílio a autora e é o local onde houve acesso ao sítio eletrônico onde a informação foi veiculada, interpretando-se como ato praticado no Brasil, aplicando-se à hipótese o disposto no artigo 88, III, do CPC.[23]

---

22. LIMA, Cíntia Rosa Pereira de; PEROLI, Kelvin. A aplicação da Lei Geral de Proteção de Dados do Brasil no tempo e no espaço. In: LIMA, Cíntia Rosa Pereira de Lima (Coord.). *Comentários à Lei Geral de Proteção de Dados*. São Paulo: Almedina, 2020. p. 76-77.
23. A ementa completa da decisão é: "Direito processual civil. Recurso especial. Ação de indenização por utilização indevida de imagem em sítio eletrônico. Prestação de serviço para empresa espanhola. Contrato com cláusula de eleição de foro no exterior. 1. A evolução dos sistemas relacionados à informática proporciona a internacionalização das relações humanas, relativiza as distâncias geográficas e enseja múltiplas e instantâneas interações entre indivíduos. 2. Entretanto, a intangibilidade e mobilidade das informações armazenadas e transmitidas na rede mundial de computadores, a fugacidade e instantaneidade com que as conexões são estabelecidas e encerradas, a possibilidade de não exposição física do usuário, o alcance global da rede, constituem-se em algumas peculiaridades inerentes a esta nova tecnologia, abrindo ensejo à prática de possíveis condutas indevidas. 3. O caso em julgamento traz à baila a controvertida situação do impacto da internet sobre o direito e as relações jurídico-sociais, em um ambiente até o momento desprovido de regulamentação estatal. A origem da internet, além de seu posterior desenvolvimento, ocorre em um ambiente com características de auto regulação, pois os padrões e as regras do sistema não emanam, necessariamente, de órgãos estatais, mas de entidades e usuários que assumem o desafio de expandir a rede globalmente. 4. [...]. 7. O exercício da jurisdição,

Neste sentido, justamente em virtude da dúvida e incerteza que pairam neste tema, seria oportuna uma determinação por texto legal harmonizador no espaço interamericano de qual a jurisdição competente para estes casos, especialmente se envolvendo consumidores, protegidos também pelo Código de Defesa do Consumidor e por dever fundamental de proteção do Estado (Art. 5º, XXXII da CF/1988).

Mas além desse elemento de jurisdição, deve-se considerar a lei aplicada e o nível de proteção de dados pessoais de outras leis que possam ter conexão com o caso. Assim, o inc. IV do art. 4º da LGPD traz a possibilidade de se aplicar a lei de outro país, quando se tratar de circulação transfronteiriça de dados pessoais, desde que proporcione grau de proteção de dados pessoais adequado à lei brasi-

---

função estatal que busca composição de conflitos de interesse, deve observar certos princípios, decorrentes da própria organização do Estado moderno, que se constituem em elementos essenciais para a concretude do exercício jurisdicional, sendo que dentre eles avultam: inevitabilidade, investidura, indelegabilidade, inércia, unicidade, inafastabilidade e aderência. No tocante ao princípio da aderência, especificamente, este pressupõe que, para que a jurisdição seja exercida, deve haver correlação com um território. Assim, para as lesões a direitos ocorridos no âmbito do território brasileiro, em linha de princípio, a autoridade judiciária nacional detém competência para processar e julgar o litígio. 8. O Art. 88 do CPC, mitigando o princípio da aderência, cuida das hipóteses de jurisdição concorrente (cumulativa), sendo que a jurisdição do Poder Judiciário Brasileiro não exclui a de outro Estado, competente a justiça brasileira apenas por razões de viabilidade e efetividade da prestação jurisdicional, estas corroboradas pelo princípio da inafastabilidade da jurisdição, que imprime ao Estado a obrigação de solucionar as lides que lhe são apresentadas, com vistas à consecução da paz social. 9. A comunicação global via computadores pulverizou as fronteiras territoriais e criou um novo mecanismo de comunicação humana, porém não subverteu a possibilidade e a credibilidade da aplicação da lei baseada nas fronteiras geográficas, motivo pelo qual a inexistência de legislação internacional que regulamente a jurisdição no ciberespaço abre a possibilidade de admissão da jurisdição do domicílio dos usuários da internet para a análise e processamento de demandas envolvendo eventuais condutas indevidas realizadas no espaço virtual. 10. Com o desenvolvimento da tecnologia, passa a existir um novo conceito de privacidade, sendo o consentimento do interessado o ponto de referência de todo o sistema de tutela da privacidade, direito que toda pessoa tem de dispor com exclusividade sobre as próprias informações, nelas incluindo o direito à imagem. 11. É reiterado o entendimento da preponderância da regra específica do art. 100, inciso V, alínea "a", do CPC sobre as normas genéricas dos arts. 94 e 100, inciso IV, alínea "a" do CPC, permitindo que a ação indenizatória por danos morais e materiais seja promovida no foro do local onde ocorreu o ato ou fato, ainda que a ré seja pessoa jurídica, com sede em outro lugar, pois é na localidade em que reside e trabalha a pessoa prejudicada que o evento negativo terá maior repercussão. Precedentes. 12. A cláusula de eleição de foro existente em contrato de prestação de serviços no exterior, portanto, não afasta a jurisdição brasileira. 13. Ademais, a imputação de utilização indevida da imagem da autora é um "posterius" em relação ao contato de prestação de serviço, ou seja, o direito de resguardo à imagem e à intimidade é autônomo em relação ao pacto firmado, não sendo dele decorrente. A ação de indenização movida pela autora não é baseada, portanto, no contrato em si, mas em fotografias e imagens utilizadas pela ré, sem seu consentimento, razão pela qual não há se falar em foro de eleição contratual. 14. Quando a alegada atividade ilícita tiver sido praticada pela internet, independentemente de foro previsto no contrato de prestação de serviço, ainda que no exterior, é competente a autoridade judiciária brasileira caso acionada para dirimir o conflito, pois aqui tem domicílio a autora e é o local onde houve acesso ao sítio eletrônico onde a informação foi veiculada, interpretando-se como ato praticado no Brasil, aplicando-se à hipótese o disposto no artigo 88, III, do CPC. 15. Recurso especial a que se nega provimento. (STJ, REsp 1168547/RJ, Rel. Ministro Luis Felipe Salomão, Quarta Turma, julgado em 11.05.2010, DJe 07.02.2011).

leira. Esta regra pode ser interpretada como sendo o grau de proteção da LGPD um grau 'mínimo' assegurado a qualquer lei indicada aplicável.

Portanto, diante de uma relação jurídica de consumo, deve-se atentar também às regras consumeristas, que são de ordem pública e interesse social (art. 1º do Código de Defesa do Consumidor (CDC), para concluir pela aplicação da lei mais favorável ao consumidor.[24] O Acordo do Mercosul de 2017 sobre o direito aplicável ao contrato de consumo internacionais é claro sobre a aplicação da lei mais favorável ao consumidor,[25] e esta é a proposta de atualização do Código de Defesa do Consumidor no Projeto de Lei 3514/2015, já aprovado pelo Senado Federal.

Em suma, este artigo pretende demonstrar algumas ferramentas para se alcançar a máxima eficácia da proteção de dados pessoais dos consumidores nesse cenário, analisando os princípios da Organização dos Estados Americanos (OEA), recentemente revisitados, sobre proteção de dados pessoais; as regras sobre transferência internacional de dados pessoais e a atuação da Autoridade de Proteção de Dados Pessoais. Ao final, conclui-se pela urgente aprovação do Projeto de Lei 3.514/2015 para adequar o CDC à realidade do comércio eletrônico, que envolve o tratamento de dados pessoais de consumidores em massa no contexto transfronteiriço.

B) Os princípios de proteção de dados da OEA: rumo à consolidação de uma Convenção Interamericana sobre Proteção de Dados Pessoais

No dia 9/4/2021, a OEA aprovou os princípios atualizados sobre a proteção de dados pessoais.[26] São 13 princípios reconhecidos, a saber: *1º princípio* – finalidade e legalidade do tratamento de dados pessoais e *2º princípio* – transparência e consentimento, que impõem aos agentes de tratamento de dados informar as finalidades do tratamento de dados, a base legal para o tratamento, os destinatários dessas informações, os direitos dos titulares de dados e a maneira de exercê-los, com destaque para o consentimento; *3º princípio* – relevância e necessidade, que estabelece que o tratamento de dados seja adequado às finalidades informadas; *4º princípio* – limitação do tratamento e retenção dos dados pessoais; *5º princípio* – confidencialidade; *6º princípio* – segurança de dados; *7º princípio* – exatidão, ou seja, os dados devem ser atuais, completos e corretos; *8º princípio* – acesso, retificação, apagamento, oposição e portabilidade, que são direitos básicos que

---

24. DE LUCCA, Newton. *Direito do Consumidor*: teoria geral da relação jurídica de consumo. 2. ed. São Paulo: Quartier Latin, 2008.
25. Veja MARQUES, Claudia Lima. Nota ao Acordo do Mercosul sobre direito aplicável em matéria de contratos internacionais de consumo, in *Revista de Direito do Consumidor*, v. 118, ano 27. p. 561-569. São Paulo: Ed. RT, jul.-ago. 2018, p. 561 ss.
26. OEA. *Updated Principles of the Inter-American Juridical Committee on Privacy and Personal Data Protection*. Disponível em: http://www.oas.org/en/sla/iajc/docs/CJI-doc_638-21_EN.pdf, acesso em 10 nov. 2021.

devem ser assegurados aos titulares de dados; *9º princípio* – tratamento de dados pessoais sensíveis: deve-se assegurar regras específicas para essa categoria de dados pessoais tendo em vista os riscos aos titulares de dados; *10º princípio* – *accountability*, ou seja, os agentes de tratamento devem demonstrar a implementação apropriada e eficaz, adotando medidas técnicas e organizacionais que observem estes princípios de proteção de dados; *11º princípio* – circulação transfronteiriça de dados pessoais e *accountability*: os Estados Membros devem colaborar para facilitar a circulação transfronteiriça de dados pessoais; *12º princípio* – exceções: qualquer exceção a estes princípios pela lei nacional deve ser fundamentada de forma expressa e *13º princípio* – autoridades nacionais de proteção de dados: os Estados Membros devem estabelecer um órgão independente para fiscalizar o correto cumprimento destes princípios de proteção de dados pessoais.

Cumpre realçar que esses princípios, assim designados pela OEA, foram incorporados na LGPD, como princípios expressos no seu art. 6º: finalidade, adequação, necessidade, livre acesso, qualidade dos dados, transparência, segurança, prevenção, não discriminação, responsabilização e prestação de contas (*accountability*), ressalvando, entretanto, que o consentimento não é um princípio elencado na LGPD, mas sim uma das bases legais, seja para o tratamento de dados pessoais genericamente considerados (inc. I do art. 7º da LGPD), seja para os dados pessoais sensíveis (inc. I do art. 11 da LGPD), assim como as regras específicas para o tratamento de dados pessoais sensíveis, dispostas na Seção II (arts. 11 a 13 da LGPD). Quanto à circulação transfronteiriça de dados pessoais, além do inc. IV do art. 4º da LGPD, já comentado supra, a lei brasileira traz regras específicas para a transferência internacional de dados pessoais (capítulo V, arts. 33 a 36 da LGPD). Por fim, a LGPD prevê também a criação e a atuação da Autoridade Nacional de Proteção de Dados (capítulo IX, arts. 55-A a 55-L da LGPD).

Portanto, pode-se concluir que o Brasil está adequado ao que foi estabelecido pela OEA ao revisitar os princípios de proteção de dados pessoais. Contudo, uma pergunta que deve ser enfrentada é se todos os países têm uma lei de proteção de dados e asseguram um nível adequado de proteção de dados.

A resposta não é muito animadora. Na América Latina, apenas Argentina[27] e Uruguai[28] obtiveram o reconhecimento de adequação europeu dos respectivos

---

27. UNIÃO EUROPEIA. 2003/490/CE. Decisão da Comissão, de 30 de junho de 2003, nos termos da Diretiva 95/46/CE do Parlamento Europeu e do Conselho relativa à adequação do nível de proteção de dados pessoais na Argentina (texto relevante para efeitos do EEE). *Jornal Oficial* L 168 de 05.07.2003 p. 0019-0022.
28. UNIÃO EUROPEIA. DECISÃO DE EXECUÇÃO DA COMISSÃO, de 21 de agosto de 2012, nos termos da Diretiva 95/46/CE do Parlamento Europeu e do Conselho relativa à adequação do nível de proteção de dados pessoais pela República Oriental do Uruguai no que se refere ao tratamento automatizado de dados [notificada com o número C (2012) 5704]. (Texto relevante para efeitos do EEE) (2012/484/UE).

sistemas de proteção de dados, tendo sido destacados, dentre outros requisitos, o da tutela jurisdicional e administrativa para a proteção de dados pessoais, bem como o da atuação de um órgão de controle.

Outros países como Nicarágua e Paraguai têm leis de proteção de dados pessoais, porém não houve menção de autoridades de proteção de dados desses países; Estados Unidos, México, Costa Rica, Colômbia, Peru e Chile têm leis de proteção de dados e autoridades de proteção de dados pessoais; por fim, Belize, Guatemala, El Salvador, Honduras, Panamá, Venezuela, Guiana, Suriname, Bolívia, Cuba e Haiti não têm leis de proteção de dados pessoais.[29]

O Canadá ainda mantém seu nível de adequação segundo a Comissão Europeia.[30] Quanto aos standards norte-americanos do EU-U.S. Privacy Shield Framework que influenciaram fortemente os princípios da OEA, o Tribunal de justiça Europeu em julgamento de 6 de julho de 2020 os considerou não adequados quanto ao nível de proteção de dados. A ementa do Caso C-311/18, CJEU: *Data Protection Commissioner v Facebook Ireland Limited, Maximillian Schrems* é a seguinte:

> Reenvio prejudicial – Proteção das pessoas singulares no que diz respeito ao tratamento de dados pessoais – Carta dos Direitos Fundamentais da União Europeia – Artigos 7º, 8º e 47º – Regulamento (UE) 2016/679 – Artigo 2º, n. 2 – Âmbito de aplicação – Transferências de dados pessoais para países terceiros para fins comerciais – Artigo 45º – Decisão de adequação da Comissão – Artigo 46º – Transferências mediante garantias adequadas – Artigo 58º – Poderes das autoridades de controlo – Tratamento dos dados transferidos pelas autoridades públicas de um país terceiro para efeitos de segurança nacional – Apreciação do caráter adequado do nível de proteção assegurado no país terceiro – Decisão 2010/87/UE – Cláusulas-tipo de proteção para a transferência de dados pessoais para países terceiros – Garantias adequadas oferecidas pelo responsável pelo tratamento – Validade – Decisão de Execução (UE) 2016/1250 – Adequação da proteção assegurada pelo Escudo de Proteção da Privacidade União Europeia-Estados Unidos – Validade – Queixa de uma pessoa singular cujos dados foram transferidos da União Europeia para os Estados Unidos.

Como se observa, os tempos são de mudança e insegurança e a harmonização das regras pode ser oportuna beneficiando todos os países das Américas. Pode-se constatar, de plano, a falta de harmonização entre os diversos níveis de proteção de dados nos países das Américas. O mesmo ocorre com os diferentes modelos de proteção do consumidor, cujas tentativas de harmonização revelaram-se muito

---

29. LIMA, Cíntia Rosa Pereira de; DE LUCCA, Newton. A necessária Convenção de Direito Privado na América Latina para a proteção dos dados pessoais. In: LIMA, Cíntia Rosa Pereira de. (Coord.). *ANPD e LGPD*: desafios e perspectivas. São Paulo: Almedina, 2021. p. 215-232. p. 227.
30. Veja a lista A | European Data Protection Supervisor (europa.eu) ou in European Data Protection Board (EDPB). Acessível in https://edpb.europa.eu/(15.11.2021)

tímidas, pois implicam conciliar as diferenças e os *gaps* legislativos entre diversos países: uns trazem proteção mais acentuada aos consumidores, outros nem tanto.[31]

Nesse sentido, parece realmente oportuno e necessário a elaboração e adoção de uma Convenção Interamericana de Direito Internacional Privado em matéria de Proteção de Dados Pessoais, assim como de ferramentas para harmonizar o direito interno dos países da América Latina, com o objetivo de se alcançar a efetiva proteção dos dados pessoais dos consumidores nesse cenário.[32]

3. ANÁLISE DAS REGRAS SOBRE TRANSFERÊNCIA INTERNACIONAL DE DADOS PESSOAIS CONSOANTE À DEFESA DO CONSUMIDOR

Como visto é no momento da circulação e transferência de dados, ainda mais transfronteiriça, que o perigo de violação dos direitos dos titulares de dados ocorre. Neste tema, apesar dos esforços nacionais e de *soft law* regionais estamos em uma encruzilhada.[33] Aqui poderia ser grande a contribuição de um texto internacional nas Américas. Vejamos.

A) Diálogo das Fontes: análise das regras sobre transferência internacional de dados pessoais consoante à defesa do consumidor

O capítulo V da LGPD traz regras sobre a transferência internacional de dados pessoais. Esta somente é permitida quando:

a) os países ou organismos internacionais proporcionarem um grau de proteção de dados pessoais adequado ao previsto na LGPD, circunstância que será avaliada pela ANPD nos termos do art. 34 da LGPD (vide parágrafo único do art. 33 da LGPD);

b) o controlador oferecer e comprovar garantias de cumprimento dos princípios, dos direitos do titular e do regime de proteção de dados previstos na LGPD, observadas as cláusulas contratuais específicas para determinada transferência, ou seja, os agentes de tratamento de dados devem especificar as regras sobre a transferência internacional de dados pessoais; as cláusulas-padrão contratuais, isto

---

31. DE LUCCA, Newton. Globalização, mercados comuns e o consumidor de serviços. Os processos de integração comunitária e a questão da defesa dos consumidores. *Revista Direito do Consumidor*, v. 26, p. 154-158, abr. a jun. 1998.
32. MARQUES, Claudia Lima. A insuficiente proteção do consumidor nas normas de direito internacional privado – Da necessidade de uma Convenção Interamericana (CIDIP) sobre a lei aplicável a alguns contratos e relações de consumo. *Revista de Direito do Consumidor*. ano 90, v. 788, p. 11-56, São Paulo, jun. de 2001. Disponível em: https://egov.ufsc.br/portal/sites/default/files/anexos/33001-41354-1-PB.pdf. Acesso em: 10 nov. 2021.
33. Expressão de PERRONE, Christian. Dados internacionais na encruzilhada e o contexto brasileiro-Como uma decisão da União Europeia em relação aos EUA pode impactar fluxos de dados para o Brasil, in JOTA, 21/07/2020, Acessível in Dados internacionais na encruzilhada e o contexto brasileiro – JOTA (16.11.2021).

é, as políticas de proteção de dados e de privacidade devem observar os princípios e os direitos dos titulares de dados trazidos pela LGPD; as normas corporativas globais, entendidas como um sistema de *compliance* e de boas práticas adequadas ao regime de proteção de dados pessoais; e, os selos, os certificados e os códigos de conduta regularmente emitidos, ou seja, após terem sido regulados pela ANPD, o controlador deve demonstrar que está adequado a esses critérios, obtendo os selos, os certificados e os códigos de conduta que possam, porventura, ser exigidos pela ANPD;

c) a transferência internacional for necessária para a cooperação jurídica entre órgãos públicos de inteligência, de investigação e de persecução, de acordo com os instrumentos de direito internacional, tais como investigações de ações terroristas e tráfico internacional de drogas, entre outros crimes e questões de segurança nacional;

d) a transferência internacional for necessária para a proteção da vida ou da incolumidade física do titular ou de terceiros;

e) a ANPD autorizar a transferência internacional;

f) a transferência resultar de compromisso assumido em acordo de cooperação internacional;

g) a transferência for necessária para a execução de política pública ou atribuição legal do serviço público, sendo dada publicidade nos termos do inciso I do caput do art. 23 dessa lei;

h) o titular tiver fornecido seu consentimento específico e em destaque para a transferência, com informação prévia sobre o caráter internacional da operação, distinguindo claramente esta de outras finalidades;

i) necessária para atender às hipóteses de tratamento de dados pessoais previstas no art. 7º da LGPD, incisos II (para o cumprimento de obrigação legal ou regulatória pelo controlador), V (quando necessária para a execução de contrato ou de procedimentos preliminares relacionados a contrato do qual seja parte o titular, a pedido do titular dos dados) e VI (para o exercício regular de direitos em processo judicial, administrativo ou arbitral).

A ANPD tem a competência exclusiva de emitir o juízo de adequação do nível de proteção de dados, nos termos do art. 34 da LGPD, cabendo ao Conselho Diretor da ANPD autorizar a transferência internacional de dados pessoais, sendo tal decisão fundamentada nos termos do inc. X do art. 4º do Decreto 10.474/2020. Para tal mister, a ANPD deverá levar em consideração: I – as normas gerais e setoriais da legislação em vigor no país de destino ou no organismo internacional; II – a natureza dos dados; III – a observância dos princípios gerais de proteção de dados pessoais e direitos dos titulares previstos na LGPD; IV – a adoção de medidas de segurança previstas em regulamento; V – a existência de garantias judiciais e institucionais para o respeito aos direitos de proteção de dados pessoais, bem como outras circunstâncias específicas relativas à transferência internacional de dados pessoais.

O Decreto 10.474, de 26 de agosto de 2020, que aprova a estrutura regimental e o quadro demonstrativos dos cargos da ANPD, facultou ao seu Conselho Diretor solicitar informações suplementares e realizar diligências necessárias para verificar os critérios e os requisitos para aprovar a transferência internacional de dados pessoais (art. 4º, inc. I, "d"). Além disso, cabe ao Conselho Diretor da ANPD definir esses critérios, nos termos do inc. XII, alínea "a" do Decreto 10.474/2020.

Importante destacar que a autorização da transferência internacional de dados pessoais deverá ser subsidiada pela Coordenação-Geral de Relações Institucionais e Internacionais, órgão da ANPD, criado pelo Decreto 10.474/2020, nos termos do seu art. 20, inc. II.

Ademais, a ANPD poderá designar organismos de certificação para auxiliá-la na análise dos itens acima mencionados, que emitirão um certificado ou um selo, sob fiscalização da ANPD, que poderá rever os atos desses organismos quando entender necessário (§§ 3º e 4º do art. 35 da LGPD).

Em suma, a LGPD criou a exigência do juízo de adequação do nível de proteção de dados para autorizar a transferência internacional de dados pessoais. O Decreto n. 10.474/2020 trouxe algumas regras internas sobre o tema, atribuindo ao Conselho Diretor, órgão máximo de direção da ANPD, a mais ampla competência, estabelecida no art. 4º, com subsídios oferecidos pela Coordenação-Geral de Relações Institucionais e Internacionais da entidade. No entanto, ainda aguardamos regras específicas sobre a publicidade dessas decisões que, por questões de transparência (princípio explícito no inc. VI do art. 6º da LGPD), devem ser publicadas, provavelmente no site da ANPD.

Mas, ainda, não seria esse sistema totalmente eficiente para a proteção dos consumidores, titulares de dados pessoais no contexto da circulação transfronteiriça de dados pessoais. Assim, importante frisar que ainda que a ANPD tenha autorizado a transferência internacional de dados dos consumidores, estes têm direito ao foro privilegiado nos termos do art. 101, inc. I do CDC, e a norma mais favorável ao consumidor deve ser aplicável.

Portanto, mais uma vez ressalta-se a importância da aprovação do Projeto de Lei n. 3.514/2015, que pretende deixar claro que se aplica a lei mais favorável ao consumidor: "Art. 3º-A. As normas e os negócios jurídicos devem ser interpretados e integrados da maneira mais favorável ao consumidor."

Para minimizar os efeitos reversos à tutela dos consumidores, a doutrina[34] sustenta a aplicação, nestes casos, do art. 101 do CDC, que estabelece como aplicável a lei mais favorável ao consumidor.

Por isso, a ANPD tem a importante missão de consolidar, no âmbito da América Latina, um sistema de cooperação e tratados internacionais sobre a matéria.

4. O PAPEL DA ANPD PARA ATINGIR A HARMONIZAÇÃO DAS LEIS DE PROTEÇÃO DE DADOS PESSOAIS

Como já destacado neste artigo, a sociedade e a economia informacional caracterizam-se, entre outras coisas, pela sociedade conectada, o que fomenta a circulação de bens e de pessoas, consequentemente, de dados pessoais em nível internacional. Diante deste cenário, para facilitar a defesa dos titulares de dados pessoais, bem como para harmonizar as legislações sobre proteção de dados dos países da América Latina, o ideal seria firmar acordos e tratados internacionais.

Parece-nos que a tentativa de harmonização das normas se impõe. Se ela não se consolidar, entre os países da América Latina, poderá ficar comprometida a própria subsistência do MERCOSUL, pois, como facilitar a circulação de dados pessoais, que são fundamentais na atual economia informacional, se não houver juízo de adequação favorável às leis de proteção de dados dos países desse bloco?

Neste sentido, pertinente – e, por certo, indispensável – é o alerta que fizemos[35] ao enfrentar o tema referente à proteção do consumidor; mas que pode iluminar os caminhos na medida em que dificuldades parecidas surgirão em matéria de proteção de dados pessoais:

> As normas nacionais deveriam ser suficientes para proteger o consumidor no novo mercado sem fronteiras, ao mesmo tempo em que não devem ser usadas pelos países como novas barreiras à livre circulação de produtos e de serviços dos países integrados ou que pertencem a uma zona de livre comércio ou união aduaneira, como a NAFTA, a ALCA e o Mercosul. Note-se, porém, que as normas nacionais, reguladoras do comércio internacional, assim como direito uniforme do comércio internacional ou a denominada *lex mercatória*, geralmente não se preocupam em proteger o consumidor, ao contrário tentam excluir estes contratos de seu campo de aplicação.

Quanto ao componente político-econômico sobre as regras de proteção de dados pessoais no contexto internacional, deve-se destacar que um sistema sólido e eficiente de proteção de dados aumenta a segurança dos negócios jurídicos realizados com empresas e pessoas de um país, favorecendo a competitividade

---

34. MARQUES, Claudia Lima. *Contratos...* op. cit., p. 131-132.
35. Op. cit. Disponível em: https://egov.ufsc.br/portal/sites/default/files/anexos/33001-41354-1-PB.pdf. Acesso em: 10 nov. 2021.

internacional; muitas vezes, a demonstração de observância das regras de proteção de dados é *conditio sine qua non* para negociar com parceiros econômicos internacionais. Isto ficou evidenciado por Newton De Lucca e Renata Mota Maciel,[36] ao salientarem uma demanda da advocacia empresarial, que é a demonstração de que o Brasil tem um sólido sistema de proteção de dados a fim de se atingir a segurança jurídica em virtude de necessário *compliance* à lei de proteção de dados dos países onde as empresas estejam sediadas.

Atenta a isso, a LGPD traz, entre as atribuições da ANPD, no art. 55-J, o inc. IX, que estabelece competir à ANPD "promover ações de cooperação com autoridades de proteção de dados pessoais de outros países, de natureza internacional ou transnacional". O mesmo dispositivo está expresso no inc. VII do art. 2º do Decreto 10.474/2020.

Nesse sentido, é missão institucional da ANPD fomentar tratados e acordos internacionais em matéria de proteção de dados pessoais, bem como atuar juntamente com a OEA para a construção de uma sólida Convenção Interamericana de Direito Internacional Privado sobre a proteção de dados pessoais.

O Decreto 10.474/2020 criou no art. 3º, inc. III, os órgãos de assistência direta e imediata ao Conselho Diretor; entre esses órgãos está a Coordenação-Geral de Relações Institucionais e Internacionais (alínea "c"), cuja competência está detalhada no art. 20 do Decreto 10.474/2020.

Portanto, pode-se concluir que a Coordenação-Geral de Relações Institucionais e Internacionais da ANPD deverá fomentar este debate, subsidiando o seu conselho diretor para concretizar a harmonização das leis de proteção de dados pessoais, notadamente na América Latina, a fim de fortalecer economicamente os países latino-americanos no contexto do capitalismo informacional, evitando as consequências maléficas do denominado "colonialismo digital".[37]

CONSIDERAÇÕES FINAIS

Constata-se uma diversidade do nível de proteção de dados pessoais em diversos países. Tal situação, por vezes, deixará o consumidor, titular de dados pessoais, fragilizado ainda mais, tendo em vista a dificuldade em fazer valer os seus direitos no cenário transfronteiriço.

---

36. A Lei 13.709, de 14 de agosto de 2018: a disciplina normativa que faltava. In: DE LUCCA, Newton; SIMÃO FILHO, Adalberto; MACIEL, Renata Mota. *Direito & Internet IV*: sistema de proteção de dados pessoais. São Paulo: Quartier Latin, 2019. p. 21-50. p. 39.
37. UNITED NATIONS CONFERENCE ON TRADE AND DEVELOPMENT: PROSPERITY FOR ALL. Digital Economy Report 2019. Value Creation and Capture: Implications for Developing Countries. Disponível em: https://unctad.org/en/pages/PublicationWebflyer.aspx?publicationid=2466. Acesso em: 10 nov. 2021.

No capitalismo informacional, os interesses de determinados setores falam mais alto, como o setor que fomenta e se alimenta da monetização de informações pessoais. Todavia, não se pode afastar a natureza jurídica do direito à proteção de dados e defesa do consumidor como direitos fundamentais, necessários ao pleno desenvolvimento da pessoa humana. Assim, se é difícil chegar a um consenso em nível nacional sobre o equilíbrio desses interesses, por vezes conflitantes, o desafio é ainda maior no cenário internacional.

Nesse sentido, a LGPD estabelece duas ferramentas para assegurar a sua efetividade para além das fronteiras brasileiras, quais sejam: 1ª) as regras sobre a transferência internacional de dados (cap. V, arts. 33 a 36), exigindo, por exemplo, a demonstração de que o país para onde os dados de brasileiros serão enviados tem um nível adequado de proteção de dados ("juízo de adequação"); 2ª) os acordos engajados com organismos internacionais e outras autoridades nacionais de proteção de dados (art. 55-J, inc. IX da LGPD).

Não resta dúvida de que compete à ANPD tais atribuições, com o auxílio da Coordenação-Geral de Relações Institucionais e Internacionais, órgão criado pelo Decreto 10.474/2020, que cria a estrutura regimental da ANPD. Portanto, caberá à Coordenação-Geral de Relações Institucionais e Internacionais oferecer subsídios e fortalecer o diálogo entre a ANPD e outros organismos internacionais, como a OEA e outras autoridades nacionais de proteção de dados, para diminuir os *gaps* entre as diversas leis de proteção de dados pessoais. Assim, a atuação da ANPD é fundamental para se consolidar uma adequada proteção e uma Convenção de Direito Privado na América Latina sobre proteção de dados pessoais parece oportuna.

REFERÊNCIAS

CASTELLS, Manuel. *The rise of the network society*. 2 ed. Oxford: Blackwell, 2000. v. I.

CRAVO, Daniela Copetti. *Direito à portabilidade de dados* – Interface entre Defesa da concorrência, do consumidor e proteção dos dados. Rio de Janeiro: Lumen Juris, 2018.

CONSELHO DA EUROPA, Treaty 108: *Convention for the protection of Individuals with regard to Automatic Processing of Personal Data*. Estrasburgo, 28. Jan. 1981. Acessível in: CETS 108 – Convention for the Protection of Individuals with regard to Automatic Processing of Personal Data (coe.int) (16.11.2021)

CONSELHO DA EUROPA, Treaty 223: *Protocol amending the Convention for the protection of Individuals with regard to Automatic Processing of Personal Data*. Estrasburgo, 10. Out. 2018. Acessível in CETS 223 – Protocol amending the Convention for the Protection of Individuals with regard to Automatic Processing of Personal Data (coe.int) (16.11.2021)

DE LUCCA, Newton. *Direito do Consumidor*: teoria geral da relação jurídica de consumo. 2. ed. São Paulo: Quartier Latin, 2008.

DE LUCCA, Newton. Globalização, mercados comuns e o consumidor de serviços. Os processos de integração comunitária e a questão da defesa dos consumidores. *Revista Direito do Consumidor*, v. 26, p. 154-158, abr. a jun. 1998.

DE LUCCA, Newton; MACIEL, Renata Mota. A Lei n. 13.709, de 14 de agosto de 2018: a disciplina normativa que faltava. In: DE LUCCA, Newton; SIMÃO FILHO, Adalberto; MACIEL, Renata Mota. *Direito & Internet IV*: sistema de proteção de dados pessoais. São Paulo: Quartier Latin, 2019.

FINCK, Michèle. Smart Contracts as a Form of Solely Automated Processing under the GDPR, *Max Planck Institute for Innovation and Competition Research Paper Series* n. 10-01, 8 jan. 2019, Acessível em https://papers.ssrn.com/sol3/papers.cfm?abstract_id=3311370 (16.11.2021)

JAEGER JUNIOR, Augusto; CRAVO, Daniela Copetti. The Extraterritoriality of the Right to Data Portability: Cross-Border Flow Between the European Union and Brazil. *In*: CUNHA RODRIGUES, Nuno (Ed.). *Extraterritoriality of EU Economic Law*. European Union and its Neighbours in a Globalized World. v. 4. Springer, Cham. 2021, p. 359-369.

KUNER, C. (2011), "Regulation of Transborder Data Flows under Data Protection and Privacy Law: Past, Present and Future", *OECD Digital Economy Papers*. N. 187, OECD Publishing). Acessível in http://www.kuner.com/my-publications-and-writing/untitled/kuner-oecd-tbdf-paper.pdf (16.11.2021)

LIMA, Cíntia Rosa Pereira de. *Autoridade nacional de proteção de dados e a efetividade da Lei Geral de Proteção dos Dados*. Coimbra: Almedina, 2020.

LIMA, Cíntia Rosa Pereira de. Consentimento inequívoco *versus* expresso: o que muda com a LGPD? *Revista do Advogado*, ano XXXIX, n. 144, p. 60-66. São Paulo: AASP, 2019.

LIMA, Cíntia Rosa Pereira de; DE LUCCA, Newton. A necessária Convenção de Direito Privado na América Latina para a proteção dos dados pessoais. In: LIMA, Cíntia Rosa Pereira de. (Coord.). *ANPD e LGPD*: desafios e perspectivas. São Paulo: Almedina, 2021.

LIMA, Cíntia Rosa Pereira de; PEROLI, Kelvin. A aplicação da Lei Geral de Proteção de Dados do Brasil no tempo e no espaço. In: LIMA, Cíntia Rosa Pereira de Lima (Coord.). *Comentários à Lei Geral de Proteção de Dados*. São Paulo: Almedina, 2020.

MENKE, Fabiano; VALLE DRESH, Rafael de Freitas. *Lei Geral de Proteção de dados* – Aspectos relevantes. Indaiatuba: Foco, 2021.

MARQUES, Claudia Lima. A insuficiente proteção do consumidor nas normas de direito internacional privado – Da necessidade de uma Convenção Interamericana (CIDIP) sobre a lei aplicável a alguns contratos e relações de consumo. *Revista de Direito do Consumidor*. ano 90, v. 788, p. 11-56, São Paulo, jun. de 2001. Disponível em: https://egov.ufsc.br/portal/sites/default/files/anexos/33001-41354-1-PB.pdf. Acesso em: 10 nov. 2021.

MARQUES, Claudia Lima. *Confiança no comércio eletrônico e o direito do consumidor*: um estudo dos negócios jurídicos de consumo no comercio eletrônico. São Paulo: Ed. RT, 2004.

MARQUES, Claudia Lima. *Contratos no Código de Defesa do Consumidor*. 9. ed. São Paulo: Ed. RT, 2019.

MARQUES, Claudia Lima; LORENZETTI, Ricardo Luis; CARVALHO, Diógenes Faria de; MIRAGEM, Bruno. *Contratos de Serviços em Tempos Digitais*. São Paulo: E. RT, 2021.

MARQUES, Claudia Lima. Nota ao Acordo do Mercosul sobre direito aplicável em matéria de contratos internacionais de consumo. *Revista de Direito do Consumidor*. v. 118, ano 27. p. 561-569, São Paulo: Ed. RT, jul.-ago. 2018.

MARTINS, Guilherme Magalhães. *Contratos eletrônicos de consumo*, São Paulo: Ed. Atlas, 2016.

MARTINS, Guilherme Magalhães; FALEIROS JUNIOR, José Luiz de Moura. Reflexões sobre contratos inteligentes (Smart contracts) e seus principais reflexos jurídicos. In: EHRDARDT

JUNIOR, Marcos; CATALAN, Marcos; MALHEIROS, Pablo (Coord.). *Direito civil e tecnologia*. Belo Horizonte: Fórum, 2020.

MENDES, Laura Schertel. *Privacidade, Proteção de Dados e Defesa do Consumidor*. São Paulo: Saraiva, 2013.

MICKLITZ, Hans et al (Hrsg.) *Verbraucherrecht 2.0* – Verbraucher in der digitaler Welt. Baden-Baden: Nomos, 2017.

MIRAGEM, Bruno. Novo paradigma tecnológico, mercado de consumo digital e o Direito do Consumidor. *Revista de Direito do Consumidor*. v. 125, p. 17-62, São Paulo, set./out. 2019.

NALIN, Paulo; NOGOROLI, Rafaella. Inteligência artificial, *blockchain* e *smart contracts*: breves reflexões sobre o novo desenho jurídico do contrato na sociedade da informação. In: BARBOSA, Mafalda Miranda et al. (Coord.). *Direito digital e inteligência artificial*: diálogos entre Brasil e Europa. Indaiatuba: Foco, 2021.

OEA. Updated Principles of the Inter-American Juridical Committee on Privacy and Personal Data Protection. Disponível em: http://www.oas.org/en/sla/iajc/docs/CJI-doc_638-21_EN.pdf, acesso em 10 nov. 2021.

OECD GUIDELINES GOVERNING THE PROTECTION OF PRIVACY AND TRANSBORDER FLOWS OF PERSONAL DATA. Recommendation of the Council concerning Guidelines governing the Protection of Privacy and Transborder Flows of Personal Data (2013) [C(80)58/FINAL, as amended on 11 July 2013 by C(2013)79] Disponível em: http://www.oecd.org/sti/ieconomy/2013-oecd-privacy-guidelines.pdf. Acesso em: 10 nov. 2021.

PERRONE, Christian. Dados internacionais na encruzilhada e o contexto brasileiro-Como uma decisão da União Europeia em relação aos EUA pode impactar fluxos de dados para o Brasil, in JOTA, 21/07/2020, Acessível in Dados internacionais na encruzilhada e o contexto brasileiro – JOTA (16.11.2021)

UNIÃO EUROPEIA. 2003/490/CE. Decisão da Comissão, de 30 de junho de 2003, nos termos da Diretiva 95/46/CE do Parlamento Europeu e do Conselho relativa à adequação do nível de proteção de dados pessoais na Argentina (texto relevante para efeitos do EEE). *Jornal Oficial* L 168 de 05/07/2003 p. 0019-0022.

UNIÃO EUROPEIA. DECISÃO DE EXECUÇÃO DA COMISSÃO, de 21 de agosto de 2012, nos termos da Diretiva 95/46/CE do Parlamento Europeu e do Conselho relativa à adequação do nível de proteção de dados pessoais pela República Oriental do Uruguai no que se refere ao tratamento automatizado de dados [notificada com o número C (2012) 5704]. (Texto relevante para efeitos do EEE) (2012/484/UE).

UNIÃO EUROPEIA. Regulation (EU) 2016/679 of the European Parliament and of the Council of 27 April 2016 on the protection of natural persons with regard to the processing of personal data and on the free movement of such data, and repealing Directive 95/46/EC (General Data Protection Regulation). Disponível em: https://eur-lex.europa.eu/legal-content/PT/TXT/HTML/?uri=CELEX:32016R0679&from=EN. Acesso em: 10 nov. 2021.

UNITED NATIONS CONFERENCE ON TRADE AND DEVELOPMENT: PROSPERITY FOR ALL. Digital Economy Report 2019. Value Creation and Capture: Implications for Developing Countries. Disponível em: https://unctad.org/en/pages/PublicationWebflyer.aspx?publicationid=2466. Acesso em: 10 nov. 2021.

VIOLA, Mário. *Transferência de dados entre Europa e Brasil*: análise da adequação da legislação brasileira, instituto de tecnologia e sociedade do Rio. Acessível in Transferência de dados entre Europa e Brasil: Análise da Adequação da Legislação Brasileira (itsrio.org) (15.11.2021)

SKLAROFF, Jeremy M. Smart Contracts and the Cost of Inflexibility. *University of Pennsylvania Law Review*. v. 166, p. 263-303, Pennsylvania, 2017. Disponível em: https://scholarship.law.upenn.edu/cgi/viewcontent.cgi?article=1009&context=prize_papers. Acesso em: 30 out. 2021.

TEPEDINO, Gustavo; SILVA, Rodrigo da Guia. Smart contracts e as novas perspectivas de gestão do risco contratual. *Pensar Revista de Ciências Jurídicas*. v. 26, n. 1, Fortaleza, 2021. Disponível em: https://periodicos.unifor.br/rpen/article/view/11737. Acesso em: 15 nov. 2021.

DESAFIOS PARA A SEGURANÇA JURÍDICA NOS CASOS QUE ENVOLVEM DADOS DO CONSUMIDOR[1]

Juliana Oliveira Domingues

Eduardo Molan Gaban

Viviane Salomão Braga

Resumo: Há um grande desafio para o estabelecimento de uma atuação coordenada entre os membros que compõe o Sistema Nacional de Defesa do Consumidor (SNDC), principalmente no que tange a ausência de critérios uniformes para a aplicação de multas. O presente estudo indica a necessidade de uma cooperação interinstitucional entre as instituições, a fim de se mitigar os efeitos da insegurança jurídica diante de uma possível assimetria fiscalizatória e sancionatória, em razão da carência de uniformidade.

Palavras-chave: Proteção de dados – Consumidor – Processo administrativo – Insegurança jurídica – LGPD – SENACON – ANPD.

Sumário: 1. Introdução – 2. Proteção de dados do consumidor – 3. Desafios para a atuação coordenada e para a uniformização dos critérios de aplicabilidade de multas; 3.1 O papel da Senacon no âmbito do Sistema Nacional de Defesa do Consumidor (SNDC) – 4. Desafios da uniformização dos critérios dos órgãos de proteção e defesa do consumidor na aplicação dos vetores interpretativos da LGPD – 5. Incidentes envolvendo dados pessoais de consumidores e a atuação da SENACON – 6. Reflexões sobre alguns casos instaurados na SENACON – Considerações finais – Referências.

1. INTRODUÇÃO

As previsões do Código de Defesa do Consumidor acabaram por induzir a criação de uma disciplina moderna para tutelar a proteção de dados para além das

---

1. O presente artigo foi modificado do original publicado em livro organizado em homenagem ao prof. Arnoldo Wald.

relações de consumo[2]. Com a entrada em vigor da Lei 12.965/2014 (Marco Civil da Internet),[3] passou-se a contar com marco jurídico atual sobre os princípios, direitos e obrigações para o uso da internet, passando, também, a disciplinar de forma bastante específica a proteção de dados, estabelecendo normas sobre danos morais e materiais em caso de violação da intimidade e vida privada (art. 7º, I), a inviolabilidade e o sigilo do fluxo de comunicações e das comunicações privadas armazenadas (art. 7º, II e III), o direito ao não fornecimento a terceiros de dados pessoais salvo mediante consentimento do usuário (art. 7º, VII), a exclusão definitiva dos dados pessoais fornecidos a determinada aplicação de internet (art. 7º, X), a publicidade e clareza de eventuais políticas de uso dos provedores de conexão e de aplicações (art. 7º, XI), entre outras.

No Marco Civil da Internet, o usuário titular de dados fora alçado como protagonista para desempenhar a proteção de seus dados pessoais, sendo a autodeterminação informativa o elemento normativo central designado por referida legislação para a efetivação da proteção de dados pessoais. Portanto, referidas normas circundam a figura do cidadão-usuário, titular dos dados, para que ele, uma vez cientificado a respeito do fluxo de seus dados pessoais, possa controlá-los por meio do consentimento.[4]

A Lei 12.965/2014, "Marco Civil da Internet", proíbe a guarda de registros de acessos dos usuários pelos provedores de conexão de internet (art. 14) e regula essa guarda na forma sigilosa, consentida, sem fugir da finalidade e em ambiente controlado e seguro nos provedores de aplicações de internet (arts. 15 e 16). Essa Lei também aponta para o diálogo entre proteção do consumidor e proteção dos dados, um reconhecimento do papel do consumo eletrônico e da necessidade de novas formas de proteção do direito básico do consumidor à proteção de dados pessoais na internet.[5]

A autorização, pelo consumidor, como regra geral, é um pressuposto essencial para ao tratamento de dados pessoais nas relações de consumo, uma vez que esses dados se referem ao seu titular e o representam, afetando a sua personalidade, sendo seu direito o conhecimento integral sobre a coleta, o arquivamento e o uso de suas informações por terceiros, salvo em casos excepcionais ou expressa previsão legal. Tal conceito, que já podia ser extraído do Código de Defesa do Consumidor,

---

2. Brasil. Lei 8.078, de 11 de setembro de 1990. *Código de defesa do Consumidor*. Disponível em: http://www.planalto.gov.br/ccivil_03/leis/l8078.htm. Acesso em: 23 set. 2021.
3. BRASIL. Lei 12.965, de 23 de abril de 2014. *Institui o Marco Civil da Internet*. Disponível em: http://www.planalto.gov.br/ccivil_03/_ato2011- 2014/2014/lei/l12965.htm. Acesso em: 23 set. 2021.
4. BIONI, Bruno Ricardo. *Proteção de dados pessoais* – a função e os limites do consentimento. Rio de Janeiro: Forense, 2018, p. 132.
5. MENDES, Laura Schertel. O diálogo entre o Marco Civil da Internet e o Código de Defesa do Consumidor. *Revista de Direito do Consumidor*. v. 106, ano 25, p. 37-69, São Paulo, 2016.

no § 2º do art. 43 do CDC, ao regulamentar a coleta, o armazenamento e o uso das informações sobre o consumidor, tornou-se requisito expresso a partir da entrada em vigor do Marco Civil da Internet.

Assim, o consentimento somente é valido se o consumidor tiver sido informado de todas as condições do tratamento de dados: quem é o responsável, qual a finalidade do tratamento, como os dados serão usados, tal como exposto no recente "Guia de Proteção de Dados do Consumidor".[6]

Não sendo consentido pelo consumidor, o tratamento de dados somente pode ser considerado legítimo em casos excepcionais, isto é: a) se o tratamento de dados for indispensável para o cumprimento da finalidade contrato; ou b) for necessário para a execução de obrigação legal do fornecedor. Além do consentimento ou outro fundamento legítimo para o tratamento de dados, a análise da legitimidade do tratamento de dados deve levar em conta a boa-fé objetiva,[7] as expectativas legítimas do consumidor, bem como os impactos e os riscos do tratamento de dados pessoais para o consumidor.

Outro valor fundamental e essencial para a avalição da legitimidade do tratamento de dados pessoais é a avaliação do impacto e dos riscos para o consumidor decorrentes do tratamento de dados. Um dos objetivos principais do direito básico à proteção de dados é exatamente a proteção contra os riscos advindos do processamento de informações. Assim, faz-se necessário antever quais são os efeitos de um determinado tratamento de dados para que se avalie a sua legitimidade ou não.[8]

Portanto, o consentimento prévio e informado constitui-se, pois, como um requisito de validade para a atividade de coleta de dados privados. Este deve vir acompanhado de instruções precisas, claras e objetivas que esclareçam ao titular todas as fases de tratamento das informações, quais são suas finalidades, os instrumentos de segurança e de acesso, bem como os efeitos pertinentes ao tratamento dos dados coletados, de modo a que se possa atender ao princípio da boa-fé objetiva.

---

6. BRASIL. *Guia de Proteção de Dados do Consumidor*. Disponível em: https://www.gov.br/mj/pt-br/assuntos/noticias/ministerio-da-justica-e-seguranca-publica-e-anpd-lancam-guia-de-protecao-de--dados-do-consumidor/guia-do-consumidor_v5-5.pdf. Acesso em: 07 out. 2021.
7. A boa-fé objetiva fora prevista no Código de Defesa do Consumidor no inciso III do art. 4º, em caráter interpretativo, e, no inciso IV do art. 51, como cláusula geral.
8. NOTA TÉCNICA 7/2021/DIAGI/CGEMM/DPDC/SENACON/MJ. Disponível em: https://www.defesadoconsumidor.gov.br/images/Notas_T%C3%A9cnicas/NOTA_T%C3%89CNICA_N%C2%BA_7-2021-DIAGI-CGEMM_-_tarifas_banc%C3%A1rias.pdf. Acesso em: 07 out. 2021.

2. PROTEÇÃO DE DADOS DO CONSUMIDOR

A disciplina sobre a proteção de dados pessoais no ordenamento jurídico brasileiro vem se formando há algumas décadas. Há normas específicas sobre o tema, em especial nos dispositivos estabelecidos no CDC, na Lei de Acesso à Informação, na Lei do Cadastro Positivo e no Marco Civil da Internet.

Portanto, antes mesmo da edição da LGPD, os dados pessoais dos usuários já eram objeto de proteção pelo ordenamento jurídico, não havendo que se falar em vácuo normativo no que tange à matéria. Todavia, a promulgação de uma lei específica sobre a temática da proteção de dados pessoais, com reunião dos princípios outrora pulverizados em leis setoriais, representa um enorme avanço, consolidando a coerência e a unidade do sistema protetivo ao qual ela se incorpora formal e materialmente.

O Direito do Consumidor está inserido nos princípios da ordem econômica do artigo 170 da Constituição Federal. Do ponto de vista econômico, é tarefa da política nacional de defesa do consumidor mitigar os efeitos de falhas do mercado ao consumidor, como a assimetria de informação e especialmente aqueles que decorrem da (má) qualidade da informação, ou de seu uso indevido pelos agentes econômicos nas relações de consumo.[9]

A Secretaria Nacional do Consumidor (SENACON), do Ministério da Justiça e Segurança Pública (MJSP) tem sido destaque no Brasil e no mundo no que diz respeito à proteção de dados dos consumidores, isto é: na proteção do consumidor diante da economia 4.0.[10]

Há casos com repercussão internacional como o caso Facebook/Cambridge Analytica.[11-12]

---

9. Em seu *Consumer Policy Toolkit*, a organização ressalta que os consumidores precisam assumir uma posição para elaborar decisões bem-informadas, o que envolve a necessidade de uma maior compreensão dos mercados.
(ORGANIZAÇÃO PARA A COOPERAÇÃO E O DESENVOLVIMENTO ECONÔMICO. *Consumer Policy Toolkit*. *OECD Multilingual Summaries*, 2010). Veja-se, também: MINISTÉRIO DA JUSTIÇA E SEGURANÇA PÚBLICA. SENACON. *Processo Administrativo 08012.000723/2018-19 (Facebook Analytica)*. Publicado no D.O.U em 30 de dezembro de 2019.
10. Em 2011, na Alemanha, fora apresentado o termo "Indústria 4.0" (tradução de Industrie 4.0), referindo-se ao que podemos chamar de a "Quarta Revolução Industrial", que engloba um amplo sistema de tecnologias avançadas como inteligência artificial, robótica, internet das coisas e computação em nuvem que estão mudando as formas de produção e os modelos de negócios no Brasil e no mundo.
11. NEW YORK TIMES. "Facebook and Cambridge Analytica: What You Need to Know." Disponível em: https://www.nytimes.com/2018/03/19/technology/facebook-cambridge-analytica-explained.html. Acesso em: 07 out. 2021.
12. BLOOMBERG. "Brazil fines Facebook 1.6 million for Cambridge analytica saga." Disponível em: https://www.bloomberg.com/news/articles/2019-12-30/brazil-fines-facebook-1-6-million-for-cambridge-analytica-saga. Acesso em: 08 out. 2010.

No âmbito do Departamento de Proteção e Defesa do Consumidor (DPDC), da SENACON/MJSP, há uma série de casos envolvendo proteção de dados dos consumidores, instaurados à luz do CDC, mas que usam como vetores interpretativos o Marco Civil da Internet e a LGPD.

Vale aqui destacar que a autodeterminação informativa foi alçada a fundamento da disciplina de proteção de dados pessoais na Lei Geral de Proteção de Dados, nos termos do art. 2º, II.[13] Isso parece indicar a atenção do legislador com a proteção da privacidade no contexto da sociedade da informação, no âmbito do direito do consumidor, adotando uma interpretação extensiva para o seu conceito: o consentimento para qualquer tipo de coleta ou uso de dados pessoais deve ser um ato informado, livre e inequívoco, de modo que o titular só assentirá com o provimento dos seus dados para uma finalidade específica já previamente informada pelo prestador de serviços.

O princípio da finalidade (art. 6º, I) proíbe o tratamento indiscriminado de seus dados pessoais. Esse conceito ampliado de dado pessoal sensível, combinado com uma abordagem da autodeterminação informativa, passa a atribuir maiores responsabilidades às empresas e ao poder público na coleta e no tratamento de dados pessoais em princípio não sensíveis. A LGPD prevê a defesa do consumidor como fundamento da disciplina de proteção de dados, fazendo do consumidor a figura central das decisões sobre o uso de seus dados e traz segurança jurídica para o mercado de consumo, atualmente baseado no processamento de dados de consumidores para a personalização de produtos, serviços e marketing.

Portanto, os ditames da defesa do consumidor conciliam-se com o intuito protetivo da LGPD de forma a mitigar qualquer desequilíbrio de poderes que possa afetar a tomada de uma decisão livre, autônoma e informada do usuário consumidor. Logo, é preciso conceder uma interpretação extensiva a esse conceito: o consentimento para qualquer tipo de coleta ou uso de dados pessoais deve ser um ato informado, livre e inequívoco, de modo que o titular só concordará com a utilização dos seus dados para uma finalidade específica, já previamente informada pelo prestador de serviços (arts. 5º, XII e 7º, I, LGPD). Assim, o princípio da finalidade (art. 6º, I) proíbe o tratamento indiscriminado de seus dados pessoais. No caso Hering,[14] a SENACON aplicou multa para a empresa por uso indevido

---

13. BRASIL. Lei 13.709, de 14 de agosto de 2018. *Dispõe sobre a proteção de dados pessoais e altera a Lei 12.965, de 23 de abril de 2014 (Marco Civil da Internet)*. Brasília, DF: Presidência da República, 2018. Disponível em: http://www.planalto.gov.br/ccivil_03/_ato2015-2018/2018/lei/l13709.htm. Acesso em: 23 set. 2021.
14. Veja-se também em DOMINGUES, Juliana; DA SILVA, Alaís; DE SOUSA, Henrique Araújo. Inteligência artificial nas relações de consumo: reflexões à luz do histórico recente. Inteligência Artificial: Sociedade Economia e Estado/ Rony Vainzof e Andriei Guerrero Gutierrez, coordenação. São Paulo: Thomson Reuters Brasil, 2021.

de dados por mecanismos de reconhecimento facial. A multa foi aplicada por violação do dever de informação e prática abusiva.[15-16]

Como se verá no transcorrer do presente artigo, há desafios inerentes à estruturação do Sistema Nacional de Defesa do Consumidor (SNDC) e da própria SENACON, que antecedem a instituição da Autoridade Nacional de Proteção de Dados (ANPD), que precisam ser enfrentados. Entretanto, mesmo diante desses desafios, a SENACON foi pioneira ao construir institucionalmente um Acordo de Cooperação Técnica (ACT) com a ANPD, iniciando uma aproximação com a autoridade, cabendo desde logo destacar que as atividades de ambas não interferem em suas competências individuais.[17]

3. DESAFIOS PARA A ATUAÇÃO COORDENADA E PARA A UNIFORMIZAÇÃO DOS CRITÉRIOS DE APLICABILIDADE DE MULTAS

Antes que se possa idealizar uma cooperação entre os diversos órgãos de áreas técnicas correlatas, quanto à aplicabilidade da LGPD, um dos grandes desafios será estabelecer uma atuação coordenada entre os próprios membros do Sistema Nacional de Defesa do Consumidor (SNDC), principalmente no que tange à ausência de hierarquia das autoridades, à possibilidade de interpretação e à ausência de critérios uniformes para aplicação de multas.

O SNDC[18] tem previsão no Código de Defesa do Consumidor e no Decreto 2.181 de 1997. É composto por órgãos públicos, entre eles federais, estaduais, municipais, e instituições privadas, tais como os Procons, Ministério Público, Defensoria Pública e entidades civis de defesa do consumidor, que devem atuar de forma articulada e integrada com a Secretaria Nacional do Consumidor (Senacon).

---

15. BRASIL. "Secretaria Nacional do Consumidor aplica multa a empresa por reconhecimento facial". Disponível em: https://www.gov.br/mj/pt-br/assuntos/noticias/secretaria-nacional-do-consumidor--aplica-multa-a-empresa-por-reconhecimento-facial. Acesso em: 07 out. 2021.
16. Nesse sentido, veja-se trecho do Processo 08012.001387/2019-11 (Hering): "Nesse diapasão, a informação é essencial para que o consumidor tenha liberdade para escolher se deseja ou não compartilhar os seus dados com a finalidade de evitar práticas abusivas. Pode-se, ainda, perceber que a estruturação do CDC conduz, a partir dos direitos nele estatuídos, um amplo espaço de respeito à pessoa humana, no âmbito da relação de consumo. Destarte, o consumidor tem direito à privacidade, conforme previsto no artigo 43 do mesmo Código, referente aos dados e cadastros de consumidores".
17. Em março de 2021, fora assinado Acordo de Cooperação Técnica entre SENACON e ANPD, para que sejam desenvolvidas ações conjuntas na proteção de dados pessoais e defesa do consumidor. (AUTORIDADE NACIONAL DE PROTEÇÃO DE DADOS. *ANPD e SENACON assinam acordo de cooperação técnica*. Gov.br, 22 de março de 2021. Disponível em: https://www.gov.br/anpd/pt-br/assuntos/noticias/anpd-e-senacon-assinam-acordo-de-cooperacao-tecnica. Acesso em: 03 out. 2021.
18. Segundo o Decreto 2.181/97, recentemente atualizado pelo Decreto Presidencial 10.887/2021, é um sistema integrado de proteção ao consumidor, cujo objetivo final é a implementação de políticas de proteção do consumidor, assim como a operacionalização da fiscalização e a autuação de infrações a regras consumeristas.

Os órgãos e as entidades que compõem o SNDC têm competência concorrente e atuam de forma complementar para receber denúncias e apurar irregularidades. Devem sempre visar à efetivação da política de consumo, à proteção e garantia dos direitos do consumidor e à garantia da aplicabilidade do princípio constitucional da dignidade da pessoa humana.

3.1 O papel da Senacon no âmbito do Sistema Nacional de Defesa do Consumidor (SNDC)

A Secretaria Nacional do Consumidor (Senacon) do Ministério da Justiça e Segurança Pública foi criada por meio do Decreto 7.738/2012 e suas atribuições estão fixadas no art. 106 do Código de Defesa do Consumidor, assim como no artigo 3º do Decreto 2.181/1997[19] e do artigo 18 do Decreto 9.662/2019, atualizado pelo Decreto 10.785, de 2021.[20] Assim, tal como explica a página institucional da Secretaria, as suas atividades concentram-se:

> [...] no planejamento, elaboração, coordenação e execução da Política Nacional das Relações de Consumo, com os objetivos de: (i) garantir a proteção e exercício dos direitos dos consumidores; (ii) promover a harmonização nas relações de consumo; (iii) incentivar a integração e a atuação conjunta dos membros do Sistema Nacional do Consumidor (SNDC) – que congrega os Procons, o Ministério Público, a Defensoria Pública, as Delegacias de Defesa do Consumidor e as Organizações Civis de defesa do consumidor, que atuam de forma articulada e integrada com a Senacon; e (iv) participar de organismos, fóruns, comissões ou comitês nacionais e internacionais que tratem da proteção e defesa do consumidor ou de assuntos de interesse dos consumidores, dentre outros.[21]

As atividades da Senacon também se estabelecem na análise de questões que apresentem repercussão nacional e/ou de interesse geral. Ademais, é a Secretaria que promove, em âmbito nacional, a coordenação de diálogos setoriais e possui cooperação técnica com diversos órgãos e agências reguladoras. Um papel importante da Secretaria é a advocacia normativa e sua atuação na prevenção e na

---

19. BRASIL. Decreto 2181, de 20 março de 1997. Dispõe sobre a organização do Sistema Nacional de Defesa do Consumidor – SNDC, estabelece as normas gerais de aplicação das sanções administrativas previstas na Lei 8.078, de 11 de setembro de 1990, revoga o Decreto 861, de 9 julho de 1993, e dá outras providências. Brasília, DF: Presidência da República, 1997. Disponível em: D2181 (planalto.gov.br) Acesso em: 05 jan. 2022.
20. BRASIL. Decreto 9.662/2019, de 14 de agosto de 2018. Aprova a Estrutura Regimental e o Quadro Demonstrativo dos Cargos em Comissão e das Funções de Confiança do Ministério da Justiça e Segurança Pública, remaneja cargos em comissão e funções de confiança e transforma cargos em comissão do Grupo-Direção e Assessoramento Superiores – DAS. Brasília, DF: Presidência da República, 2019. Disponível em: http://www.planalto.gov.br/ccivil_03/_ato2019-2022/2019/decreto/D9662.htm. Acesso em: 23 set. 2021.
21. BRASIL. MINISTÉRIO DA JUSTIÇA E SEGURANÇA PÚBLICA. *Defesa do Consumidor*. A Senacon. Gov.br. Disponível em: https://www.defesadoconsumidor.gov.br/portal/a-senacon. Acesso em: 03 out. 2021.

repressão de infrações à ordem econômica, notadamente violações aos direitos dos consumidores.

Já os Procons são órgãos estaduais e municipais de proteção e defesa do consumidor, criados especificamente para esse fim. Possuem competências para exercer as atribuições estabelecidas pelo Código de Defesa do Consumidor e pelo Decreto 2.181/97. Atuam em âmbito local, atendendo diretamente os consumidores e monitorando o mercado de consumo local, tendo papel fundamental na execução da Política Nacional de Defesa do Consumidor. O Ministério Público, por sua vez, de acordo com sua competência constitucional, além de fiscalizar a aplicação da lei, instaura inquéritos e propõe ações coletivas. A Defensoria Pública, além de propor ações, defende os interesses dos desassistidos, promovendo acordos e conciliações. As entidades civis desenvolvem importante papel na proteção e defesa do consumidor. Elas representam o conjunto organizado de cidadãos em torno de uma instituição devidamente registrada e com função estatutária de proteção e defesa dos consumidores.[22]

Diante de tantos atores, é um desafio à Senacon promover a articulação e a integração dos órgãos que compõem o Sistema Nacional de Defesa do Consumidor, seja por questões estruturais, seja por questões de independência dos órgãos.

A atual configuração do SNDC e a diversidade de Procons instituídos, por todo território nacional, faz com que cada órgão, em sua atividade fiscalizatória, possa adotar seus próprios entendimentos sobre temas e normas de direito do consumidor, o que acaba potencializando a desarticulação do SNDC e ampliando a insegurança jurídica tanto no tocante às regras processuais quanto ao padrão punitivo.[23]

A ausência de harmonização quanto às normas consumeristas dificulta uma padronização de condutas pelos fornecedores, que atuam em âmbito nacional. A ausência de um processo administrativo uniforme e cogente para todo o SNDC bem como a falta de critérios uniformizados para a aplicação de multas administrativas (em vezes sem a presença de critérios de dosimetria) resultam em insegurança jurídica. Apesar de tais órgãos descentralizados atuarem em cooperação de forma horizontal, o Decreto 2.181/97 instituiu a Secretaria Nacional do Consumidor (Senacon), como sendo o órgão responsável pela coordenação do SNDC, podendo, para tanto, expedir atos normativos com objetivo de dire-

---

22. BRASIL. MINISTÉRIO DA JUSTIÇA E SEGURANÇA PÚBLICA. SENACON. *Sistema Nacional de Defesa do Consumidor – SNDC. Gov.br*. Disponível em: https://www.consumidor.gov.br/pages/conteudo/publico/6. Acesso em: 03 out. 2021.
23. PEREIRA, Flávia do Canto. *Proteção administrativa do consumidor*; Sistema Nacional de Defesa do Consumidor e a ausência de critérios uniformes para aplicação de multas. In: PEREIRA, Flávia do Canto; BENJAMIN, Antonio Herman; MARQUES, Claudia Lima (Coord.). São Paulo: Thomson Reuters Brasil, 2021, p. 89.

cionar a fiel observância das normas de proteção ao consumidor, bem como os entendimentos a serem adotados por todos os órgãos que compõem SNDC.[24]

Em uma análise exemplificativa, podemos refletir sobre as multas aplicadas no âmbito do Procon Estadual de São Paulo relativas ao direito de proteção de dados dos consumidores. Estas destoam consideravelmente dos parâmetros da dosimetria aplicada pela Senacon, por meio do Departamento de Proteção e Defesa do Consumidor (DPDC), em matérias semelhantes. É o caso, por exemplo, das multas aplicadas em desfavor das empresas *Google* e a *Apple Computer*, por uso indevido de dados e ausência de informação adequada ao consumidor, diante da disponibilização da ferramenta *Faceapp*, que chegaram aos patamares de R$ 9.9 milhões pelo Procon-SP e R$ 7.7 milhões pela Senacon, respectivamente. Ou seja, não são os mesmos critérios de cálculo das multas aplicadas. No emblemático caso do *Facebook*, envolvendo a consultoria de *marketing* político *Cambridge Analytica*, a sanção administrativa de multa da Senacon ficou no valor de R$ 6,6 milhões.

A individualização da sanção administrativa, no âmbito do DPDC, deve observar os critérios estabelecidos pelos artigos 24 a 28 do Decreto Federal 2.181/1997, atualizados pelo Decreto 10.887/2021, bem como os da Portaria 7/2016 da Senacon. Assim, a fixação dos valores das multas às infrações ao Código de Defesa do Consumidor deve respeitar os limites legais previstos nos arts. 9º e 12 da referida Portaria 7 da Senacon. Para tanto, a pena de multa deverá obedecer aos limites do parágrafo único do art. 57 da Lei 8.078, de 11 de setembro de 1990,[25] sendo que para sua fixação serão considerados os seguintes parâmetros e critérios: gravidade da infração; extensão do dano; condição econômica do fornecedor e receita mensal bruta. Por fim, fixada a pena-base, serão consideradas as circunstâncias atenuantes e agravantes, previstas, respectivamente, no art. 25 e no art. 28 do Decreto 2.181/1997.[26]

---

24. Nos termos do art. 63 do Decreto 2181/1997, atualizado pelo Decreto 10.887/2021.
25. O parágrafo único do art. 57, da Lei 8.078, de 11 de setembro de 1990, prevê que "A multa será em montante não inferior a duzentas e não superior a três milhões de vezes o valor da Unidade Fiscal de Referência (Ufir), ou índice equivalente que venha a substituí-lo". O valor da "Ufir", atualmente, é de 4,0915. Sendo, assim, o teto máximo da multa a ser aplicada no âmbito do CDC, de R$ 12.274.500,00 (doze milhões, duzentos e setenta e quatro mil, quinhentos reais).
26. Com as alterações trazidas pelo Decreto 10.887/2021 passaram a constar dentre as atenuantes previstas no art. 25, a confissão do infrator (inciso IV); a participação regular do infrator em projetos e ações de capacitação e treinamento oferecidos pelos órgãos integrantes do SNDC (inciso V); e, adesão do fornecedor à plataforma Consumidor.gov.br (inciso VI). Já o art. 26, que trata das circunstâncias agravantes, inovou-se ao incluir parágrafo único dispondo que para facilitar o reconhecimento da agravante "prática infrativa dano coletivo ou ter caráter repetitivo" (inciso VI), a Secretaria Nacional do Consumidor do Ministério da Justiça e Segurança Pública manterá e regulamentará banco de dados, garantido o acesso dos demais órgãos de defesa do consumidor, com vistas a subsidiar a atuação no âmbito dos processos administrativos sancionadores.

Assim, conforme já exposto, essa dissonância nos critérios de aplicabilidade das sanções de multas aumenta a insegurança jurídica e tende a enfraquecer a atuação coordenada da defesa do consumidor. Isso, sem dúvida, pode impactar negativamente nas atividades da Autoridade Nacional de Proteção de Dados (ANPD).

Apesar de as normas previstas na LGPD serem apenas um vetor interpretativo do direito à proteção de dados pessoais, a cooperação entre a ANPD e Senacon, que deve ser observada, também, pelos membros do SNDC, a fim de se evitar sobreposição de atividades, bem como o excesso de movimentação da máquina pública para o controle dos mesmos fatos, principalmente no que tange à aplicabilidade de sanções desproporcionais, o que poderia afastar o seu efeito pedagógico-punitivo desvirtuando atuação dos órgãos de defesa do consumidor de sua finalidade. Ao mesmo tempo que se esvazia a norma contida no art. 57 do CDC e se afasta a aplicabilidade do Decreto 2.181/1997.[27]

Importante destacar que o Decreto 2.181/1997, em seu art. 15, prevê que o processo referente ao fornecedor de produtos ou de serviços, que tenha sido acionado em mais de um Estado pelo mesmo fato gerador de prática infrativa, poderá ser remetido ao órgão coordenador do SNDC pela autoridade máxima do sistema estadual. Vale ressalvar que referida disposição já estava prevista antes mesmo das atualizações consolidadas pelo Decreto Presidencial 10.887/2021, sendo que a inovação se estabeleceu, apenas, na inclusão dos parágrafos 1º e 2º dispõem que, respectivamente, verificada a condição específica do *caput* e encaminhado os autos ao órgão coordenador do SNDC, esse apurará o fato e aplicará as sanções cabíveis, ouvido o Conselho Nacional de Defesa do Consumidor, sendo que na hipótese de que a autoridade máxima do sistema estadual opte por não encaminhar o processo, o fato deverá ser comunicado ao órgão coordenador do SNDC. Assim, a efetividade das sanções administrativas, em especial a multa, só ganha contornos eficientes se o trabalho de proteção e defesa do contingente tutelado for uniformizado, portanto, o esforço para um sistema coerente e forte deve-se iniciar a partir de uma coordenação da política nacional de defesa do consumidor.[28]

Nesse sentido, ter uma única regra base para o cálculo da dosimetria da sanção pecuniária a ser imposta seria uma boa medida, assim como o alinhamento

---

27. PEREIRA, Flávia do Canto. *Proteção administrativa do consumidor*; Sistema Nacional de Defesa do Consumidor e a ausência de critérios uniformes para aplicação de multas. In: PEREIRA, Flávia do Canto; BENJAMIN, Antonio Herman; MARQUES, Claudia Lima (Coord.). São Paulo: Thomson Reuters Brasil, 2021, p. 92.
28. PEREIRA, Flávia do Canto. *Proteção administrativa do consumidor*; Sistema Nacional de Defesa do Consumidor e a ausência de critérios uniformes para aplicação de multas. In: PEREIRA, Flávia do Canto; BENJAMIN, Antonio Herman; MARQUES, Claudia Lima (Coord.). São Paulo: Thomson Reuters Brasil, 2021, p. 152.

da interpretação da nova Lei, tal como destaca o Núcleo de Proteção de Dados do CNDC.

4. DESAFIOS DA UNIFORMIZAÇÃO DOS CRITÉRIOS DOS ÓRGÃOS DE PROTEÇÃO E DEFESA DO CONSUMIDOR NA APLICAÇÃO DOS VETORES INTERPRETATIVOS DA LGPD

A coordenação do SNDC para uma aplicação uníssona dos vetores interpretativos da LGPD, em casos envolvendo proteção de dados dos consumidores, tem sido um grande desafio. É preciso ressalvar que, espalhados por todo território nacional, esses quase 1.000 Procons atuam de forma independente e não se subordinam à Senacon ou a qualquer outro órgão.

Portanto, tornou-se uma preocupação legítima, com a entrada em vigor da LGPD, eventuais decisões divergentes, no que tange à aplicabilidade dos vetores interpretativos da referida Lei, uma vez que tal assimetria tem o potencial de contribuir para um cenário de insegurança jurídica, corroborando para um enfraquecimento da sistemática de defesa do consumidor. Por essa razão, tornou-se de grande importância a celebração do Acordo de Cooperação Técnica (ACT) entre a ANPD e Senacon, bem como a instauração de um Núcleo de Proteção de Dados, instituído no âmbito do CNDC (Conselho Nacional de Defesa do Consumidor).[29]

O objetivo da Senacon é, portanto, mitigar as divergências de interpretação, incentivando uma aplicação consistente do direito do consumidor no território nacional, ressalvando as especificidades locais, para fomentar a segurança jurídica necessária que não afaste o investimento e o empreendedorismo que promovem bem-estar ao consumidor ao ofertar mais produtos e serviços.

---

29. O Conselho Nacional de Defesa do Consumidor (CNDC) fora instituído pelo Decreto 10.417/2020, sendo que de forma semelhante à extinta Comissão Nacional Permanente de Defesa do Consumidor, funciona como fórum interinstitucional para discussão de temas relacionados à Política Nacional de Defesa do Consumidor, como forma de possibilitar recomendações aos integrantes do Sistema Nacional de Defesa do Consumidor. Nesse sentido, o CNDC opina sobre políticas públicas de defesa do consumidor em caráter interdisciplinar, em procedimentos de conflitos de competência e de avocação de processos administrativos (previstos nos arts. 5º, parágrafo único, e 16, do Decreto 2.181/97, que regulamenta a aplicação do Código de Defesa do Consumidor); fixa, em caráter não vinculante, interpretações e entendimentos a respeito da legislação consumerista para fins de oferecimento de segurança jurídica a seu respeito e; propõe medidas de educação ao consumidor sobre seus direitos e suas obrigações decorrentes da legislação consumerista, entre outras. Além de auxiliar na incorporação ao direito nacional das normativas da OCDE em matéria de consumo e regulação. Participarão do CNDC, além do Secretário Nacional do Consumidor, que o presidirá, representantes de entidades públicas estaduais e municipais de defesa do consumidor, do Conselho Administrativo de Defesa Econômica, do Banco Central do Brasil, de agências reguladoras, de entidades de defesa de consumidores e de fornecedores, além de profissional de notório saber na matéria. Cf. BRASIL. MINISTÉRIO DA JUSTIÇA E SEGURANÇA PÚBLICA. SENACON. Defesa do Consumidor. Disponível em: https://www.defesadoconsumidor.gov.br/portal/ultimas-noticias/1457-publicado-decreto-que-cria-o-conselho-nacional-de-defesa-do-consumidor. Acesso em: 03 out. 2021.

5. INCIDENTES ENVOLVENDO DADOS PESSOAIS DE CONSUMIDORES E A ATUAÇÃO DA SENACON

Uma das maiores preocupações da Senacon, entre janeiro de 2020 e março de 2022 foram os constantes incidentes de vazamentos de dados pessoais consumeristas, uma vez que quase a totalidade da população brasileira já teve algum tipo de dado exposto e/ou comercializado na *dark web*.[30] Esse tipo de violação torna os consumidores alvos mais fáceis de práticas abusivas e fraudes, o que pode ocasionar danos consideráveis.

Outros pontos que têm exigido atenção são a coleta, o armazenamento e o compartilhamento de dados sem o devido consentimento do consumidor. Muitas empresas, principalmente digitais, utilizam modelos de negócios *opt-in*[31] para o compartilhamento de dados pessoais, de modo que as informações são compartilhadas automaticamente quando não há manifestação contrária, o que acaba induzindo o consumidor a fornecer seus dados.

Isso se torna bastante problemático, em uma escala global, na medida em que, cada vez mais, as empresas têm armazenado uma quantidade imensurável de dados, aumentando, consideravelmente, o risco de incidentes de vazamentos. Por essa razão, a Secretaria Nacional do Consumidor, em âmbito internacional, especialmente junto à OCDE (Organização para a Cooperação e Desenvolvimento Econômico), tem buscado diálogo a fim de promover o intercâmbio de informações e experiências em matéria de proteção de dados pessoais para melhorar a defesa do consumidor do Brasil.

Já em âmbito nacional, a Senacon tem cada vez mais priorizado o tema de proteção de dados. Além de ter reforçado o desenvolvimento de políticas públicas, com a criação de um fórum permanente de troca de informações sobre o tema, bem como a criação de um Núcleo de Proteção de Dados, no âmbito do Conselho Nacional de Defesa do Consumidor,[32] a Secretaria intensificou sua

---

30. Para *Winkler* e Gomes, *dark web* é "aquela parte da web que se destina a ser anônima" (tradução livre). No original: "The dark web is that portion of the web that is intended to be anonymous". WINKLER, I.; GOMES, A. T. Adversary infrastructure. In: Winkler, I.; Gomes, A. T. (Org.). Advanced persistent security: a cyberwarfare approach to implementing adaptive enterprise protection, detection, and reaction strategies. New Deli: Elsevier, 2017. p. 67-79. Doi: https://doi.org/10.1016/B978-0-12-809316-0.00007-5.
31. *Opt-in* é a "situação em que o indivíduo, por conta própria, requer sua inclusão no cadastro". *Opt-out* é quando "determinada entidade estabelecer como *default*, padrão, uma condição que normalmente exigira o consentimento do indivíduo". ALTOMANI, Arthur Spina; CORASSA, Eugênio Delmaestro. A LEI DO CADASTRO POSITIVO FRENTE À PROTEÇÃO DE DADOS. Fabrício Bertini Pasquot Polido Lucas Costa dos Anjos, p. 13.
32. O CNDC é órgão com participação ampla de diversas entidades relacionadas à defesa do consumidor, incluindo membros do SNDC, agências reguladoras, e acadêmicos renomados, com o objetivo de estreitar as relações com a ANPD e endereçar questionamentos relativos à proteção de dados nas relações de consumo.

ação fiscalizatória, entre 2020 e 2022, instaurando diversas investigações para a apuração de incidentes de vazamento de dados e infrações no que tange à coleta e ao processamento de dados sem o consentimento prévio do consumidor.

6. REFLEXÕES SOBRE ALGUNS CASOS INSTAURADOS NA SENACON

Diversos são os casos instaurados, no âmbito da Senacon, que possuem como objeto apurar incidentes de vazamento e coleta, processamento e armazenamento de dados pessoais, sem o consentimento prévio do consumidor.

A captação de dados propicia às empresas a capacidade de identificar as preferências individuais de cada usuário e, portanto, viabiliza ofertar um serviço personalizado aos consumidores. Dessa forma, teoricamente, há benefícios tanto para os fornecedores, que conseguem vender seus produtos com maior facilidade, quanto para os consumidores, que recebem serviços que satisfazem de maneira mais adequada seus interesses pessoais.

No entanto, a ausência de consentimento e a exploração da vulnerabilidade do consumidor podem tornar tal conduta potencialmente abusiva. Quando partimos do perfil do "consumidor médio", a maioria não tem consciência do tipo de informação ou da quantidade de dados que são armazenados pelas empresas prestadoras de serviços das quais se utilizam rotineiramente. Essa falta de transparência deixa boa parte dos consumidores desprotegidos de potenciais abusos. Portanto, o nível de transparência das empresas deve ser condizente com o perfil e a vulnerabilidade do consumidor, de modo a garantir os direitos protegidos pelo Código de Defesa do Consumidor (CDC).

Nesse sentido, em 2020, a Senacon condenou uma importante rede varejista em processo administrativo sancionatório instaurado pelo Departamento de Proteção e Defesa do Consumidor (DPDC), pela coleta de dados de clientes sem informação e sem consentimento, por meio de câmeras de reconhecimento facial instaladas em uma loja modelo da empresa. Tais câmeras realizavam coleta de dados com i) identificação de gênero, ii) faixa etária e iii) reações à publicidade – que eram direcionadas de acordo o gênero do consumidor analisado.[33] Nesse caso, a Senacon determinou que teriam sido ofendidos os direitos básicos do consumidor, por violação ao artigo 6º, II, III (informação) e IV (abuso de direito), pela falta de informação clara e inequívoca acerca das informações tratadas.[34]

---
33. BRASIL. MINISTÉRIO DA JUSTIÇA E SEGURANÇA PÚBLICA. SENACON. *Processo Administrativo 08012.001387/2019-11*. Representante: Departamento de Proteção e Defesa do Consumidor (Ex-officio). Representado: Cia Hering. Publicado no D.O.U em 14 de agosto de 2020.
34. Neste sentido, veja-se trecho do *Processo 08012.001387/2019-11*.

É importante notar que o caso que fora analisado não apenas indicava a violação dos princípios basilares do CDC, como a vulnerabilidade do consumidor, a ausência de transparência e da boa-fé (art. 4º, CDC) – tendo em vista que a empresa se aproveita da vulnerabilidade e da ignorância dos consumidores que não sabiam do uso da tecnologia. Também fora evidenciada prática abusiva fixada pelo art. 39 do CDC e a violação ao art. 43 por existir registro de dados, mesmo que, posteriormente, fossem eliminados. Por fim, o mesmo caso identificou violação ao art. 20 do Código Civil por uso da imagem do consumidor com finalidade comercial, sem autorização.

O outro ponto que merece destaque é o combate às práticas abusivas na contratação de empréstimos consignados. Entre os meses de junho e julho de 2021, houve a conclusão de cinco processos administrativos sancionatórios envolvendo instituições financeiras no que tange à abusividade na utilização de dados de consumidores para fins de publicidade produtos e serviços bancários, sendo aplicada sanção administrativa de multa.[35] Em todos os casos, o DPDC entendeu que ficou comprovada a prática de infração aos dispositivos do Código de Defesa do Consumidor, uma vez que as instituições financeiras, pelo menos culposamente, permitiram que terceiro por ela contratada, abusivamente, assediasse consumidores idosos para fins de oferta e contratação de empréstimos consignados. Para tanto, tais terceiros utilizaram-se, indevidamente, de dados pessoais, sem ter qualquer conhecimento sobre a sua procedência e atuando em violação às normas de proteção ao consumidor. Isso porque os consumidores não eram informados da abertura de banco de dados e de cadastro, o que acabou consubstanciando em evidente exploração da hipervulnerabilidade de idosos aposentados e pensionistas do INSS.

Por fim, vale destacar a atuação da Senacon no desenvolvimento de uma política preventiva a fim de sanar possíveis irregularidades, ou até mesmo antever e eliminar que possíveis novas ações dos agentes de tratamento de dados possam ocasionar danos aos consumidores. Em caso recente, a Senacon instaurou procedimento administrativo em face do aplicativo de multiplataforma de mensagens instantânea WhatsApp, e seu grupo controlador Facebook, a fim de obter esclarecimentos sobre os novos termos de uso e da nova política de privacidade do aplicativo de mensagens, uma vez que a "multiplataforma" havia anunciado que promoveria uma mudança em sua política de privacidade. Na nova versão, o aplicativo de mensagens detalha práticas de tratamento de dados pessoais dos

---

35. Foram aplicadas as seguintes multas a instituições financeiras por condutas lesivas ao consumidor relacionadas a crédito consignado: Banco Safra (R$ 2,4 milhões), Banco Cetelem (R$ 4 milhões), Banco Pan (R$ 8,8 milhões), Banco Itaú (9,6 milhões) e Banco BMG (R$ 5,1 milhões). (BRASIL. MINISTÉRIO DA JUSTIÇA E SEGURANÇA PÚBLICA. SENACON. *Processo Administrativo 08012.001486/2019-94. Representado: Banco Safra; Processo Administrativo 08012.001476/2019-59. Representado: Banco Cetelem; Processo Administrativo 08012.001462/2019-35. Representado: Banco Pan; Processo Administrativo 08012.001470/2019-81. Representado: Banco Itaú; Processo Administrativo 08012.001478/2019-48. Representado: Banco BMG*.

usuários e autoriza o compartilhamento dessas informações com as empresas do grupo econômico, da qual a "multiplataforma" também faz parte.

Posteriormente, a Senacon, em ação conjunta com a Autoridade Nacional de Proteção de Dados (ANPD), o Ministério Público Federal (MPF) e o Conselho Administrativo de Defesa Econômica (CADE), direcionaram recomendação ao aplicativo de mensagens instantâneas, por meio de seu grupo controlador, solicitando o adiamento da data de vigência de sua nova política enquanto não fossem adotadas as recomendações sugeridas após as análises dos órgãos reguladores. Os órgãos apontaram que as novas regras do aplicativo poderiam representar violações aos direitos dos consumidores. Além do adiamento fora recomendado que a "multiplataforma" de mensagem instantânea se abstivesse de restringir o acesso dos usuários às funcionalidades do aplicativo, caso esses não aderissem à nova política, assegurando a manutenção do atual modelo de uso e, em especial, a manutenção da conta e o vínculo com a plataforma, bem como o acesso aos conteúdos de mensagens e arquivos. Os órgãos ainda recomendaram que o Facebook se abstivesse de realizar qualquer tipo de tratamento ou compartilhar dados obtidos a partir do WhatsApp, com base nas alterações da política de privacidade, enquanto não houver o posicionamento dos órgãos reguladores.[36]

O intuito da referida recomendação tinha como objetivo proteger os direitos dos titulares de dados pessoais e os direitos dos consumidores, além de mitigar potenciais efeitos sobre a concorrência, decorrentes da nova política a ser implementada. Diante da recomendação direcionada, a empresa passou a estabelecer um comportamento colaborativo, sendo aventada a possibilidade de um Termo de Acordo de Conduta (TAC), para sanar possíveis irregularidades.

Assim, referido caso foi importante não apenas com relação aos seus efeitos sobre a proteção de direitos, mas, principalmente, no sentido de que se faz necessário uma cooperação, ordenada e estratégica, de maneira permanente, entre ANPD e as Entidades Públicas, de áreas técnicas correlatas à proteção de dados, principalmente, os Órgãos de Defesa do Consumidor, a fim de garantir a privacidade e a liberdade de forma efetiva e, especialmente, para reduzir a assimetria informacional.

CONSIDERAÇÕES FINAIS

O Código de Defesa do Consumidor, em seus mais de 32 anos de existência, sempre se preocupou com a transparência e com a proteção de dados pessoais

---

36. BRASIL. AUTORIDADE NACIONAL DE PROTEÇÃO DE DADOS. *Cade, MPF, ANPD e Senacon recomendam que WhatsApp adie entrada em vigor da nova política de privacidade*. Disponível em: https://www.gov.br/anpd/pt-br/assuntos/noticias/cade-mpf-anpd-e-senacon-recomendam-que-whatsapp-adie-entrada-em-vigor-da-nova-politica-de-privacidade. Acesso em: 03 out. 2021.

do consumidor. Apesar do Marco Civil da Internet ter instituído a exigência de consentimento expresso para coleta de dados (art. 7º, IX), com a entrada em vigor da LGPD passou-se a regular o tema de forma mais detalhada. Particularmente, observa-se maior preocupação com a imposição de requisitos para o tratamento de dados pessoais. Tais requisitos transcendem os princípios básicos, como o da boa-fé, da finalidade, da adequação e da transparência.

A LGPD é uma regulação mais abrangente, com maior detalhamento sobre o uso de dados. Assim, verifica-se uma complementação entre o MCI e a LGPD, reforçados pelos valores do CDC e da CF, criando-se um arcabouço jurídico mais cuidadoso para garantir a proteção de informações pessoais na internet.

Há uma série de casos envolvendo proteção de dados dos consumidores em trâmite na Senacon. Os processos apuram infrações aos direitos dos consumidores com base no CDC e no Marco Civil da Internet. Tais diplomas já traziam a exigência do consentimento para o tratamento de dados pessoais. Tal premissa é fortalecida pelos princípios e pelas regras constantes na Lei Geral de Proteção de Dados (LGPD). Portanto, concilia-se com o intuito protetivo da LGPD a aproximação com os ditames da defesa do consumidor, de forma a mitigar qualquer desequilíbrio de poderes que possa afetar a tomada de uma decisão livre, autônoma e informada do usuário consumidor.

Antes que se possa idealizar uma cooperação entre os diversos órgãos de áreas técnicas correlatas, quanto à aplicabilidade da LGPD, um dos grandes desafios será estabelecer uma atuação coordenada entre os próprios membros do SNDC, principalmente, no que tange à criação de critérios uniformes para aplicação de multas.

A ausência de harmonização quanto à aplicação das normas consumeristas dificulta uma padronização de condutas pelos fornecedores, que atuam em âmbito nacional, o que, por sua vez, gera insegurança jurídica diante da aplicabilidade de multas administrativas em vezes exorbitantes e desconexas.

Assim, conforme já exposto, a fim de mitigar os efeitos dessa insegurança jurídica gerada, diante dessa assimetria de atuações fiscalizatórias e sancionatórias, faz-se necessário a implementação de uma cooperação entre as instituições, que devem ser observadas, também, pelos membros do SNDC, a fim de se evitar sobreposição de atividades, bem com excesso de controle dos mesmos fatos, principalmente, no que tange à aplicabilidade de sanções desproporcionais, o que poderia afastar o seu efeito pedagógico-punitivo, tornando a atuação dos órgãos de defesa do consumidor sem efetividade, ao mesmo tempo que se esvazia a norma contida no art. 57 do CDC e se afasta a aplicabilidade do Decreto 2.181/1997.

Vale destacar que, apesar das sanções previstas pela LGPD, nos termos do *caput* do artigo 52, serem passíveis de aplicação somente pela ANPD, tais sanções não substituem a aplicação de sanções administrativas, civis ou penais definidas no Código de Defesa do Consumidor (Lei 8.078, de 11 de setembro de 1990) e em legislação extravagante.

Assim, eventual atuação de outros órgãos públicos, como a Senacon e os demais membros do SNDC, decorrem de normatização própria. Nesse contexto, embora em princípio não haja *bis in idem* no exercício simultâneo da atividade sancionatória pela ANPD e pelos órgãos de defesa do consumidor, é imprescindível a ponderação e a uniformização dos procedimentos a bem de maximizar os comandos da Constituição de 1988 e não se incorrer em excessos ou insuficiências.

REFERÊNCIAS

AYRES, Ian; BRAITHWAITE, John. *Responsive regulation*: transcending the deregulation debate. New York, NY: Oxford University, 1992.

BIONI, Bruno Ricardo. *Proteção de dados pessoais* – a função e os limites do consentimento. Rio de Janeiro: Forense, 2018.

BRASIL. Lei 8.078, de 11 de setembro de 1990. Código de Defesa do Consumidor. Disponível em: http://www.planalto.gov.br/ccivil_03/leis/l8078.htm. Acesso em: 23 set. 2021.

BRASIL. Lei 12.965, de 23 de abril de 2014. Institui o Marco Civil da Internet. Disponível em: http://www.planalto.gov.br/ccivil_03/_ato2011-2014/2014/lei/l12965.htm. Acesso em: 23 set. 2021.

BRASIL. Lei 13.709, de 14 de agosto de 2018. Dispõe sobre a proteção de dados pessoais e altera a Lei 12.965, de 23 de abril de 2014 (Marco Civil da Internet). Brasília, DF: Presidência da República, 2018. Disponível em: http://www.planalto.gov.br/ccivil_03/_ato2015-2018/2018/lei/l13709.htm. Acesso em: 23 set. 2021.

BRASIL. Decreto 2181, de 20 março de 1997. Dispõe sobre a organização do Sistema Nacional de Defesa do Consumidor – SNDC, estabelece as normas gerais de aplicação das sanções administrativas previstas na Lei 8.078, de 11 de setembro de 1990, revoga o Decreto 861, de 9 julho de 1993, e dá outras providências. Brasília, DF: Presidência da República, 1997. Disponível em: D2181 (planalto.gov.br). Acesso em: 05 jan. 2022.

BRASIL. Decreto 9.662/2019, de 14 de agosto de 2018. Aprova a Estrutura Regimental e o Quadro Demonstrativo dos Cargos em Comissão e das Funções de Confiança do Ministério da Justiça e Segurança Pública, remaneja cargos em comissão e funções de confiança e transforma cargos em comissão do Grupo-Direção e Assessoramento Superiores – DAS. Brasília, DF: Presidência da República, 2019. Disponível em: http://www.planalto.gov.br/ccivil_03/_ato2019-2022/2019/decreto/D9662.htm. Acesso em: 23 set. 2021

BRASIL. AUTORIDADE NACIONAL DE PROTEÇÃO DE DADOS. ANPD e Senacon assinam acordo de cooperação técnica. Gov.br, 22 de março de 2021. Disponível em: https://www.gov.br/anpd/pt-br/assuntos/noticias/anpd-e-senacon-assinam-acordo-de-cooperacao-tecnica. Acesso em: 20 maio 2021.

BRASIL. AUTORIDADE NACIONAL DE PROTEÇÃO DE DADOS. *Cade, MPF,* ANPD e Senacon recomendam que WhatsApp adie entrada em vigor da nova política de privacidade, 07 de março de 2021. Disponível em: https://www.gov.br/anpd/pt-br/assuntos/noticias/cade-mpf-anpd-e-senacon-recomendam-que-whatsapp-adie-entrada-em-vigor-da-nova-politica-de-privacidade. Acesso em: 03 out. 2021.

BRASIL. MINISTÉRIO DA JUSTIÇA E SEGURANÇA PÚBLICA. SENACON. Secretaria-nacional do consumidor determina o cadastro de empresas na plataforma consumidor Gov.br. Disponível em: https://www.gov.br/mj/pt-br/assuntos/noticias/secretaria-nacional-do-consumidor -determina-o-cadastro-de-empresas-na-plataforma-consumidor-gov.br. Acesso em: 03 out. 2021.

BRASIL. Sistema Nacional de Defesa do Consumidor – SNDC. Gov.br. Disponível em: https://www.consumidor.gov.br/pages/conteudo/publico/6. Acesso em: 03 out. 2021.

BRASIL. *Secretaria Nacional do Consumidor aplica multa a empresa por reconhecimento facial. Gov.br*, 14 de agosto de 2020. Disponível em: https://www.gov.br/mj/pt-br/assuntos/noticias/secretaria-nacional-do-consumidor-aplica-multa-a-empresa-por-reconhecimento-facial. Acesso em: 03 out. 2021.

BRASIL. Defesa do Consumidor. A Senacon. Disponível em: https://www.defesadoconsumidor.gov.br/portal/a-senacon. Acesso em: 03 out. 2021.

BRASIL. Defesa do Consumidor. Disponível em: https://www.defesadoconsumidor.gov.br/portal/ultimas-noticias/1457-publicado-decreto-que-cria-o-conselho-nacional-de-defesa-do-consumidor. Acesso em: 03 out. 2021.

BRASIL. Processo Administrativo 08012.001387/2019-11. *(Hering)*. Publicado no D.O.U em 14 de agosto de 2020.

BRASIL. Processo Administrativo 08012.000723/2018-19. *(Facebook Analytica)*. Publicado no D.O.U em 30 de dezembro de 2019.

BRASIL. Processo Administrativo 08012.002116/2016-21. *(Decolar)*. Publicado no D.O.U em 18 de junho de 2018.

BRASIL. Processo Administrativo 08012.001486/2019-94. *(Banco Safra)*. Publicado no D.O.U em 13 de julho de 2021.

BRASIL. Processo Administrativo 08012.001476/2019-59. *(Banco Cetelem)*. Publicado no D.O.U em 11 de junho de 2021.

BRASIL. Processo Administrativo 08012.001462/2019-35. *(Banco Pan)*. Publicado no D.O.U em 31 de maio de 2021.

BRASIL. Processo Administrativo 08012.001470/2019-81. *(Banco Itaú)*. Publicado no D.O.U em 22 de junho de 2021.

BRASIL. Processo Administrativo 08012.001478/2019-48. *(Banco BMG)*. Publicado no D.O.U em 02 de julho de 2021.

DOMINGUES, Juliana Oliveira. Big techs e o direito antitruste 4.0. *Folha de São Paulo, 13 de junho de 2019*. Disponível em: https://www1.folha.uol.com.br/opiniao/2019/06/big-techs-e-o-direito-antitruste-40.shtml. Acesso em: 29 set. 2021.

DOMINGUES, Juliana Oliveira. Maior plataforma online de defesa do consumidor é brasileira. *Folha de São Paulo*, 15 de março de 2021. Disponível em: https://www1.folha.uol.com.br/opiniao/2021/03/maior-plataforma-online-de-defesa-do-consumidor-e-brasileira.shtml. Acesso em: 29 set. 2021.

DOMINGUES, Juliana Oliveira; GABAN, Eduardo. *Direito Antitruste*. 4 ed. Saraiva. São Paulo, 2016.

DOMINGUES, Juliana; DA SILVA, Alaís; DE SOUSA, Henrique Araújo. Inteligência artificial nas relações de consumo: reflexões à luz do histórico recente. *Inteligência Artificial*: Sociedade Economia e Estado. In: VAINZOF, Rony e GUTIERREZ, Andriei Guerrero (Coord.). São Paulo: Thomson Reuters Brasil, 2021.

FRAZÃO, Ana. *Geopricing e geoblocking*: as novas formas de discriminação de consumidores. *Jota*, 15 de agosto de 2018. Disponível em: https://www.jota.info/opiniao-e-analise/colunas/constituicao-empresa-e-mercado/geopricing-e-geoblocking-as-novas-formas-de-discriminacao--de-consumidores-15082018. Acesso em: 29 de set. 2021.

GRINOVER, Ada Pelegrini et al. *Código de Defesa do Consumidor comentado pelos autores do anteprojeto*. 9. ed. Rio de Janeiro: Forense Universitária, 2007.

MENDES, Laura Schertel. *O diálogo entre o Marco Civil da Internet e o Código de Defesa do Consumidor*. Revista de Direito do Consumidor, v. 106, ano 25, p. 37-69, São Paulo, 2016.

PEREIRA, Flávia do Canto. *Proteção administrativa do consumidor*; Sistema Nacional de Defesa do Consumidor e a ausência de critérios uniformes para aplicação de multas. In: PEREIRA, Flávia do Canto; BENJAMIN, Antonio Herman; MARQUES, Claudia Lima (Coord.). São Paulo: Thomson Reuters Brasil, 2021.

ORGANIZAÇÃO PARA A COOPERAÇÃO E O DESENVOLVIMENTO ECONÔMICO. *Consumer Policy Toolkit*. OECD Multilingual Summaries, 2010.

THALER, Richard H. *Misbehaving*. São Paulo: Intrínseca, 2019.

ESPECIALIZAÇÃO DA JUSTIÇA COMO POLÍTICA DE DEFESA DO CONSUMIDOR

Eduardo Molan Gaban

Vinicius Klein

Resumo: O congestionamento do Poder Judiciário representa um desafio para o Brasil e tem gerado diversas iniciativas de racionalização do seu acesso. Neste artigo será adotada a abordagem de Direito e Economia (*Law and Economics*), que trabalha esta problemática por meio da denominada de Tragédia do Judiciário. Este artigo irá tratar especificamente da judicialização dos litígios consumeristas e das formas de solução da Tragédia do Judiciário, no contexto do proposto recentemente o Projeto de Lei 533/2019, em trâmite na Câmara dos Deputados, que tem gerado muita controvérsia no âmbito jurídico, especialmente por representar uma barreira de entrada aos consumidores para acessarem à Justiça. Neste artigo, a partir de dados relativos aos litígios consumeristas do Brasil, serão apontadas críticas a solução trazida pelo referido Projeto de Lei quanto a sua capacidade de contribuir para racionalização do acesso ao Poder Judiciário. Em seguida, será apresentada a especialização do Poder Judiciário como possível solução para esses problemas relacionados ao grande volume de acervo de processos consumeristas no Poder Judiciário.

Palavras-chave: Consumidor – Especialização da Justiça – Projeto de Lei º 533/2019 – Pretensão resistida – Regulação.

Sumário: 1. Introdução – 2. O que os dados dizem sobre as lides de massa no Brasil? – 3. A especialização da justiça e a efetividade da prestação jurisdicional – Considerações finais – Referências.

1. INTRODUÇÃO

A necessidade de aperfeiçoamento da gestão do Poder Judiciário e os debates acerca do congestionamento e da morosidade na prestação jurisdicional não são novidades no debate público brasileiro. Afinal, a Reforma do Judiciário que criou o Conselho Nacional de Justiça – CNJ – teve como marco central a Emenda Constitucional 45, que foi promulgada em dezembro de 2004. Trata-se de assunto complexo e que pode ser visto por diversas perspectivas. O objetivo deste trabalho é demonstrar que apesar do Projeto de Lei 533/2019 de autoria do Deputado Federal

Júlio Delgado (PSB-MG),[1] conhecido como o PL da Pretensão Resistida, apesar de propor uma alternativa para mitigar o congestionamento do Poder Judiciário, não atinge as reais causas da situação no âmbito consumerista. Assim, existem alternativas mais adequadas e com maior potencial de eficácia para enfrentar o problema, como a especialização do Poder Judiciário.

Em termos comparativos pode-se afirmar que o Poder Judiciário no Brasil é lento.[2] Ainda, a alocação de recursos para o Poder Judiciário é significativa. Em 2020, o gasto com o Poder Judiciário chegou ao equivalente de 1,5% do PIB Nacional. Ainda, os dados apresentados pelo próprio CNJ apontam os gastos com tecnologia representam apenas 2% do orçamento anual, ou seja, por mais que sejam adotadas medidas para desburocratização da justiça brasileira, mais de 90% do investimento do poder judiciário ainda é com recursos humanos (CNJ, 2020).[3]

Mas é importante mencionar que desde 2015 a desjudicialização figura como meta no mapa estratégico do CNJ, permanecendo no mapa de 2021/2026. Destaca-se ainda, a meta 9 do ano de 2021, associando a desjudicialização aos objetivos de desenvolvimento sustentável das Nações Unidas.

Somente em 2020, ano em que a pandemia do COVID alterou os cenários mundiais, o Poder Judiciário brasileiro teve mais de 74 mil decisões, mesmo com o distanciamento. Aliás o CNJ vem estudando melhores práticas desde 2016, quando começou a avaliar seus números e percebendo que apesar de uma queda na entrada de novos litígios e esforços para aumentar a eficácia do judiciário, as taxas de pendência continuavam altas.[4]

Um exemplo do reflexo positivo desses esforços foi a construção de soluções para redução da litigiosidade nas ações relativas à saúde, que impactam diretamente na administração dos outros poderes da república.[5] A questão é ainda mais crítica quando se leva em conta que a expansão da oferta de atividade jurisdicional é bastante custosa para o Estado, no caso da judicialização da saúde o impacto para o governo federal foi de 13 vezes maior, chegando a R$ 1,6 bilhões, sendo a maioria para a concessão de medicamentos. Em razão desses gastos, o CNJ apro-

---

1. BRASIL. CÂMARA DOS DEPUTADOS. Projeto de Lei 533/2019, de 6 de dezembro de 2019. Acrescenta o parágrafo único ao artigo 17 e § 3º ao artigo 491, ambos do Código de Processo Civil. [S. l.], 6 dez. 2019. Disponível em: https://www.camara.leg.br/propostas-legislativas/2191394. Acesso em: 06 dez. 2021.
2. Quanto a lentidão pode-se usar como parâmetro o World Justice Project que traz no caso da justiça civil que a celeridade da prestação jurisdicional o Brasil tem um índice de 0,28, que pé inferior à média mundial de 0,45 – em uma escala que vai de 0 a 1. WJP Rule of Law Index (worldjusticeproject.org)
3. PainelCNJ.qvw.
4. BRASIL. CNJ. Disponível em: https://www.cnj.jus.br/medidas-para-desafogar-o-judiciario-sao-foco-de-pesquisa-do-cnj/.
5. BRASIL. CNJ. Disponível em: https://www.cnj.jus.br/solucoes-construidas-pelo-cnj-buscam-reduzir-judicializacao-da-saude/.

vou a Recomendação 31/10, a fim de que magistrados pudessem avaliar e buscar conhecimentos de forma mais ampla, buscando soluções mais adequadas para a prática. Assim, buscou-se uma solução de maior especialização dos magistrados e de um maior influxo de conhecimento técnico de forma a melhorar a qualidade das decisões, o que está em consonância com a racionalidade proposta neste artigo.

Porém, percebe-se que por mais que o judiciário adote medidas de prevenção, a demanda continua alta, sendo apenas em 2020 novos 25,8 milhões de processos. As lides consumeristas representam uma parcela significativa dessas ações, alcançando o segundo lugar dos temas mais apreciados na Justiça Estadual.

Este é o contexto no qual está o PL sobre Pretensão Resistida, que visa estabelecer no Código de Processo Civil[6] o conceito de pretensão resistida, a fim de impor ao autor um ônus para que possa ajuizar uma ação.

O mencionado ônus, conforme previsto no referido PL, já com seu substitutivo, seria o seguinte:

> Art. 17. (...)
>
> § 1º Em caso de direitos patrimoniais disponíveis, para haver interesse processual é necessário ficar evidenciada a resistência do réu em satisfazer a pretensão do autor.
>
> § 2º Tratando-se de ação decorrente da relação de consumo, a resistência mencionada no § 1º poderá ser demonstrada pela comprovação de tentativa extrajudicial de satisfação da pretensão do autor diretamente com o réu, ou junto aos órgãos integrantes da Administração Pública ou do Sistema Nacional de Defesa do Consumidor, presencialmente ou pelos meios eletrônicos disponíveis. [...]
>
> Art. 491 (...)
>
> § 3º Na definição da extensão da obrigação, o juiz levará em consideração a efetiva resistência do réu em satisfazer a pretensão do autor, inclusive, no caso de direitos patrimoniais disponíveis, se o autor, por qualquer meio, buscou a conciliação antes de iniciar o processo judicial.

Caso aprovado e sancionado o PL sobre Pretensão Resistida, o Código de Processo Civil passará a impor aos autores de litígios baseados em direitos patrimoniais disponíveis ônus de comprovar seus interesses processuais mediante alguma prova de resistência do réu em satisfazer sua pretensão.

Como neste trabalho o foco são os impactos nos litígios consumeristas, não serão analisados outros impactos do PL em questão. Neste caso, o autor-consumidor deverá comprovar que teve a uma pretensão resistida, seja mediante contato direto com o réu-fornecedor de bens ou serviços (por exemplo, por meio do Serviço de Atendimento ao Consumidor – SAC ou por meio de Ouvidoria),

---

6. BRASIL. Código De Processo Civil: Lei 13.105, de 16 de março de 2015. Brasília, DF: Senado, 17 mar. 2015. Disponível em: http://www.planalto.gov.br/ccivil_03/_ato2015-2018/2015/lei/l13105.htm. Acesso em: 06 nov. 2022.

seja mediante reclamações em órgãos integrantes da Administração Pública ou do Sistema Nacional de Defesa do Consumidor (por exemplo, por meio do canal Consumidor.gov.br[7] ou por meio de Procons).

Dentre as justificativas mencionadas para a proposição da PL sobre a Pretensão Resistidas, destacam-se: (1) evitar que o Judiciário continue sendo "o primeiro, único e mais atrativo (na perspectiva financeira) acesso de materialização de direitos";[8] (2) redução do número de ações ajuizadas, "beneficiando toda a sociedade, que terá as suas demandas solucionadas em menor prazo, além de inexistir os custos de um processo judicial";[9] (3) incentivar opções extrajudiciais de resolução de conflito, tais como Procons e Serviços de Atendimento ao Consumidor (SAC), que "não estão sendo devidamente utilizados, gerando uma consequente sobrecarga para o Judiciário"[10] e um custo de R$ 91 bilhões aos cofres públicos.

Apesar do PL sobre Pretensão Resistida partir do diagnóstico correto de necessidade de racionalização no uso do Poder Judiciário, ele tem sido alvo de muitas críticas,[11] uma vez que o caráter de direito fundamental do acesso à justiça torna o debate mais complexo. Todavia, o argumento apresentado neste artigo não diz respeito às dimensões constitucionais do acesso da justiça, mas aponta um descompasso entre a realidade empírica dos litígios brasileiros e a estratégia adotada pelo PL da Pretensão Resistida, que demonstra que a busca direta pelo Poder Judiciário não é a prática nas lides consumeristas. Portanto, impor barreiras ao acesso à Justiça não contribuirá para a racionalização do uso do Poder Judiciário nas lides consumeristas, além de poder contribuir negativamente à efetividade das normas jurídicas e, por conseguinte, para o ambiente institucional brasileiro como um todo.

Nesse sentido, atribuindo-se foco essencialmente às relações de consumo, adiante serão apresentados dados sobre os litígios massivos no Brasil, a identificação dos verdadeiros problemas nas lides de massa brasileiras e uma proposta de solução para esses problemas.

---

7. Para mais informações sobre o referido canal, *vide*: BRASIL. Consumidor.Gov.Br. Disponível em: https://www.consumidor.gov.br/pages/principal/?1638814057714.
8. BRASIL. PL 533/2019, 6 dez. 2019. p. 1.
9. Idem, ibidem, p. 2.
10. Idem, ibidem, p. 2.
11. RIBEIRO, Carlos. AMB participa de audiência sobre PL que restringe acesso à justiça pelos consumidores. *Associação dos Magistrados Brasileiros*. 17 set. 2021. Disponível em: https://www.amb.com.br/amb-participa-de-audiencia-sobre-pl-que-restringe-acesso-justica-pelos-consumidores/. Acesso em: 06 dez. 2021.

2. O QUE OS DADOS DIZEM SOBRE AS LIDES DE MASSA NO BRASIL?

Inicialmente, é importante deixar claro que, independentemente da matéria, o número de processos de execução é muito superior ao número de processos de conhecimento. Na Justiça Estadual, Federal e Trabalhista, os processos de execução correspondem 53,9%, 49,6% e 55,3% dos processos em andamento, sendo que, em alguns tribunais, correspondem a mais de 60% do acervo (por exemplo, no TJDFT, TJRJ, TJSP, TRF3, TRT10, TRT13, TRT14, TRT16, TRT19, TRT2, TRT20, TRT21, TRT23, TRT7, TRT8, TRT9).[12]

Disso se extrai a conclusão de que um dos problemas mais sensíveis de abarrotamento do judiciário não é propriamente o processo de conhecimento, mas sim o processo de execução. E a solução apresentada pelo PL sobre Pretensão Resistida não visa modificar esse cenário, mas tem como foco a redução do número de novos processos de conhecimento.

Entretanto, deixando esse ponto de lado, cumpre analisar o volume de processos de conhecimento por áreas do direito. De fato, o direito do consumidor, no que tange à responsabilidade do fornecedor e indenizações por danos morais, é a segunda área com o maior volume de litígios no Brasil. Representa um volume, na Justiça Estadual (1ª instância e 2ª instância), de 1.655.989 processos, ou seja, 3,15% de todos os processos.[13] Levando-se em conta apenas a 2ª instância da Justiça Estadual, 309.327 é o número de processos consumeristas relacionados a contratos de consumo/bancários e 253.410, relacionados a responsabilidade de fornecedor/indenização por danos morais.[14] No âmbito das Turmas Recursais e nos Juizados Especiais, o direito do consumidor também é, disparadamente, a área do direito mais demandada.[15]

Embora exista esse grande número de judicialização de demandas consumeristas, dados extraídos do Diagnóstico Nacional do Consumidor apontam que 90% dos consumidores buscam o fornecedor de bens ou serviços para resolver o problema, sendo que, desses 90%, apenas 54,9% das reclamações extrajudiciais são resolvidas, 31,8% não são resolvidas e 13,3% são parcialmente resolvidas. Quanto aos 10% dos consumidores que não buscaram o fornecedor de bens ou serviços para resolver o problema, a principal justificativa (43,8%) foi por não valer a pena o aborrecimento e/ou desgaste.[16] E isso é natural, já que parece ser

---

12. BRASIL. Justiça em números 2021. Brasília: CNJ, 2021. ISBN: 978-65-5972-493-2. Disponível em: https://www.cnj.jus.br/wp-content/uploads/2021/11/relatorio-justica-em-numeros2021-221121.pdf. Aceso em: 06 dez. 2021. p. 170.
13. Idem, ibidem, p. 273.
14. Idem, ibidem, p. 274.
15. Idem, ibidem, p. 274 e 275.
16. MPMG; FIPE. *Diagnóstico Nacional do Consumidor*: Vítima de Conduta Abusiva Durante a Pandemia. 2021. Disponível em: https://www.mpmg.mp.br/data/files/13/47/24/97/1A44A7109CE-B34A7760849A8/DIAGNOSTICO%20NACIONAL%20DO%20CONSUMIDOR.pdf. Acesso em: 06 dez. 2021.

unânime o status disfuncional dos Serviços de Atendimento ao Cliente (SACs) atualmente em operação no Brasil.

Assim, a partir dos dados até então apresentados, é possível se concluir que, em que pese exista um grande volume de processos sobre direito do consumidor, em cerca de 90% deles houve a tentativa, por parte do consumidor, de resolver extrajudicialmente o conflito. Portanto, em pelo menos 90% dos processos há efetivamente o efeito que o PL da Pretensão Resistida declara almejar proporcionar, caso entre em vigor.

Ora, sendo assim, o PL da Pretensão Resistida parte de um falso-positivo e em nada reverteria essa situação sobre o grande volume de processos consumeristas em trâmite perante o Judiciário, afinal de contas, a grande maioria dos consumidores tenta resolver extrajudicialmente os conflitos. Em outros termos, o PL sobre Pretensão Resistida não coibirá atitudes oportunistas daqueles que "litigam por litigar", mas tão somente aumentará os ônus consumidores para acessarem à Justiça e concretizarem seus direitos.

Se existem tantos conflitos levados à Justiça que não foram resolvidos extrajudicialmente, embora a esmagadora maioria dos consumidores tenham tentado resolvê-los anteriormente, medida adequada seria avaliar os incentivos dos fornecedores em não os resolver junto aos consumidores, não impor ônus exta aos já lesados consumidores.

Nessa linha, deve-se questionar quais são os setores econômicos que possuem o maior número de conflitos e identificar se o real problema de seu baixo índice de resolutividade. Pelos dados do Diagnóstico Nacional do Consumidor, é possível verificar que a grande maioria desses conflitos trata exatamente de atividades econômicas reguladas, veja-se:

SETOR	NORTE	NORDESTE	SUDESTE	SUL	CENTRO-OESTE	BRASIL (MÉDIA)
Telecomunicações / Telemarketing	17,6	23,7	15,9	23,6	16,1	19,4
Saúde Particular / Convênios	1,8	0,9	0,9	1,4	0,0	1,0
Bancos / Instituições Financeiras / Seguradora	5,7	7,4	3,9	7,6	4,4	5,8
Educação Particular	0,8	0,4	0,5	0,9	0,5	0,6
Supermercado / Mercadinhos	5,3	4,3	6,3	8,3	5,4	5,9
Eletroeletrônicos / Eletrodomésticos	11,3	12,5	7,9	11,5	15,9	11,8
Loja de Departamento	22,5	14,5	19,7	13,1	21,8	18,4
Loja de Vestuário	5,5	5,1	7,5	4,1	9,8	6,3
Consórcios	0,8	0,2	0,0	0,5	0,0	0,3
Companhia Aérea	0,6	1,3	0,2	0,9	1,7	0,9
Agência de Viagens	0,4	0,0	0,2	0,7	0,7	0,4
Energia Elétrica	6,9	7,2	9,1	3,7	2,9	6,0
Água / Esgoto	1,2	4,0	0,9	3,0	1,0	2,0
Transporte Coletivo	0,0	0,0	0,0	0,0	0,0	0,0
Shows e Eventos	0,2	0,4	0,0	0,0	0,5	0,2
Outros	19,4	18,1	27,0	20,7	19,3	21,0
TOTAL	100,0	100,0	100,0	100,0	100,0	100,0

Quadro 1 – Diagnóstico Nacional do Consumidor (2021, p. 15)

Assim, a partir do quadro *supra*, é possível se verificar que o setor de telecomunicações, de energia elétrica, de bancos/instituições financeiras/seguradora, de água/esgoto, de saúde particular/convênios e de companhias aéreas possuem, na média nacional de conflitos por setor do mercado, respectivamente, 19,4%, 6,0%, 5,8%, 2%, 1% e 0,9%. Somando-se as porcentagens mencionadas, tem-se que 35,1% dos conflitos consumeristas são relacionados a empresas que atuam em setores regulados, no caso, pela Agência Nacional de Telecomunicações (Anatel), pela Agência Nacional de Energia Elétrica (Aneel), pelo Banco Central do Brasil (Bacen) e Superintendência de Seguros Privados (Susep), pela Agência Nacional de Águas e Saneamento Básico (ANA), pela Agência Nacional de Saúde Complementar (ANS) e pela Agência Nacional de Aviação Civil (Anac).

Portanto, em mais de 1/3 de todos os conflitos sobre relação de consumo envolvem mercados regulados. Desta forma, uma estratégia relevante para a redução da judicialização seria atuar nestes mercados, uma vez que nestes casos existe uma camada adicional de normas jurídicas que deveria ser capaz de reduzir a litigiosidade. Afinal, se mesmo com a existência de agências reguladoras a judicialização é significativa, deve-se investigar quais seriam as razões para a inefetividade da atuação regulatória. As principais razões para isto seriam as seguintes: (1) ou as agências reguladoras desses mercados não têm desenvolvido uma regulação que corrija as falhas de mercado a fim de promover e garantir os bem-estar do consumidor[17] ou (2) a regulação e as leis em geral são adequadas e modernas, mas, concretamente, não têm sido aplicadas pelas autoridades competentes, inclusive pelo Poder Judiciário. É neste segundo ponto, que é diretamente relacionado a gestão da prestação jurisdicional, que o presente trabalho irá se debruçar, de forma a evidenciar uma alternativa ao PL da Pretensão Resistida, qual seja, a especialização da atuação do Poder Judiciário no que tange aos mercados regulados, a fim de aumentar o capital jurídico disponível e, por conseguinte, a efetividade da prestação jurisdicional, como se verá se na seção seguinte.

3. A ESPECIALIZAÇÃO DA JUSTIÇA E A EFETIVIDADE DA PRESTAÇÃO JURISDICIONAL

Para se abordar os ganhos da especialização da prestação jurisdicional na ótica da sua efetividade e da gestão mais eficiente do Poder Judiciário será uti-

---

17. O debate acerca das finalidades da regulação é amplo e complexo, mas a posição de que a regulação tem como objetivo corrigir falhas de mercado é aceita por diversos autores. Para uma análise geral da questão ver: OGUS, Anthony. *Regulation*: legal form and economic theory. Oxford: Clarendon Press, 1994, p. 1-5.

lizada uma abordagem de Direito e Economia (*Law and Economics*) ou Análise Econômica do Direito – AED (*Economic Analysis of Law*).[18]

O congestionamento do Poder Judiciário costuma ser denominado pela abordagem de AED como a Tragédia do Judiciário e usualmente é atribuído ao acesso facilitado à justiça no Brasil. Afinal, o Poder Judiciário em termos de classificação econômica (ou em termos econômicos) é um bem privado, ou seja, excludente e rival, afinal o uso da estrutura judicial instalada para um caso impede que a mesma estrutura seja dedicada a outro caso – rivalidade – e é possível a exclusão de jurisdicionados que não paguem os custos privados do processo.[19] Por outro lado, como o acesso à justiça é um direito fundamental previsto no artigo 5º, XXXV da Constituição Federal de 1988, a exclusão de jurisdicionados não é uma opção aceitável. Aliado a isso, o aumento da capacidade de oferta de serviços judiciais é custoso para os cofres públicos.

Tem-se, assim, uma realidade de congestionamentos de processos em função de sua ordem cronológica e ausência de ferramentas de contenção em escala para a renovação dos litígios (tema mais à frente explorado). Entretanto, a morosidade e a falta de capacidade de alocação de recursos adicionais para processos mais complexos acabam reduzindo os impactos positivos que a atividade adjudicatória poderia produzir para a sociedade, em função do subinvestimento em capital jurídico e a consequente insegurança jurídica.[20]

Desta forma, alguma forma de racionalização do uso do Poder Judiciário que controle a sua superutilização se faz necessária e solução econômica clássica de aumento de preços. Todavia, o puro aumento do preço (ou custo) de acesso à justiça por parte dos consumidores não é a que melhor se adequa ao arcabouço constitucional brasileiro. Trata-se de uma solução simplista e paliativa que não aloca corretamente os riscos, piora a distribuição dos incentivos e, ao final, tendo a oferecer resultado ineficaz à sociedade, já que procura mitigar a judicialização no varejo pelo lado em regra mais fraco da relação.

A proposta do presente artigo para a racionalização do acesso ao Poder Judiciário tem como foco o investimento em capital jurídico por meio da especialização da justiça, que especificamente no caso das lides consumeristas é mais adequada do que a criação de barreiras de acesso como no caso da pretensão resistida.

Como evidenciado, as lides consumeristas representam, de fato, um grande volume de processos em trâmite no Poder Judiciário e, portanto, contribuem

---

18. KLEIN, Vinicius. Posner é a única opção?. In: RIBEIRO, Marcia Carla P.; KLEIN, Vinícius (Org.). *O que é a análise econômica do direito* – uma introdução. 2. ed. Belo Horizonte: Fórum, 2016.
19. GICO JR, Ivo. A Natureza Econômica do Direito e dos Tribunais. *Revista Brasileira de Políticas Públicas*, 9 (3), p. 12-39, 2019.
20. GICO JR, Ivo. *Análise Econômica do Processo Civil*. São Paulo: Foco, 2020, p. 209-237.

significativamente para o congestionamento do Poder Judiciário. Dentre esses processos, a esmagadora maioria dos consumidores reclamam pelos seus direitos junto aos fornecedores de bens e serviços; entretanto, boa parte desses conflitos não são solucionados extrajudicialmente.

De todas essas contendas, mais de 1/3 delas surgem de relações de consumo com empresas de setores regulados, de modo que, a atuação nestas lides é essencial para a racionalização do uso do Poder Judiciário nas lides consumeristas. Aqui uma solução possível seria a criação de barreiras ao acesso ao Poder Judiciário por meio do requisito da pretensão resistida. Entretanto, essa proposta não seria eficaz para reduzir as demandas levadas ao Poder Judiciário. Afinal, como já apresentado na seção anterior apenas 10% dos consumidores deixaram de inicialmente procurar o fornecedor para resolver extrajudicialmente a sua lide com o fornecedor. Ainda, não há no requisito em questão uma medida para priorizar os processos que demandam mais investimento em capital jurídico e tampouco uma forma de contribuição a eficácia das normas regulatórias e da sua efetiva capacidade de dissuasão.

A especialização é exceção no atual sistema judiciário brasileiro. Embora equivocada, existe uma razão para isso. Ela se encontra subjacente à *ratio decidendi* do STF ao julgar o Agravo Regimental no Recurso Extraordinário 1.083.955. Neste caso, o Ministro Luiz Fux, em manifesto juízo pragmático e consequencialista[21] de curto prazo convencendo seus pares da Primeira Turma do STF (ausente o Ministro Luís Roberto Barroso), decidiu que:

> [...] a Corte teria 'dever de deferência' às decisões técnicas do Conselho Administrativo de Defesa Econômica (CADE), em razão da complexidade da matéria concorrencial, da reduzida *expertise* do Judiciário no tema, da possibilidade de geração de efeitos sistêmicos nocivos à dinâmica regulatória.[22]

Assim, a partir do mencionado precedente, o STF expressou sua orientação no sentido de que a intervenção jurisdicional em mercados regulados por agências reguladoras pode gerar mais danos do que benefícios, pois o Judiciário, com inúmeros processos sobre os mais diversos temas, não possui a *expertise* necessária para resolver adequadamente lides referentes a esses mercados. Entretanto, algu-

---

21. Esse posicionamento do Ministro Luiz Fux foi afirmado por ele mesmo em seu discurso de posse como presidente do STF e do CNJ, veja: "(...) a intervenção judicial em temas sensíveis deve ser minimalista, respeitando os limites da capacidade institucional dos juízes, e sempre à luz de uma perspectiva contextualista, consequencialista, pragmática, porquanto em determinadas matérias sensíveis, O menos é mais". FUX, Luiz. *Discurso do Excelentíssimo Senhor Ministro Luiz Fux por ocasião da posse no cargo de Presidente do Supremo Tribunal Federal e do Conselho Nacional de Justiça*. Disponível em: https://www.conjur.com.br/dl/discurso-posse-fux-stf.pdf. Acesso em: 07 dez. 2021.
22. GABAN, Eduardo Molan. *Justiça especializada para combate a cartéis*. Editora WebAdvocacy. Brasília, DF, 22 set. 2021, p. 1.

mas das consequências negativas da ausência de *judicial review* sobre as normas regulatórias são os possíveis incentivos a captura sobre as agências reguladoras,[23] o aumento dos esforços de *rent-seeking*[24] e os efeitos nocivos às instituições pela falta de controle jurisdicional das decisões administrativas.[25]

Assim, para que haja a adequada *judicial review* das decisões administrativas, é necessário especializar a justiça para substituir-se a deferência integral pela revisão dos erros regulatórios. A questão deve ser vista dentro da capacidade do Poder Judiciário de promover as correções necessárias e deve ser equilibrada de forma a que não haja a imposição de preferencias políticas ou a substituição de escolhas regulatórias técnicas por posições subjetivas dos magistrados.[26] A revisão judicial adequada é assim diversa da revisão integral das escolhas regulatórias e da ausência de revisão judicial, mesmo em situações de ofensa a direitos e garantias individuais. A questão é complexa, mas para fins deste estudo basta afirmar que um nível adequado de revisão judicial demanda necessariamente a qualificação da atuação do Poder Judiciário, de forma que a que não apenas seja respeitado o espaço de atuação do agente regulador, mas também quando se mostrar necessária a revisão judicial ela seja feita de forma tecnicamente adequada. Neste sentido a especialização do Poder Judiciário é uma ferramenta para a redução do grau de generalismo dos juízes e aumento do capital jurídico investido na decisão judicial.

Isso não gerará benefícios concretos somente aos agentes regulados, em sua maioria empresas com elevado poder de mercado, mas também benefícios concretos aos consumidores desses setores regulados. Em outros termos, a especialização da Justiça é necessária para tratar sobre temas de direito regulatório e, mais especificamente, sobre cada um dos mercados regulados (*v.g.*: telefonia, energia elétrica, bancário, aviação civil e outros), pois assim serão beneficiados,

---

23. Nesse sentido, *vide*: Stigler, George J. The Theory of Economic Regulation. *The Bell Journal of Economics and Management Science*. Rand Corporation: v. 2, n. 1, 1971. p. 3-21. Disponível em: https://doi.org/10.2307/3003160. Acesso em: 07 dez. 2021. Para uma análise da acusação de que a Senacon estaria sofrendo esses efeitos da captura, *vide*: GABAN, Eduardo Molan. Senacon acerta ao investigar uso do termo '5G' por operadoras. *Poder 360*. 25 de agosto de 2021. Disponível em: https://www.poder360.com.br/opiniao/governo/senacon-acerta-ao-investigar-uso-do-termo-5g-por-operadoras-escreve-eduardo-molan-gaban/. Acesso em: 16 set. 2021.
24. Nesse sentido, *vide*: BUCHANAN, James M; TOLISSON, Robert D. *The Theory of Public Choice II*. 2. ed. rev. Estados Unidos da América: Universidade de Michigan, 1972. ISBN 0-472-10040-8. Para uma análise geral da obra ver: KLEIN, Vinicius; ALVES, Anne Caroline Marciquevik. James Buchanan: a convergência entre as normas jurídicas, o espaço político e a análise econômica. In: KLEIN, Vinicius; BECUE, Sabrina. (Org). *Análise econômica do direito*: principais autores e estudos de casos. Curitiba, CRV, 2019, p. 201-211.
25. Nesse sentido, *vide*: NORTH; Douglass C. Institutions. *The Journal of Economic Perspectives*. v. 5, n. 1, 1991, p. 97-112. Disponível em: http://links.jstor.org/sici?sici=0895-3309%28199124%295%3A1%3C97%3AI%3E2.0.CO%3B2-W.
26. JORDÃO, Eduardo; ROSE-ACKERMAN, Susan. Judicial review of executive policymaking in advanced democracies: beyond rights review. *Administrative Law Review*, 66, 2014, p. 1-72.

com segurança jurídica e adequação das decisões à realidade social, os agentes regulados e os consumidores desses mercados, que representam, proporcionalmente, os setores econômicos com maior nível de conflitos consumeristas.

Segundo recomendações internacionais,[27] a implementação de varas especializadas resulta em maior celeridade para a resolução definitiva de mérito dos processos e implica maior qualidade técnica às decisões. Disso decorrem decisões mais adequadas (i.e., "cirúrgicas") para problemas complexos, seja de direito regulatório, seja de direito do consumidor. Entretanto, essa especialização da Justiça não deve abranger apenas juízes, mas o sistema judiciário como um todo, como outros servidores públicos com formação interdisciplinar (juristas, economistas, contadores etc.) a fim de auxiliar os magistrados na busca da solução mais adequada à realidade regulatória e do consumidor.

A especialização do Poder Judiciário não é uma alternativa sem riscos. Para fins deste estudo deve-se apontar como maiores desafios o excesso de especialização, o que pode levar em última análise a dificuldade de gestão do Poder Judiciário. Um segundo risco seria a captura das varas especializadas pelas empresas e pelos interesses em jogo naquele ramo específico do conhecimento jurídico, assim como pode acontecer comas as agências reguladoras. Por fim, um terceiro risco seria a especialização sem a efetiva produção de capital jurídico, por exemplo na hipótese de baixa capacitação dos funcionários das varas especializadas.

Por sua vez, mitigar o problema da captura é complexo, mas a literatura aponta para o aprimoramento dos já existentes mecanismos de governança, transparência e gestão. Nesse sentido, por exemplo, o Conselho da Justiça Federal (CJF) instituiu, em agosto de 2020, o Guia de Governança e Gestão do Conselho e da Justiça Federal de 1º e 2º graus.[28] Ainda, um sistema de rotatividade entre os juízes e servidores das varas de forma a evitar a perenização dos agentes, mas sem deixar de se levar em conta o prazo mínimo para que haja incentivos suficientes para que os servidores e magistrados busquem uma maior especialização é um ponto relevante.

Há quem defenda com afinco que a captura seria o principal risco a afastar a especialização da justiça. Ledo engano. Essa captura já ocorreria nas varas generalistas, nas quais o juiz e os servidores tendem a sucumbir à "tentação" da

---

27. WORLD BANK. *Doing Business 2011*: Making a Difference for Entrepreneurs. Washington, DC: World Bank Group, 2012, p. 73. Disponível em: https://www.doingbusiness.org/en/reports/global-reports/doing-business-2011. Acesso em: 08 set. 2021. Vide também: OCDE. *Judicial performance and its determinants*: a cross-country perspective. OECD Economic Policy Paper Series n. 05. OCDE Publishing, junho de 2013, p. 26-27. Disponível em: https://www.oecd.org/economy/growth/FINAL%20Civil%20Justice%20Policy%20Paper.pdf. Acesso em: 08 set. 2021.
28. Vide: CJF. *Guia de Governança e Gestão da Justiça Federal*. Disponível em: file:///C:/Users/Samsung/Downloads/Guia+de+Governan%C3%A7a+da+Justi%C3%A7a+Federal.pdf. Acesso em: 16 set. 2021.

deferência pela *expertise* técnica referida na decisão do STF no Agravo Regimental no Recurso Extraordinário 1.083.955.

No caso da captura das varas especializadas esse argumento foi levantado nos EUA, nos anos 1900, quando houve a criação de um tribunal de apelação especializado em litígios envolvendo patentes e comércio internacional, o qual, em 1922, passou a abarcar todos os litígios relativos a direitos de propriedade intelectual.[29] Em razão dessa especialização, os EUA se transformaram em uma potência da propriedade intelectual, com jurisdição segura e previsível sobre esse tema. Diversos países acabaram copiando esse modelo, obtendo sucesso em investimentos e inovações.[30]

Ainda no âmbito internacional, existem diversos e exitosos exemplos de tribunais, varas ou entidades mistas (que combinam juízes e autoridades administrativas) especializadas em direito concorrencial.[31] No Reino Unido, existe a *Competition Appeal Tribunal*, responsável por julgar apelações sobre o mérito de decisões proferidas pela *Competition and Markets Authority*. No Chile, há o *Tribunal de Defensa de La Libre Competencia*, com competência para julgar os casos trazidos pelo *Fiscalía Nacional Económica* ou por agentes privados. No México, depois da reforma constitucional de 2013, as decisões proferidas pela *Comisión Federal de Competencia Económica* e pelo *Instituto Federal de Telecomunicaciones* podem ser revistas pela primeira e segunda Corte Distrital Especializada. No Canadá, o *Competition Tribunal* pode rever as decisões proferidas pela *Competition Bureau of Canada*. Na Austrália, o *Australian Competition Tribunal* julga as apelações contra as decisões proferidas pela *Australian Competition and Consumer Commission*.

Já no Brasil, a especialização da justiça é fortemente recomendada pelo CNJ[32] e alguns Tribunais já vêm estudando e adotando tais inovações. Cite-se, como exemplo, a criação em 2017 de grupo de trabalho para estudo da pertinência da implementação de varas especializadas em direito da concorrência e comércio internacional no âmbito do Tribunal Regional Federal da 3ª Região (TRF3).[33] Toda-

---

29. GABAN, E. M.; DOMINGUES, Juliana. Vara para Direito Antitruste e Comércio Internacional. *JOTA*. Disponível em: https://www.jota.info/opiniao-e-analise/artigos/varas-para-direito-antitruste-e-comercio-internacional-11102017. Acesso em: 08 set. 2021.
30. IIPI; USPTO. *Study on Specialized Intellectual Property Courts*. 2012. Disponível em: Study-on-Specialized-IPR-Courts.pdf (iipi.org). Acesso em: 08 set. 2021.
31. Para estudo aprofundado no tema, *vide*: OCDE. *The resolution of competition cases by specialized and generalist courts*: Stockating of international experiences. 2017, Disponível em: The resolution of competition cases by specialised and generalist courts: Stocktaking of international experiences – OECD. Acesso em: 08 set. 2021.
32. *Vide*: Recomendação 56 de 22/10/2019. Disponível em: https://atos.cnj.jus.br/atos/detalhar/3068. Acesso em: 08 set. 2021.
33. Notícia disponível no seguinte site: TRF3 Estuda implantação de varas especializadas em direito da concorrência e comércio internacional. Acesso em: 08 set. 2021.

via, talvez pelo desenho institucional das competências (concorrência e comércio internacional), esse projeto do TRF3 não saiu do papel até o presente momento.

Por outro lado, o Tribunal de Justiça do Estado de São Paulo (TJ-SP) criou em novembro de 2020, na capital, duas varas especializadas em crimes tributários, organização criminosa e lavagem de bens e valores.[34] Tais varas são competentes para o julgamento de crimes como práticas de cartel, dentre outros. Também há varas especializadas criminais com similar desenho de competências em outros Tribunais Estaduais, como por exemplo no Tribunal de Justiça de Minas Gerais (TJ-MG),[35] Tribunal de Justiça do Rio de Janeiro (TJ-RJ),[36] Tribunal de Justiça do Mato Grosso (TJ-MT), Tribunal de Justiça de Alagoas (TJ-AL), Tribunal de Justiça do Pará (TJ-PA), Tribunal de Justiça da Bahia (TJ-BA), Tribunal de Justiça de Roraima (TJ-RR) e Tribunal de Justiça de Santa Catarina (TJ-SC).

Em âmbito federal, com um desenho de competências um pouco mais restrito (não abrange, em princípio, os crimes contra a ordem econômica e financeira – Lei 8.137/90), determinou-se em 2019 a criação de varas especializadas no âmbito dos Tribunais Regionais Federais da 1ª, 2ª e 5ª Regiões.[37]-[38] Tudo em atenção à Recomendação 3 de 2006 do CNJ, para a especialização de varas criminais para processar e julgar delitos praticados por organizações criminosas.[39]

No Direito Antitruste, o controle de condutas é uma espécie de atividade sancionatória que se submete aos princípios e regras do direito penal e do direito processual penal. Logo, pode ser entendido como um nicho do direito penal. Além desse fato, as práticas anticompetitivas coordenadas (popularmente conhecidas como cartéis) são também tipificadas como crime (art. 4º, I e II, da Lei 8.137/90, somadas às previsões contidas na Lei de Licitações – Lei 14.133/21). O combate aos cartéis representou desde o início da vigência da Lei Antitruste (em outubro de 1994, com a publicação da Lei 8.884/94) grande parte da atuação repressiva do CADE. Em 2018, por exemplo, mais de 80% do controle de condutas do CADE envolveu referidas práticas coordenadas. Essa média já foi maior, tendo chegado a quase 100% da atuação repressiva do CADE em alguns períodos.[40]

---

34. Notícia disponível no seguinte site: Tribunal de Justiça de São Paulo (tjsp.jus.br). Acesso em: 08 set. 2021.
35. Vide notícia: Varas especializadas em organizações criminosas passam a operar em BH – Portal CNJ. Acesso em: 16 set. 2021.
36. Vide notícia: 1ª Vara Criminal Especializada completa um ano no combate ao crime organizado – Tribunal de Justiça do Estado do Rio de Janeiro (tjrj.jus.br). Acesso em: 16 set. 2021.
37. Vide levantamento do CNJ: Julgamento de crime organizado já segue rito próprio na maior parte do país – Portal CNJ. Acesso em: 16 set. 2021.
38. Vide Resolução do TRF 1: TRF1 – Resolução dispõe sobre especialização de varas federais no âmbito da 1ª Região. Acesso em: 16 set. 2021.
39. Vide referida Recomendação: https://atos.cnj.jus.br/atos/detalhar/855. Acesso em: 16 set. 2021.
40. Para a íntegra dos dados de atuação do CADE, vide: Cade em Números – Português (Brasil) (www.gov.br). Acesso em: 16 set. 2021.

Logo, para as infrações contra a ordem econômica consistentes em práticas coordenadas de competência da justiça estadual (como provavelmente seria o caso do processo administrativo sancionador levado ao STF no Agravo Regimental no Recurso Extraordinário 1.083.955), já é possível aplicar-se o adequado exercício da *judicial review* pelas varas criminais estaduais especializadas. Para o âmbito federal, seria necessário, em princípio, sensível ajuste nas regras de organização judiciária a bem de incluir os crimes contra a ordem econômica e financeira na competência das varas criminais especializadas para apreciar investigações criminais e ações penais envolvendo organizações criminosas.

Veja-se que mudanças incrementais em linha com a ideia "do menos é mais" viabilizariam rapidamente a concretização da especialização da justiça para grande parte do controle de condutas no Direito Antitruste brasileiro. Esse seria um *design* institucional da justiça especializada de fácil implementação que criaria mais segurança jurídica ao controle de condutas no Direito Antitruste brasileiro e, ao mesmo tempo, protegeria as instituições e maximizaria a eficácia do art. 5º, inc. XXXV, da CF/88.

CONSIDERAÇÕES FINAIS

A tragedia do Poder Judiciário é um problema em diversos países e a inclusão do acesso à justiça na categoria dos direitos fundamentais apesar de salutar não traz solução para a racionalização do seu uso, de forma a evitar os efeitos negativos do congestionamento dos processos. No Brasil este é um cenário que precisa ser enfrentado, seja pelas dificuldades orçamentárias em aumentar a infraestrutura judicial ou mesmo pela judicialização de diversas questões.

As lides consumeristas representam uma parcela significativa da Tragédia do Judiciário no Brasil e o enfrentamento da questão passa pela compreensão da causa do problema, que não se resume ao mero acesso gratuito ou pouco custoso do Poder Judiciário. Neste estudo foi apontado que a falta de dissuasão e a dificuldade de *enforcement* das normas regulatórias é uma das principais causas de judicialização das relações de consumo.

Neste ponto, o PL da Pretensão Resistida é ineficaz já que parte da premissa de que a busca de solução pelo consumidor diretamente ao fornecedor seria uma conduta capaz de reduzir a judicialização das relações consumo. Ocorre que como demonstrado neste trabalho essa busca de solução extrajudicial já existe na grande maioria dos casos e nos restantes ela seria desejada pelo consumidor se houvesse efetividade dos mecanismos de atendimento do consumidor. Ainda, o mero afastamento do Poder Judiciário da função de revisão da regulação não é uma alternativa adequada, uma vez que torna os reguladores sujeitos de forma ainda mais intensa a captura e a ações de *rent-seeking*, bem como pereniza possíveis erros na regulação.

Neste cenário, o investimento em capital jurídico por meio da especialização do Poder Judiciário pode resultar em uma maior qualidade das decisões judiciais e um maior *enforcement* das normas regulatórias, tendo como consequência uma maior capacidade dissuasória da regulação, o que afasta a necessidade de judicialização. Ainda, com a manutenção da revisão judicial das normas regulatórias a função de correção de erros do regulador é mantida e os riscos de maior captura das agências reguladoras são mitigados.

Assim, a especialização do Poder Judiciário é uma alternativa que enfrenta de forma mais adequada do que o PL da Pretensão Resistida o congestionamento do Poder Judiciário. Afinal, por meio da especialização a função de bem meritório do respeito à lei e da qualidade das decisões judiciais é reforçada, uma vez que existirá um maior investimento por parte dos magistrados no assunto especializado que atuam. Ainda, a maior capacidade dissuasória das normas regulatórias permitirá que haja uma menor utilização do Poder Judiciário, mantendo-se a função de correção de abusos regulatórios pelo Poder Judiciário.

REFERÊNCIAS

BRASIL. Câmara dos Deputados. Projeto de Lei 533/2019, de 6 de dezembro de 2019. Acrescenta o parágrafo único ao artigo 17 e § 3º ao artigo 491, ambos do Código de Processo Civil. [S. l.], 6 dez. 2019. Disponível em: https://www.camara.leg.br/propostas-legislativas/2191394. Acesso em: 06 dez. 2021.

BRASIL. Código De Processo Civil: Lei n. 13.105, de 16 de março de 2015. Brasília, DF: Senado, 17 mar. 2015. Disponível em: http://www.planalto.gov.br/ccivil_03/_ato2015-2018/2015/lei/l13105.htm. Acesso em: 06 dez. 2021.

BRASIL. Justiça em números 2021. Brasília: CNJ, 2021. ISBN: 978-65-5972-493-2. Disponível em: https://www.cnj.jus.br/wp-content/uploads/2021/11/relatorio-justica-em-numeros2021-221121.pdf. Aceso em: 06 dez. 2021.

BRASIL. CNJ, Justiça em Números, 2020.

BUCHANAN, James M; TOLISSON, Robert D. *The Theory of Public Choice II*. 2. ed. rev. Estados Unidos da América: Universidade de Michigan, 1972. ISBN 0-472-10040-8.

DOMINGUES, Juliana Oliveira; GABAN, Eduardo Molan. Direito Antitruste e Poder Econômico: o movimento populista e "Neo-brandeisiano". *Justiça do Direito*, [s. l.], ano 2019, v. 33, ed. 3, p. 222-244, set./dez. 2019. Disponível em: http://seer.upf.br/index.php/rjd/article/view/10429/114115168. Acesso em: 07 dez. 2021.

FUX, Luiz. *Discurso do Excelentíssimo Senhor Ministro Luiz Fux por ocasião da posse no cargo de Presidente do Supremo Tribunal Federal e do Conselho Nacional de Justiça*. Disponível em: https://www.conjur.com.br/dl/discurso-posse-fux-stf.pdf. Acesso em: 07 dez. 2021.

GABAN, Eduardo Molan. *Justiça especializada para combate a cartéis*. Editora WebAdvocacy. Brasília, DF, 22 set. 2021.

GABAN, Eduardo Molan. *Monopólio postal à luz do direito constitucional e do direito antitruste*: um estudo comparado das experiências europeia e norte-americana. Orientador: Maria Garcia. 2011. 325 p. Tese (Doutorado) – Pontifícia Universidade Católica de São Paulo, São Paulo, 2011.

Disponível em: https://tede2.pucsp.br/bitstream/handle/5662/1/Eduardo%20Molan%20Gaban.pdf. Acesso em: 07 dez. 2021.

GABAN, Eduardo Molan. Senacon acerta ao investigar uso do termo '5G' por operadoras. *Poder 360*. 25 de agosto de 2021. Disponível em: https://www.poder360.com.br/opiniao/governo/senacon-acerta-ao-investigar-uso-do-termo-5g-por-operadoras-escreve-eduardo-molan-gaban/. Acesso em: 16 set. 2021.

GABAN, Eduardo Molan; KLEIN, Vinicius. *A New Language for A.I. and the Legal Discourse*. 21 set. 2021. Disponível em: https://ssrn.com/abstract=3927985 ou http://dx.doi.org/10.2139/ssrn.3927985. Acesso em: 07 dez. 2021.

GICO JR, Ivo. *Análise Econômica do Processo Civil*. São Paulo: Foco, 2020.

GICO JR, Ivo. A Natureza Econômica do Direito e dos Tribunais. *Revista Brasileira de Políticas Públicas*, 9 (3), p. 12-39, 2019.

MPMG; FIPE. Diagnóstico Nacional do Consumidor: Vítima de Conduta Abusiva Durante a Pandemia. 2021. Disponível em: https://www.mpmg.mp.br/data/files/13/47/24/97/1A44A-7109CEB34A7760849A8/DIAGNOSTICO%20NACIONAL%20DO%20CONSUMIDOR.pdf. Acesso em: 06 dez. 2021.

NORTH; Douglass C. Institutions. *The Journal of Economic Perspectives*. v. 5, n. 1, 1991, p. 97-112. Disponível em: http://links.jstor.org/sici?sici=0895-3309%28199124%295%3A1%-3C97%3AI%3E2.0.CO%3B2-W.

OCDE. Judicial performance and its determinants: a cross-country perspective. OECD Economic Policy Paper Series n. 05. OCDE Publishing, junho de 2013, p. 26-27. Disponível em: https://www.oecd.org/economy/growth/FINAL%20Civil%20Justice%20Policy%20Paper.pdf. Acesso em: 08 set. 2021.

OGUS, Anthony. *Regulation*: legal form and economic theory. Oxford: Clarendon Press, 1994.

PELTZMAN, Sam. Stigler's Theory of Economic Regulation After Fifty Years. *University of Chicago Coase-Sandor Institute for Law & Economics Research Paper*. n. 925. University of Chicago: 13 fev. 2021. Disponível em: https://ssrn.com/abstract=3785342 ou http://dx.doi.org/10.2139/ssrn.3785342. Acesso em: 07 dez. 2021.

RIBEIRO, Carlos. AMB participa de audiência sobre PL que restringe acesso à justiça pelos consumidores. *Associação dos Magistrados Brasileiros*. 17 set. 2021. Disponível em: https://www.amb.com.br/amb-participa-de-audiencia-sobre-pl-que-restringe-acesso-justica-pelos-consumidores/. Acesso em: 06 dez. 2021.

RIBEIRO, Marcia Carla P.; KLEIN, Vinícius (Org.). *O que é a Análise Econômica do Direito* – uma introdução. 2. ed. Belo Horizonte: Fórum, 2016.

STIGLER, George J. The Theory of Economic Regulation. *The Bell Journal of Economics and Management Science*. Rand Corporation: v. 2, n. 1, 1971. p. 3-21. Disponível em: https://doi.org/10.2307/3003160. Acesso em: 07 dez. 2021.

SUNSTEIN, Cass R. Empirically Informed Regulation. Public Law & Legal Theory Working Paper Series, *University of Chicago Law Review*, v. 78, n. 4, p. 1349-1427, 2011. Disponível em: https://chicagounbound.uchicago.edu/uclrev/vol78/iss4/4/. Acesso em: 07 dez. 2021.

WORLD BANK. *Doing Business 2011*: Making a Difference for Entrepreneurs. Washington, DC: World Bank Group, 2012, p. 73. Disponível em: https://www.doingbusiness.org/en/reports/global-reports/doing-business-2011. Acesso em: 08 set. 2021.

YASAR, Ayse Gizem. *Re-examining Schumpeter's Legacy*: Creative Destruction as Competition, Innovation and Capitalism. 01 jul. 2021. Disponível em: https://ssrn.com/abstract=3886109 ou http://dx.doi.org/10.2139/ssrn.3886109. Acesso em: 07 dez. 2021.

INTELIGÊNCIA ARTIFICIAL NO SETOR EDUCACIONAL E OS DIREITOS DOS CONSUMIDORES

Luciane de Loiola Rodrigues

Marcelo Chiavassa de Mello Paula Lima

Nicolas Eric Matoso Medeiros de Souza

Vitor Morais de Andrade

Resumo: Com o avançar da tecnologia, as soluções computacionais evoluíram de programas de codificação de ações necessárias para expansão da forma de solução de problemas reais por meio do uso da Inteligência Artificial (IA). O presente artigo visa analisar o uso deste meio pelo setor educacional, utilizando a Nota Técnica 40/2020/CGEMM/DPDC/SENACON/MJ, da Secretaria Nacional do Consumidor, como ponto de partida, e analisando os Direitos dos Consumidores e o Marco Legal da Inteligência Artificial (ainda em discussão pelo Congresso Nacional).

Palavras-chave: Inteligência artificial – Defesa do consumidor – Direitos básicos dos consumidores – Marco legal da inteligência artificial – Direito à infração – Direito à vida – Direto à segurança – Contratos – Setor educacional – Instituições de ensino.

Sumário: 1. Introdução – 2. Correção de provas por sistemas de inteligência artificial – 3. Dos direitos abordados pela SENACON – 4. Marco legal para uso de inteligência artificial – 5. Código de defesa do consumidor x marco legal da inteligência artificial – Considerações finais – Referências.

1. INTRODUÇÃO

Com o avançar da tecnologia, as soluções computacionais evoluíram de programas de codificação de ações necessárias para expansão da forma de solução de problemas reais por meio do uso da Inteligência Artificial (IA) em razão da crescente complexidade dos problemas tratados por computadores e outras ferramentas.

Uma subárea importante da Inteligência Artificial é o Aprendizado de Máquina que, aliada à outras subáreas, permitiram a execução de tarefas hoje tidas como triviais. Em razão disso, o uso da Inteligência artificial passou a ser amplamente empregado em vários setores (público e privado)

Um exemplo de utilização do Inteligência Artificial foi recentemente analisado pela Secretaria Nacional do Consumidor (Senacon), e pode dar um norte sobre como os Direitos do Consumidor podem ser interpretados pelas autoridades do Sistema Nacional de Defesa do Consumidor frente a utilização da IA pelos fornecedores.

2. CORREÇÃO DE PROVAS POR SISTEMAS DE INTELIGÊNCIA ARTIFICIAL

A Senacon por meio da Nota Técnica – Nota Técnica 40/2020/CGEMM/DPDC/SENACON/MJ, manifestou-se a respeito do uso de sistemas de inteligência artificial para correção de avaliações. Entendeu que a SENACON, em síntese, que inexiste problema pela utilização de tal tecnologia, desde que a Faculdade preze pelo princípio da transparência, deixando claro para os alunos (consumidores) que tal tecnologia seria utilizada para fins de correção.

A partir destas premissas a Senacon entendeu que em um caso concreto não se verificou a observância ao princípio da transparência, o que violaria o Código de Defesa do Consumidor.

> A questão é, essencialmente, que o aluno esteja ciente da possibilidade de utilização dessa tecnologia no momento da contratação e que seja informado especificamente quando ela for adotada. Introduzir a correção de provas via IA, subitamente, sem aviso e sem consentimento prévio do consumidor, não é prática adequada, pois altera a modalidade tradicional de prestação de ensino superior exercida durante anos. Ao deixar de disponibilizar professores para a correção de uma parcela das atividades, a instituição de ensino superior pode gerar uma quebra de expectativa dos usuários do serviço, uma vez que o padrão usual é o professor corrigir as provas dos alunos e não uma máquina.

Com base no conceito de previsibilidade, a Senacon entendeu que é dever das Instituições de Ensino Superior (IES) informar, de maneira ostensiva, na fase pré-contratual, que a introdução de IA poderia ser adotada para correção de provas. Entendeu, ainda que mesmo no decorrer da execução do contrato, as IES devem informar aos alunos a sua pretensão de introduzir IA na correção de provas, solicitando assim sua anuência dos alunos para esta alteração na forma da prestação de serviços.

Como o uso de tecnologias aplicadas ao ensino tem sido cada vez mais intenso em diversos momentos da prestação de serviços educacionais, a utilização de novos recursos como IA, ao que nos parece, está garantido pelo artigo 207 da

Constituição Federal, seja ela a autonomia didático-científica; administrativa ou Autonomia financeira e patrimonial, sendo eu qualquer restrição ao seu uso pode representar uma afronta a tal preceito constitucional, sempre ressalvado a observância das normas consumeristas, Marco Civil e da Lei Geral de Proteção de Dados.

Enquanto isso, na Itália, a Universidade Bocconi (Milão) foi autuada pelo uso de dois softwares para gestão de provas durante a pandemia. Os softwares visavam controlar se o estudante abria outras janelas no PC, estava olhando para a tela durante a prova e analisava se a imagem da pessoa que estava realizando a prova era a mesma da imagem no documento de identidade.

Tal qual a Senacon a respeito da correção de provas por sistema de IA, a Autoridade Italiana de Proteção de Dados entendeu que a Universidade violava o dever de transparência e de informação, a respeito do uso dessas tecnologias e sobre o tratamento de dados pessoais (inclusive biométrico). O problema, novamente, não foi a adoção da tecnologia em si, mas a violação do dever de informação.

Basicamente, não havia informações sobre a comparação com a foto do documento de identidade do aluno, tampouco sobre o tempo de retenção dos dados pessoais e sobre transferência internacional de dados (para os EUA).

3. DOS DIREITOS ABORDADOS PELA SENACON

Pela análise da Nota Técnica acima mencionada, ao contrário do que pode parecer, é possível percebermos que a utilização de ferramentas de Inteligência Artificial no caso de correção de provas não é considerada ilegal desde que sejam atendidos aos Princípios que regem o CDC, reflexos de Garantias Constitucionais, com o Princípio da Boa-fé objetiva, Princípio da Confiança e o Direito à informação.

E de forma diferente não poderia ser. A defesa do consumidor é o ramo do direito mais presente na vida de qualquer cidadão tendo em vista que, do mais rico ao mais pobre, todos consomem e, por consequência, participam das relações de consumo.

Conforme ensina Adolfo Mamoru Nishiwama, a proteção jurídica do consumidor surgiu após a revolução industrial, quando se percebeu que a dominação dos produtores frente ao mercado de consumo tornava os consumidores mais vulneráveis.[1] Desde então, o que se percebe é que a proteção aos direitos dos consumidores deve sempre acompanhar as evoluções tecnológicas.

---

1. NORAT, Markus Samuel Leite. A Evolução Histórica do Direito do Consumidor. Disponível em: http://www.ambito-juridico.com.br/site/index.php?n_link=revista_artigos_leitura&artigo_id=9474.

Sempre bom relembrarmos que a Defesa do Consumidor é tida como um Direito Fundamental pela Constituição Federal, conforme rege o art. 5º, inciso XXXII, sendo, ainda, um dos norteadores da Ordem Econômica na qualidade de Princípio, de acordo com o art. 170 da Carta Magma. Vale mencionar, ainda, que as normas estabelecidas no CDC são de ordem pública, por se tratar de positivação do direito fundamental de proteção do consumidor,[2] e de interesse social, uma vez que visa resguardar os consumidores das desigualdades que os tornem vulneráveis frente aos fornecedores, dotando-os de meios apropriados para o acesso à justiça.[3]

Outrossim, o Código de Defesa do Consumidor foi estruturado como norma principiológica, contendo preceitos gerais e fixando princípios fundamentais das relações de consumo.

Ou seja, em que pese o Código de Defesa do Consumidor ter sido redigido em uma época diferente, com outras tecnologias e meios de comunicação, a norma apresenta preceitos gerais e princípios fundamentais que devem ser resguardados e respeitados por todos os entes.

Por tratarmos de princípios e preceitos, é possível, mesmo no âmbito das inovações trazidas pela Inteligência Artificial e outras tecnologias, fazer o enquadramento da norma aos novos casos concretos, relembrando, ainda, a Teoria do Diálogo das Fontes, já amplamente aceito pela doutrina e jurisprudência pátria, sendo possível a aplicação do CDC juntamente com eventuais legislações que venham a ser editadas, mas que não podem afrontar os Preceitos Gerais e Princípios fundamentais consumeristas.

Já a Organização das Nações Unidas, em 1985, consolidou a ideia de que a defesa do consumidor se trata de um direito humano de nova geração ou dimensão, um direito social e econômico. A resolução 39/248, de 10 de abril de 1985, instituiu diretrizes que descreveram oito áreas de atuação dos estados, no intuito de promover a proteção ao consumidor.

As diretrizes foram revisadas pela Assembleia Geral da ONU em 2015, resultando na Resolução 70/186, que faz referência específica às necessidades dos países em desenvolvimento, ao estabelecimento de objetivos para o desenvolvimento sustentável e a necessidade de governos cooperarem entre si. Com o objetivo de ser um fórum de assistência, além de produzir pesquisas e estudos, realizar revisões de normas e atualizar, periodicamente, foi criado, ainda, o Grupo Intergovernamental de Especialistas em Leis e Políticas de Proteção ao Consumi-

---

2. MIRAGEM, Bruno. *Curso de Direito do Consumidor*. 5 ed. São Paulo: Ed. RT, 2014. p. 62.
3. GRINOVER, Ada Pellegrini; BENJAMIN, Antonio Herman; FINK, Daniel Roberto; FILOMENO, José Geraldo Brito; WATANABE, Kazuo; NERY JR., Nelson; DENARI, Zelmo. *Código Brasileiro de Defesa do Consumidor comentado pelos autores do anteprojeto*. 10. ed. Rio de Janeiro; Forense, 2011, v. I, p. 20.

dor (UNGCP), fato que representa um avanço no diálogo internacional na área, devendo o Estados Membros elaborarem políticas que garantam a confiança do consumidor, não criando obstáculos desnecessários ou serem mais restritivas do que o necessário, mantendo a relação entre consumidor e fornecedor.

Ao olharmos para as inovações tecnológicas, vemos que o diálogo internacional se torna de suma importância não apenas em razão da globalização e da cadeia de distribuição de produtos e serviços, mas também na uniformização da utilização e aplicação das novas tecnologias, de forma que se tornem adequadas e até mesmo seguras, independentemente do local do fornecimento. E isso se dá pela razão de que a tecnologia ultrapassa as fronteiras desenhadas pelos seres humanos.

4. MARCO LEGAL PARA USO DE INTELIGÊNCIA ARTIFICIAL

Ainda em março de 2022, foi instalada no âmbito do Senado Federal a comissão de juristas que será responsável pela elaboração do projeto de regulação da inteligência artificial, tendo como base três textos. São eles os PLs 21/2020,[4] 5.051/2019[5] e 872/2021.[6]

Em comum, os três textos fazem menção importante aos Direitos Humanos, inserindo-os como fundamento para o uso da inteligência artificial no Brasil. Assim, considerando as Diretrizes da Assembleia Geral da ONU que consolidaram a defesa do consumidor como direito humano de nova geração e as disposições constitucionais que elegem os direitos dos consumidores como fundamentais e norteadores da Ordem Econômica, possível concluirmos que a utilização da Inteligência Artificial deve respeitar e resguardar as disposições previstas nos CDC, em especial os Direitos Básicos dos Consumidores, que norteiam todas as normas consumeristas.

Cabe especial atenção ao PL 21/2020, que já foi aprovado pela Câmara dos Deputados e agora integra o conjunto de PLs a serem analisados, estabelece princípios, direito, deveres e instrumentos de governança para o uso da inteligência artificial no Brasil, determinando diretrizes para a atuação da União, Estados, Distrito Federal e Municípios, além de pessoas físicas e jurídicas.

Entre os princípios estabelecidos no art. 4º do Projeto em comento, identificamos não apenas a harmonização da norma com o Código de Defesa do

---

4. Disponível em: https://www.camara.leg.br/proposicoesWeb/prop_mostrarintegra?codteor=2129459
5. Disponível em: https://legis.senado.leg.br/sdleg-getter/documento?dm=8009064&t-s=1656517079667&disposition=inline.
6. Disponível em: https://legis.senado.leg.br/sdleg-getter/documento?dm=8940096&t-s=1656517082729&disposition=inline.

Consumidor,[7] além da segurança e do acesso à informação,[8] que guardam estrita relação com Direitos Básicos previstos no Código de Defesa do Consumidor. Além destes, cabe destacarmos o estímulo à autorregulação, por meio de códigos de conduta e boas práticas, meios que já são identificados pela recente atualização das Diretrizes da ONU para Defesa do Consumidor[9] como adequados para a proteção de direitos.

Outrossim, o art. 5º do PL em comento traz como princípio par ao desenvolvimento e aplicação da inteligência artificial o respeito à dignidade humana,[10] o que abarca os Direitos Básicos dos Consumidores previstos no art. 6º do CDC.

O Princípio da Transparência,[11] presente entre os direitos básicos (informação) e em diversos artigos do CDC e outras normas nas normas consumeristas, também figura como Princípio, de acordo com o PL, ao prever que as pessoas possuem o direito de serem informadas pelos agentes atuantes na cadeia (fornecedores aos olhos do CDC), de maneira clara, acessível e precisa.

Já o Princípio da Segurança,[12] que visa o gerenciamento e a mitigação dos riscos dos sistemas de inteligência artificial pode ser considerada como sustentada pelo direito básico à vida, saúde e segurança dos consumidores, previsto no inciso I, art. 6º, do CDC, com a diferença de que este diploma legal não faz menção ao gerenciamento e classificação de riscos no mercado de consumo, sendo inadmissível, numa primeira leitura, a inserção de produtos que apre-

---

7. PL 21/2020: Art. 4º O desenvolvimento e a aplicação da inteligência artificial no Brasil têm como fundamentos: (...) XV – a harmonização com as Leis 13.709, de 14 de agosto de 2018 (Lei Geral de Proteção de Dados Pessoais), 12.965, de 23 de abril de 2014, 12.529, de 30 de novembro de 2011, 8.078, de 11 de setembro de 1990 (Código de Defesa do Consumidor), e 12.527 de 18 de novembro de 2011.
8. PL 21/2020: Art. 4º VIII – a segurança, a privacidade e a proteção de dados pessoais; IX – a segurança da informação; X – o acesso à informação.
9. The United Nations Guidelines for Consumer Protection (UNGCP). Disponível em: https://unctad.org/system/files/official-document/ditccplpmisc2016d1_en.pdf.
10. PL 21/2020: Art. 5º São princípios para o desenvolvimento e a aplicação da inteligência artificial no Brasil: (...) II – centralidade do ser humano: respeito à dignidade humana, à privacidade, à proteção de dados pessoais e aos direitos fundamentais, quando o sistema tratar de questões relacionadas ao ser humano;
11. PL 21/2020: Art. 5º V – transparência: direito das pessoas de serem informadas de maneira clara, acessível e precisa sobre a utilização das soluções de inteligência artificial, salvo disposição legal em sentido contrário e observados os segredos comercial e industrial, nas seguintes hipóteses: a) sobre o fato de estarem se comunicando diretamente com sistemas de inteligência artificial, tal como por meio de robôs de conversação para atendimento personalizado on-line (chatbot), quando estiverem utilizando esses sistemas; b) sobre a identidade da pessoa natural, quando ela operar o sistema de maneira autônoma e individual, ou da pessoa jurídica responsável pela operação dos sistemas de inteligência artificial;
12. PL 21/2020: Art. 5º (...) VI – segurança e prevenção: utilização de medidas técnicas, organizacionais e administrativas, considerando o uso de meios razoáveis e disponíveis na ocasião, compatíveis com as melhores práticas, os padrões internacionais e a viabilidade econômica, direcionadas a permitir o gerenciamento e a mitigação de riscos oriundos da operação de sistemas de inteligência artificial durante todo o seu ciclo de vida e o seu contínuo funcionamento.

sentem riscos aos consumidores, sem que ocorra o aviso prévio por meio de Informações claras.

No que tange à responsabilização dos agentes, temos como princípio a Inovação Responsável,[13] mas que limita a responsabilidade dos agentes à sua participação, ao contexto e às tecnologias disponíveis, que deve ser interpretado em conjunto com o inciso VI do art. 6º da proposta legal, que coloca "as normas sobre responsabilidade dos agentes que atuam na cadeia de desenvolvimento e operação de sistemas de inteligência artificial deverão, *salvo disposição legal em contrário*, pautar-se na responsabilidade subjetiva".

Em um primeiro olhar, pode parecer que a proposta legal confronta diretamente as disposições do Código de Defesa do Consumidor acerca da responsabilidade. No entanto, devemos nos atentar para o destaque acima, em que coloca que a responsabilidade subjetiva será pautada apenas se não houver disposição legal em contrário.

Em que pese o projeto prever que o poder público deverá observar a gestão baseada em risco como uma diretriz para disciplinar e regulamentar a aplicação da inteligência artificial, deve-se garantir que as disposições do Código de Defesa do Consumidor sejam respeitadas e aplicadas por se tratar de positivação de Direito Fundamental constitucionalmente previsto.

Nesta toada, as discussões do Marco Legal da Inteligência Artificial devem se aprofundar na questão da responsabilização, de modo a permitir a inovação tecnológica de forma responsável, a fim de evitar-se a ocorrência de Acidentes de Consumo e a criação de lacunas na responsabilização dos fornecedores na utilização desta tecnologia, fato que pode acabar desaguando no Poder Judiciário.

No entanto, há de se salutar a preocupação dos legisladores em dois pontos também bastante sensíveis CDC, o acesso às informações claras e a manutenção da segurança no mercado de consumo.

5. CÓDIGO DE DEFESA DO CONSUMIDOR X MARCO LEGAL DA INTELIGÊNCIA ARTIFICIAL

Tendo em vista o ato grau de evolução da atividade mercantil, que fortaleceu o poder que os fornecedores de produtos e serviços possuem sobre a população em geral (considerando, aqui, os consumidores equiparados), o legislador en-

---

13. PL 21/2020: "Art. 5º (...) VII – inovação responsável: garantia de adoção do disposto nesta Lei, pelos agentes que atuam na cadeia de desenvolvimento e operação de sistemas de inteligência artificial que estejam em uso, documentando seu processo interno de gestão e responsabilizando-se, nos limites de sua respectiva participação, do contexto e das tecnologias disponíveis, pelos resultados do funcionamento desses sistemas.

tendeu necessário a estipulação de direitos básicos para os consumidores, que nortearão a proteção no decorrer do Código. Considerando a relevância desses direitos, uma vez que integram a ordem pública de proteção ao consumidor, eles são indisponíveis.

Cumpre salientar que os direitos básicos elencados no artigo 6º não excluem outras legislações que visam proteger os mesmos direitos. Em respeito ao diálogo das fontes, outras normas visem uma maior proteção desses indivíduos se igualam as previstas como básicas no CDC.

Sendo assim, conclui-se que o rol elencado é meramente exemplificativo, buscando se manter atrelado a principiologia do CDC, permitindo, entretanto, o diálogo como outras legislações objetivando uma maior expansão da proteção dos consumidores.

Da leitura da Nota Técnica 40/2020, é possível destacar o *Direito Básico à Informação* como um dos essenciais para o respeito às normas consumeristas, inclusive no que tange às novas tecnologias e suas aplicações. A razão para isto é o fato de que a informação é um dos principais artifícios pelo qual o consumidor conseguirá se igualar dentro da relação de consumo, sendo que a sua garantia visa assegurar a existência de igualdade de informação entre as partes. No arcabouço da Constituição Federal, o direito à informação se apresenta como um direito fundamental de quarta geração. Segundo Marcelo Novelino:

> Os direitos fundamentais de quarta dimensão compreendiam o futuro da cidadania e correspondem à derradeira fase da institucionalização do Estado social sendo imprescindíveis para a realização e legitimidade da globalização política.[14]

É dever dos fornecedores de produtos e serviços prestar adequada informação sobre todas as características importantes de produtos e serviços para que o consumidor que for adquiri-los, possa fazê-lo sabendo que poderá esperar deles , possibilitando uma relação contratual próxima, sincera e sem prejuízos para as partes, sendo que esta proteção traz íntima ligação com o Princípio da Transparência, da Boa Fé Objetiva e da Confiança, conforme bem previsto no parágrafo 2.10[15] da Nota Técnica em comento.

Nesta mesma linha, seguem os Projetos de Lei retromencionados que visam regulamentar o uso da Inteligência Artificial no Brasil, prevendo não só os Direitos

---

14. NOVELINO, Marcelo. *Direito constitucional.* 2. ed. São Paulo: Método, 2008, p. 229.
15. Nesse sentido, entendemos que os contratos de prestação de serviços educacionais não abarcam todas as inovações tecnológicas que podem surgir ao longo da prestação do serviço educacional. Ainda, vale dizer que existem aspectos que são essenciais à execução do serviço e qualquer alteração substancial deve ser informada ao consumidor, em homenagem aos princípios da confiança e da boa-fé objetiva e em respeito ao dever de informação, consequência do disposto no art. 6º do Código de Defesa do Consumidor.

Humanos como fundamento do uso da ferramenta, o que por si só já exige uma subordinação do sistema às normas consumeristas, como também rege, expressamente, o Direito à Informação e à Segurança como princípios e deveres para o uso responsável da IA no Brasil.

No que tange ao Dever de informar, é possível fazer a distinção de três graus. O primeiro é o dever de informar, àquele no qual o fornecedor comunica o consumidor acerca dos contornos do produto ou serviço. Já o Dever de Alertar é voltado a produtos ou serviços potencialmente nocivos e perigosos, nos quais a informação é essencial para evitar os Acidentes de Consumo.

Por fim, temos o Dever de Esclarecer, voltado à produtos e serviços com maior grau de complexidade, mas que sua ausência não chega à causar danos físicos e/ou psíquicos ao consumidor. E é neste grau que se enquadra as novas tecnologias e parte das suas aplicações.

Falando em inovações tecnológicas e seus reflexos, é compreensível que a sua utilização não é de fácil assimilação pelo homem médio, fato que gera aos fornecedores o dever de esclarecer ao consumidor a utilização das novas tecnologias e seus impactos, seja no contrato de adesão ou por outros meios, para manter o equilíbrio da relação. Este grau de dever de informação pode ser verificado justamente no PL 21/2020, quando o legislador elege como princípio não apenas a transparência das informações, como também sobre os critérios gerais que orientam o funcionamento do sistema de inteligência artificial.[16]

Percebe-se que não se trata apenas do simples dever de informar. O conteúdo da informação e a forma como ocorre a sua transmissão devem garantir a compreensão dos dados necessários e serem suficientes para que o consumidor tenha a plena ciência dos fatos e exerça sua escolha de forma livre e consciente.

Ultrapassando o tema da Nota Técnica (aplicação de IA na correção de provas) e nos aproximando dos Projetos de Lei, é possível identificar situações nas quais é necessário que o Direito à Informação seja aplicado pelos fornecedores *como forma de Alerta*, com o intuito de resguardar a segurança do consumidor.

---

16. PL 21/2020: "Art. 5º São princípios para o desenvolvimento e a aplicação da inteligência artificial no Brasil: V – transparência: direito das pessoas de serem informadas de maneira clara, acessível e precisa sobre a utilização das soluções de inteligência artificial, salvo disposição legal em sentido contrário e observados os segredos comercial e industrial, nas seguintes hipóteses: a) sobre o fato de estarem se comunicando diretamente com sistemas de inteligência artificial, tal como por meio de robôs de conversação para atendimento personalizado on-line (chatbot), quando estiverem utilizando esses sistemas; b) sobre a identidade da pessoa natural, quando ela operar o sistema de maneira autônoma e individual, ou da pessoa jurídica responsável pela operação dos sistemas de inteligência artificial; c) *sobre critérios gerais que orientam o funcionamento do sistema de inteligência artificial*, assegurados os segredos comercial e industrial, quando houver potencial de risco relevante para os direitos fundamentais.

É o caso, por exemplo, dos carros autônomos que vêm ganhando cada vez mais espaço no mercado de consumo.

A utilização da Inteligência Artificial e suas subáreas, neste exemplo, deve gerar alertas aos consumidores que conduzem o produto, em especial no que tange aos equipamentos de segurança e assistentes de direção uma vez que a utilização de forma inadequada, em razão da deficiência de informações/alertas ou do seu excesso, pode ocasionar no uso não esperado e resultar no acidente de consumo.

Ou seja, em um rápido exercício de consciência, temos que o dever de informar possui, ainda, o momento correto no qual a comunicação é feita, sendo claro que deve ser sempre prestada no momento pré-contratual, mas, em algumas situações, relembradas durante o uso do produto ou serviço. Voltando ao exemplo dos carros autônomos, vemos como claro o momento do dever de informar, em seu grau de alerta, o consumidor sobre retirada das mãos do volante ou a sua não atenção ao trânsito, fatos que podem ocasionar acidentes de consumo.

Neste linear, possível concluir que os fornecedores devem ter especial atenção à forma, meio e momento no qual as informações são repassadas ao consumidor, sendo que o não atendimento de um desses quesitos interfere diretamente em futuro princípio par ao uso responsável da inteligência artificial, o da segurança, que guarda intima ligação com outro direito básico do consumidor, o direito à vida, saúde e segurança contra riscos no mercado de consumo.

Cabe ainda falarmos sobre a questão da responsabilização dos denominados agentes de inteligência artificial que, aos olhos do CDC, podem e devem ser vistos como fornecedores. Assim, em casos em que ocorra a omissão de informações ou a inserção de risco no mercado de consumo, estes agentes devem responder de forma objetiva e solidária, nos casos de ocorrência de vício do serviço. No que tange ao fato do serviço, que pode desaguar no Acidente de Consumo, temos que o texto do Marco Legal é impreciso, mas que, ao dialogar com o Código de Defesa do Consumidor, coloca como clara as responsabilidades, de acordo com as previsões do art. 12 ao 17, cabendo especial atenção ao poder público quando da regulamentação da aplicação da inteligência artificial no que tange a denominada gestão com base em risco.

CONSIDERAÇÕES FINAIS

Pelo exposto, não é possível concluir de forma diferente que os fornecedores de produtos e serviços devem observar as disposições do Código de Defesa do Consumidor, mesmos quando nos referirmos às novas tecnologias, formas e compra e venda, configuração de contratos, dentre outras inovações.

Do mesmo modo, autoridades públicas do executivo e do legislativo devem sempre se atentar às disposições do CDC quando da edição de novas normas que visam regular as relações de consumo, especialmente pelo fato de, repisando, se tratar de norma de ordem pública e de interesse social, possuindo, ainda, a característica de Princípio Constitucional Impositivo.

Isso se dá pelo interessante modo pelo qual o Código foi construído, sendo, em sua essencialidade, principiológico, cujas previsões podem ser aplicadas às inovações tecnológicas mediante a análise precisa do caso concreto e, principalmente, da forma de aplicação dessas novas tecnologias.

O que se percebe, de pronto, é o desafio trazido aos fornecedores sobre como exercer o dever de informação de modo que o consumidor. Pelo exposto a transmissão do conteúdo, seja ele um esclarecimento ou um alerta, interfere diretamente na compreensão do consumidor, que deve informado de forma *adequada e pelos meios e (inovando) momentos corretos*, garantindo o equilíbrio da relação de consumo e evitando o excesso e a deficiência de informações.

Outrossim, pela análise do Marco Legal da Inteligência Artificial, verificamos que suas disposições guardam respaldo com o Código de Defesa do Consumidor, mas que as discussões no âmbito do Senado Federal devem ser feitas sempre respeitando e relembrando que o diploma consumerista resguarda direitos fundamentais e humanos, sendo que a responsabilização dos agentes deve sempre corresponder as previsões do CDC, assim como a manutenção e proteção dos direitos básicos dos consumidores, cujo o rol é exemplificativo e permite ser ampliado, mas jamais minorado por se tratar de positivação de direitos fundamentais.

Não suficiente, tanto o poder público quanto os legisladores devem ter especial atenção quanto à responsabilização dos agentes na aplicação e utilização da Inteligência Artificial, de movo a evitar-se o confronto direito entre o Marco Legal e o Código de Defesa do Consumidor, o que pode acabar no ajuizamento de ações para discussão da legalidade da nova norma.

Por fim, percebe-se a necessidade de que o futuro Marco Legal da Inteligência Artificial seja similar à normativos já existentes em outros países, respeitados as características de brasileiras, com o objetivo de facilitar a sua compreensão pelos fornecedores, possibilitando o adequado respeito aos direitos dos consumidores.

REFERÊNCIAS

ABREU, Paula Santos. *A Proteção do consumidor no âmbito dos tratados da União Europeia, Nafta e Mercosul*. Disponível em: http://www.planalto.gov.br/ccivil_03/revista/Rev_73/artigos/PDF/PaulaAbreu_Rev73.pdf.

AGRA, Walber de Moura; BONAVIDES, Paulo; MIRANDA, Jorge. *Comentários à Constituição Federal de 1988*. Forense.

ALMEIDA, João Batista. *Manual de Direito do Consumidor*. 5. ed. São Paulo: Saraiva.

BENJAMIN, Antonio Herman V.; MARQUES, Claudia Lima; BESSA, Leonardo Roscoe. *Manual de Direito do Consumidor*. 6. ed. São Paulo: Ed. RT.

BESSA, Leonardo Roscoe; DE MOURA, Walter José Faiad. *Manual de direito do consumidor*. 4. ed. Escola Nacional de Defesa do Consumidor.

BRASIL. Marco Legal da Inteligência Artificial – Projeto de Lei 21/2020, que estabelece princípios, direitos e deveres para o uso de inteligência artificial no Brasil; Projeto de Lei 5051, de 2019, que estabelece princípios para o uso da Inteligência Artificial no Brasil; e, Projeto de Lei 872, de 2021, que dispõe sobre o uso da Inteligência Artificial.

GRINOVER, Ada Pellegrini; Benjamin, Antonio Herman; Fink, Daniel Roberto; Filomeno, José Geraldo Brito; Watanabe, Kazuo; Nery Jr., Nelson; Denari, Zelmo. *Código Brasileiro de Defesa do Consumidor comentado pelos autores do anteprojeto*. 10. ed. Rio de Janeiro: Forense.

MIRAGEM, Bruno. *Curso de Direito do Consumidor*. 5 ed. São Paulo: Ed. RT.

NORAT, Markus Samuel Leite. *A Evolução Histórica do Direito do Consumidor*. Disponível em: http://www.ambito-juridico.com.br/site/index.php?n_link=revista_artigos_leitura&artigo_id=9474.

NOVELINO, Marcelo. *Direito constitucional*. 2. ed. São Paulo: Método.

O CONSENTIMENTO DOS USUÁRIOS/ CONSUMIDORES NAS POLÍTICAS DE DADOS – ANÁLISE DOS CONTEÚDOS NAS PLATAFORMAS E SEU INSTRUMENTO JURÍDICO DE ADESÃO

Marcus Vinicius Fernandes Andrade da Silva

Resumo: Com base na ideia de que os fatos sociais galopeiam e o direito positivado caminha em curtos passos, ousa-se aplicar tal realidade aos direitos do consumidor e ao Direito 4.0, somado as suas novas tecnologias. Não se ignora o fato do microssistema jurídico do CDC ter evoluído muito em relação as outras normas no tratante a sua dinamicidade. O tema proposto das políticas de dados e do consentimento dos usuários não fogem da regra. A velocidade das novas tecnologias, da indústria 4.0 fogem de qualquer parâmetro antes imaginado. E neste cenário foi-se obrigado a investigar o que existe de corpo normativo com fim de mitigar certas práticas verdadeiramente invasivas, violadoras da privacidade e, principalmente dos direitos decorrentes da personalidade. Sem embargo, os dados de todos se disseminam pelo mercado, pela grande rede de computadores por meio da internet, e ainda, vem sendo moeda valorosa para várias tecnologias e empresas. Sob uma delimitação dentro do aspecto do consumo, busca-se com o artigo uma reflexão do que é realmente o consentimento e quais os limites deste concedidos por leigos, em outra linguagem, *hipervulneráveis*.

Palavras-chave: Termos e condições – Instrumento jurídico de adesão – Vulnerabilidade – Consentimento.

Sumário: 1. Introdução – 2. Relações contratuais; 2.1 O contrato *lato sensu*; 2.2 Contratos de consumo e a adesão de termos; 2.2.1 A relação jurídica do termos e condições – 3. A vulnerabilidade dos usuários/consumidores; 3.1 Identificando a vulnerabilidade do usuário/consumidor – 4. Algumas práticas comerciais de customização; 4.1 Publicidade na indústria 4.0 – 5. Estudo de alguns termos das políticas de dados; 5.1 Consentimento; 5.2 Termos em espécie – Considerações finais – Referências.

1. INTRODUÇÃO

Toma-se a liberdade de invadir um dos temas que atualmente vêm rendendo não só polêmicas em documentários, mas dentro das academias e até mesmo dentro dos tribunais, ou seja, o tratamento de dados dos cidadãos diante das novas plataformas digitais.

Far-se-á uma investigação por meio de artigo científico, ou seja, não será mais uma obra sobre a Lei Geral de Proteção de Dados. O que se pretende é, inicialmente, fazer análise do instrumento jurídico com que as políticas de dados e privacidades vêm condicionadas para serem aderidas com um consentimento por meio de um *clique*, bem como será tentado esboçar o diálogo das fontes principalmente do CDC com a LGPD para justificar a utilização da terminologia de *usuário-consumidor*.

Assim, inicialmente será feito o estudo do instrumento jurídico previsto, partindo da regra geral do Código Civil, até a possibilidade de enquadrá-lo com uma relação de consumo nos ditames do CDC.

De tal modo, inevitável se faz a apreciação do modo como é colocado nas plataformas o rol de cláusulas unilateralmente escolhidas pelo empresário/fornecedor, restando tão somente o *aceite* do usuário.

Passo seguinte é a realizar uma perfunctória investigação acerca do cidadão que fornece seu consentimento, sob o aspecto de conhecimentos técnicos e paridade, com fim de concluir se há ou não algum parâmetro de suficiência entre as partes.

Ao final, além do estudo do consentimento mitigado, verificar-se-á se as informações iniciais colhidas dos usuários-consumidores, tratadas como dados e lançadas no mercado, retornam a estes como *publicidade customizadas* para uma nova relação.

Por derradeiro, ousa-se analisar algumas particularidades de uma grande empresa digital, sob o aspecto das políticas de dados inseridas nos *termos e condições*, com fim de verificar se tende tal prática ser invasiva ou até abusiva.

2. RELAÇÕES CONTRATUAIS

2.1 O contrato *lato sensu*

Sob uma concepção bastante ampla, o contrato é o meio (ou negócio jurídico), no qual são constituídos, transmitidos e extintos direitos. Pode-se ainda vislumbrar conceitos de contratos sob duas correntes diferentes: uma da escola do direito natural e outra canonista.

Danilo Porfírio de Castro Vieira oferece tais conceitos: "Os canonistas conceituaram o contrato como um instrumento declaratório consensual – fé jurada. É, portanto, um meio de expressão convergente de vontades, imperando a autonomia destas – ascensão dos princípios da autonomia da vontade e do consensualismo. A escola de direito natural conceituou o contrato como fundamento racional de criação de obrigações, emanado da livre vontade dos contratantes".[1]

---

1. CASTRO, Danilo Porfírio de. *Os contratos na gênese do direito*. São Paulo: Ed. Juarez de Oliveira, 2004, p. 81.

Contrato consiste no ato de um indivíduo, ou mais de um indivíduo, manifestando vossas vontades, seja de forma expressa ou *tácita*, resultando em um negócio jurídico. Basilar são tais manifestações de vontade, um dos principais elementos configuradores deste trato com efeito normativo particular. Das lições de Enzo Roppo, colhe-se: "As situações, as relações, os interesses que constituem a substância real de qualquer contrato podem ser resumidos na ideia de *operação econômica*. De fato, falar de contrato significa sempre remeter – explícita ou implicitamente, direta ou mediatamente – para ideia de operação econômica".[2]

Seja típico ou atípico, em algumas situações, o Estado poderá exercer sua intervenção ou dirigismo, por meio do instrumento normativo, prescrevendo formas a serem obedecidas quando a situação da relação se der necessário.

Hans Kelsen na sua Teoria Pura do Direito não se preocupou só com a norma hipotético-fundamental ou só com sua pirâmide normativa. Nesta mesma obra já tratava de alguns aspectos jurídicos do contrato tanto sob a possível criação de norma entre os particulares, como da análise desta 'vontade' das partes. "O contrato cria normas que impõem deveres e conferem direitos aos indivíduos contratantes".[3] A despeito da preocupação com a vontade, o mesmo autor chamava atenção para o seguinte aspecto: "Quais as consequências que têm uma tal discrepância, é questão que só pode responder-se com base na ordem jurídica, e não através da ciência jurídica. A ordem jurídica pode determinar que não se conclui um contrato criador de Direito quando uma das partes está em posição de poder demonstrar que o sentido in-tendido (por ela visado) de uma declaração é diferente daquele que lhe é atribuído pela outra parte".[4]

Poderia visualizar Hans Kelsen, como participante do grupo dos autores do anteprojeto do CDC e, seguidamente, da LGPD, uma perfeita sintonia entre tal entendimento e o que prega acerca da vontade real. Não há como não enxergar tal preocupação ainda mesmo nas normas liberais (ou neoliberais), ou seja, havia previsões ao menos na norma dos vícios de consentimento e dos vícios sociais.

Da obra de Maria Helena Diniz extrai-se a definição: "O contrato constitui uma espécie de negócio jurídico, de natureza bilateral ou plurilateral, dependendo para sua formação, do encontro das vontades das partes, por ser ato regulamentador de interesses privados".[5]

Nelson Nery Jr. e Rosa Maria de Andrade Nery sob a égide do Código Civil de 2002, trazem o conceito de contrato como: "Negócio jurídico bilateral (ou plu-

---

2. ROPPO, Enzo. *O contrato*. Trad. Ana Coimbra e M. Januário C. Gomes. Coimbra: Edições Almedina, 2009, p. 08.
3. KELSEN, Hans. *Teoria Pura do Direito*, São Paulo: Ed. Martins Fontes, 1991, p. 354.
4. KELSEN, Hans. *Teoria Pura do Direito*, São Paulo: Ed. Martins Fontes, 1991, p. 274.
5. HELENA, Maria. *Curso de Direito Civil Brasileiro*. São Paulo: Ed. Saraiva, 1995, v. III, p. 21.

rilateral), cuja finalidade é criar, regular, modificar ou extinguir vínculo jurídico patrimonial entre as pessoas que as celebram.

Na obra de Washington de Barros Monteiro, tanto para definição de convenção como de contrato, assim é definido: "acordo de vontades que tem por fim criar, modificar ou extinguir direito. Por essa definição, percebem-se, para logo, a natureza e a essência do contrato, que é um negócio jurídico e que por isso reclama para sua validade, em consonância com o art. 104 do Código Civil de 2002, *agente capaz, objeto lícito, possível, determinado* ou *determinável* e forma prescrita ou não defesa em lei".[6] Eis a menção do *suporte fático* de Pontes de Miranda.

Sempre se preocupando com a questão principiológica, para não cair por terra todo um estudo dos sistemas e as funções de seus elementos, apresentar-se-ão os princípios fundamentais do direito contratual, os quais podem conter princípios positivados e princípios gerais na sua forma doutrinária. Segue-se o modelo proposto e eleito por Washington de Barros Monteiro,[7] acrescendo a tal rol o princípio do consensualismo:

> i. Princípio da autonomia da vontade – este princípio prega que as partes contratantes podem estipular livremente o conteúdo dos contratos, bem como a autonomia de querer ou não contratar. Tal princípio seria limitado por um outro princípio, qual seja princípio da supremacia da ordem pública;
>
> ii. Princípio da supremacia da ordem pública – o princípio antes mais pregado sobre o direito público ganha maior peso com a vigência do Código Civil de 2002. Este princípio condena estipulações contrárias à moral, à ordem pública e aos bons costumes;
>
> iii. Princípio da obrigatoriedade da convenção – espelharia o famoso ditado que os contratos fazem lei entre as partes, é vinculado àquilo que fora acordado entre as partes, outra manifestação deste seria o *pacta sunt servanda*.
>
> iv. Princípio da função social do contrato – o contrato não pode ser mais visto sob um prisma individualista, os efeitos e a função para a coletividade, para a comunidade são observados agora. Previsto como cláusula geral no art. 421 do CC;
>
> v. Princípio da Probidade e Boa-fé – seria a regra de conduta, comportamento, lealdade, honradez, veracidade entre as partes. Deve ser observada mais a intenção das partes do que o sentido literal da linguagem, este previsto no art. 422 do CC e sem embargo como cláusula geral também no macrossistema do CC 2002;
>
> vi. Princípio do consensualismo – o simples acordo e vontade das partes seriam suficientes para gerar um contrato válido, ressalvadas hipóteses que exigem certas formalidades estipuladas em lei.

---

6. BARROS, Washington de. *Curso de Direito Civil*. 34. ed. atual. Carlos Alberto Dabus Maluf e Regina Beatriz Tavares. São Paulo: Saraiva, 2003, v. V, Direito das Obrigações, 2ª Parte, p. 04.
7. BARROS, Washington de. *Curso de Direito Civil*. 34. ed. atual. Carlos Alberto Dabus Maluf e Regina Beatriz Tavares. São Paulo: Saraiva, 2003, V, Direito das Obrigações, 2ª Parte, p. 09-12.

Ensaiando uma breve introdução já aos contratos na relação de consumo e, principalmente, os consentimentos em termos das plataformas digitais, face estes princípios pregados na regra geral do Código Civil; definições e ideias precisarão ser retomadas. Atualmente não, mas pouco tempo atrás com o CDC e após, com a edição do Código Civil de 2002, existia forte resistência a estes novos valores e princípios, principalmente por parte de alguns conservadores não quererem enxergar os novos paradigmas trazidos por tais normas.

Na vigência dos Códigos liberais os contratos eram firmados sob os princípios e ideais iluministas evocados da Revolução Francesa de 1789. Tal paradigma do século das luzes buscava sempre ter em mão as rédeas do mercado, da economia. Buscava-se sempre neste meio o papel do Não Estado.

No entanto, a dinâmica social se altera a reboque a dinâmica do direito e a positivação tenta acompanhar. Por óbvio, mais que já explorada a *constitucionalização do direito civil* ou a *publicização do direito privado* começam a ocupar espaços. Comportamentos e atitudes eram totalmente diferentes, a palavra de um homem, um trato com aperto de mão valia mais do que qualquer garantia, era uma questão de honra.

Não é demasiado asseverar que algumas das essências do contrato, como regra, são estipulações de obrigações e a divisão de riscos (por alguns, socialização de riscos), bem como seus consequentes efeitos.

Se a economia e o mercado evoluem, o modo de produção está em constante mudança; os contratos de individuais, passando pelos contratos em massa, e hoje chegando a algo totalmente personalizado, customizado, ou seja, riscos e garantias índices totalmente diferentes de acordo com o alvo das customizações.

Tais mudanças econômicas, mercantis refletiam diretamente nos modelos de contratação. A análise perfeita é feita por Ronaldo Porto Macêdo Jr., que apresenta um interessante estudo da produção manufatureira à produção flexível. Modelos os quais transmudam também os instrumentos contratuais, as convenções.

O contrato, seja qual for a época em que for estudado, é resultado de fatores econômicos e sociais.[8] Em outras palavras, o meio de produção e distribuição repercute diretamente na essência e no modelo contratual. John Esser defendia que: "a prática de troca de mercado específica de um dado modo de organização industrial é a fonte da imagem do mercado de trocas específicas de uma dada teoria contratual".[9]

---

8. MACÊDO JR., Ronaldo Porto. *Contratos Relacionais e Defesa do Consumidor*, acresce que: "é preciso notar que a imagem do mercado de trocas que serve de modelo para formulação da relação contratual varia com a história", p. 98.
9. ESSER, John P. *The Changing Form of Contract Law*, paper presented to the Social History Association Baltimore, Maryland, November 4-7, 1993, p. 4, apud MACÊDO JR., Ronaldo Porto. *Contratos relacionais e defesa do consumidor*, p. 99.

2.2 Contratos de consumo e a adesão de termos

Tratar dos contratos relacionais de consumo no Brasil sem considerar os estudos de Nelson Nery Jr. e de Cláudia Lima Marques, seria um grande risco à ciência jurídica consumerista em qualquer mínimo ensaio que se ouse fazer a respeito do tema.

Não se desconsideram jamais outras excelentes obras sobre os contratos de consumo, por exemplo, o citado *Os Contratos Relacionais de Consumo* de Ronaldo Porto Macêdo Jr.; mas não há dúvidas que sobre toda a doutrina brasileira a fonte de que se bebe, sempre será daqueles professores, cada qual com sua respectiva linha de pesquisa.

O CDC regula as relações de consumo como um todo e não apenas o negócio estrito, neste caso, o contrato. No entanto, além das relações se fazia necessário também um tratamento dos contratos em si. Em verdade grande dificuldade se tem de identificar um contrato como um instrumento, um ato ou uma prática. Frisa-se principalmente o método de contratação por adesão, neste caso, principalmente, a adesão aos termos e consentimentos.

Delimitando a pesquisa ao contrato *stricto sensu*, pode-se vislumbrar, em regra, como partes contratantes o usuário-consumidor e o fornecedor (ou coligados fornecedores/empresários). Como objetos dos contratos têm-se os produtos, os serviços e agora a abertura de informações como insumo aos dados.

O instrumento contratual – que se tem dúvida – pode ser o antigo contrato com tratativa, discutido ponto a ponto (raro, mas existente ainda) e a principal modalidade de todo mercado de consumo que ousa chamar de *prática de adesão*, comumente conhecido por contrato de adesão.

A máxima de que o CDC já seria muito escrito com seus sete primeiros artigos ganha mais fundamento também sob o direito básico à informação previsto no art. 6º, III do CDC. Não só em outras áreas do CDC, mas para os contratos, a exigência virá expressa por meio do art. 46 do CDC.

No entanto, não é só sobre o contrato que o art. 6º, do CDC como direito básico se manifesta. A previsão dada neste inciso III do art. 6º, terá ramificações em todo o corpo normativo do microssistema do CDC, do Marco Civil da Internet e da Lei Geral de Proteção de Dados, desde o direito básico à informação dos produtos e serviços em si – informação na oferta, informação na publicidade, informação diante das cobranças de dívidas, informação nos *bancos de dados* e *cadastros*, informação nas tratativas e no corpo dos contratos.

Elege-se o direito à informação como a *pedra de toque*. Tanto é que não se ousa a estabelecer tal direito como princípio, regra, ou cláusula geral. Dentro da própria boa-fé objetiva ele é exigido. Pode se afirmar sim, que a *priori* é um direito do usuário com vezes de consumidor e uma obrigação do fornecedor.

Pensar em direito à informação não é pensar numa simples informação; tal informação como costumeiramente se defende é uma informação qualificada, que deve ser interpretável, assimilável aos usuários de mais baixo nível de escolaridade ao provido dos mais altos níveis de inteligência e conhecimentos. Sob tal definição chega-se a uma conclusão de que a tese do *homem médio* do direito privado não se adapta à teologia protecionista das normas em comento.

Esta informação qualificada que se prega não quer dizer que para cada produto ou serviço o fornecedor deva oferecer um manual, com vieses de tratado. Muitas das vezes a informação e certos alertas exigidos por órgãos técnicos são realizados até por meio de desenhos/figuras, observáveis principalmente em produtos nocivos e perigosos. Logo, oferecer um manual extremamente detalhado e com especificações técnicas a um consumidor com baixo nível de conhecimento ou até analfabeto de nada adiantaria.

Os instrumentos normativos da LGPD, MCI e do CDC exigem uma informação clara, ostensiva, precisa, adequada, em língua portuguesa e deve ter sempre em consideração o destinatário da informação, ou seja, o usuário e/ou o consumidor. Esta deve chegar ao consumidor de maneira que ele possa entender aquilo que lhe é informado.

Não obstante de difícil visualização na prática – destaque-se – principalmente sob adesões e consentimentos para acesso a diversas plataformas, torna-se difícil visualizar um usuário tendo acesso prévio aos conteúdos de políticas de dados ou privacidade. Em tese, para exigir obrigações contratuais seria necessário o dever de o fornecedor dar ao consumidor – em momento prévio à adesão, ao consentimento (*opt in*) – total oportunidade de conhecer o conteúdo dos instrumentos coligados e, que sob o aspecto linguístico, o conteúdo das cláusulas e termos, e todo o instrumento fossem claros e de fácil compreensão.

Tal exigência seria interessante não só ao usuário, mas também e principalmente ao fornecedor para possível excludente de responsabilidade ou obrigação. Faz-se necessário que o usuário compreenda detalhadamente as obrigações e os termos que está assumindo.

No entanto, seja por adesão ou *condições gerais do contrato*, a previsão do CDC, seja no art. 6º, III; seja no seu específico art. 46, além dos artigos 7º e 9º da LGPD, seria um total contrassenso, impraticável ou contraproducente.

De maneira que o art. 46 do CDC trata de uma perfeita previsão no CDC. Inviável – outrossim – nas práticas atuais do mercado. A conduta tomada pelo fornecedor, quando muito é: clique aqui!

2.2.1   A relação jurídica do termos e condições

O tratamento da relação jurídica contratual, tratando da regra geral e os momentos *pré* e *pós* contratual não foi ao acaso. Para não dar qualquer margem às dúvidas, após estudado os instrumentos de acessos aos diversos sistemas, aplicativos ou plataformas em geral, não há que se questionar a natureza jurídica contratual por adesão de tais termos.

Verificados algumas plataformas mais acessadas, considerando que o *facebook* e o *Google* detém mais que um sistema oferecido e utilizam os mesmos termos, restou constatado a relação jurídica com o devido suporte fático. Ou seja, da regra geral do Código Civil, passando pelo CDC e não excluindo os comentados casos de relações contratuais trabalhistas, nas quais mais um vulnerável é submetido a consentir, a aderir, a clicar.

Confessa-se que não obstante o esforço das linguagens utilizadas as informações ali prestadas não atingem o que se chama de *informação qualificada*, até porque para entender tais termos é necessário conhecer muito de conceitos tecnológicos e seus respectivos funcionamentos. Não diferente é a linguagem e os aspectos jurídicos lá contidos, principalmente esse *cheque em branco* do consentimento tão contestado. Logo, imaginar um cidadão comum, um idoso, uma criança, analfabetos funcionais, dentre outros hipervulneráveis abrindo toda a sua privacidade para rede mundial é no mínimo assustador.

Jamais se contesta que há empresas sérias, de boa-fé, com um propósito correto e que não irá prejudicar o usuário. Pode-se citar como exemplo o *score* do cadastro positivo que aos usuários adimplentes, de bom histórico, pode surtir uma melhor negociação, com mais benefícios e riscos menores.

Em síntese, fazendo a observação que os termos são mais diversificados possíveis e este estudo focou apenas o termo relativo as políticas de dados e privacidade, verifica-se a incontroversa presença de um usuário/consumidor, um contrato de adesão na maioria das vezes de um serviço (não desconsiderando a possibilidade de produto), um fornecedor *lato sensu*, e, por fim, a remuneração que são as informações privadas particulares que serão convertidas em dados.

3. A VULNERABILIDADE DOS USUÁRIOS/CONSUMIDORES

Manifesto era o ideal capitalista, centrado na filosofia do iluminismo, visão liberal formou uma nova concepção entre os contratantes de produtos e serviços. Produção em série, contratos padrões, publicidade, marketing agressivo, dentre outros, faz surgir um ser alheio, fragilizado, alvo constante de inúmeras práticas.

Logo, surge no próprio corpo da norma a presunção *iuris et de iure* de que exclusivamente dentro do mercado de consumo o consumidor é vulnerável,[10] em

---

10. Não atendo-se as inúmeras definições dada a *vulnerabilidade*, e não a confundido com hipossuficiência, que se tem relativo aos aspectos processuais. A vulnerabilidade, como princípio, continua sendo um termo de definição totalmente ampla para aplicação no direito.
    No CDC, como visto em seu texto, a vulnerabilidade foi eleita como princípio pelo legislador em seu artigo 4º, que trata da Política das Relações de Consumo. Interessante frisar, que o legislador no *caput* do artigo utiliza-se da expressão 'relações de consumo', e no inciso I que trata em específico o princípio da vulnerabilidade, utiliza-se deste reconhecimento no 'mercado de consumo'.
    Questionamentos surgem se a vulnerabilidade é presumida ou não. Entendemos que a intenção do Código, foi sim de presumir a vulnerabilidade do consumidor de uma forma genérica, tentando desta maneira inibir e ao mesmo tempo educar o mercado em seu sentido amplo. Acresce ao fato que o reconhecimento da vulnerabilidade no mercado de consumo é pregado na norma como um princípio, e como foi visto, abstrai mais ainda o conceito da vulnerabilidade. O Professor Rogério Donnini, em oportunidade de aula dada no curso de especialização em Dir. das Relações de Consumo da PUC-SP definiu princípio como: "princípio geralmente é genérico, dando grande margem em sua definição".
    O Professor Doninni entende que os princípios por retratarem uma indefinição serve para nortear o sistema, cita inclusive o Professor Ricardo Lorezzeti ao afirmar que os princípios são normas que apresentam caráter explícito e implícito. Seriam estes utilizados quando não houvesse uma norma regulando determinada situação. Assim quando ele passa a ser explícito torna-se uma Cláusula Geral, um exemplo é a Cláusula Geral da Boa-fé Objetiva.
    Face isto, conclui-se que se pode utilizar o reconhecimento da vulnerabilidade do consumidor numa maneira difusa, ampla, ou seja, presumindo o consumidor difusamente como vulnerável.
    Ocorre que a presunção de vulnerabilidade num caso específico requer uma maior certeza para admiti-la. Logo deve-se ficar comprovado, verificado que em dada relação de consumo há uma parte vulnerável, e porque é vulnerável. Para isto, como em toda relação jurídica, a análise do caso específico é essencial para atingir um equilíbrio na relação.
    Ter uma pré-compreensão, um conceito já formado de que o consumidor, em dada relação é vulnerável pode causar uma parcialidade, a qual pode resultar um atentado a harmonia e ao equilíbrio das relações. Que pese opiniões contrárias, é preferido um ideal de igualdade centrado numa harmonia e equilíbrio da relação, do que enxergar sem qualquer cautela através de uma presunção uma parte mais fraca.
    Ainda que, mesmo se não existisse a vulnerabilidade, em determinado caso prático, a legislação permite a busca do equilíbrio na relação de consumo harmonizando os interesses das partes. Por estes ideais também fazerem parte também da Política Nacional da Relação de Consumo.
    Entende-se que apesar da louvável intenção do CDC proteger o consumidor a qualquer custo, face o poderio do mercado capitalista, hoje mais forte devido a globalização. Devemos focar o caso específico, ou seja, o fato em si. Só assim poderá ser identificados os princípios a serem prevalecidos e as regras a serem aplicadas.
    É questionado já neste momento, conforme arguido pelo Professor Newton De Lucca, se o legislador teve alguma intenção em específico ao utilizar em certo momento o termo 'mercado de consumo' e num outro momento 'relação de consumo', será tentado apresentar uma opinião sobre possível intenção ou não do legislador utilizar-se destes termos de forma proposital.
    O Professor alemão Nobert Reich, citado pelo Prof. Newton De Lucca em sua obra, prefere utilizar-se do termo "submissão estrutural" ao invés de vulnerabilidade, o Professor Newton explica qual foi a intenção do professor alemão: "Essa *submissão estrutural* – expressamente reconhecida pelo CDC com a expressão, igualmente feliz, de vulnerabilidade do consumidor no mercado de consumo".
    Propõe o Professor Newton que seria um atentado ao CDC entender uma pequena ou média empresa vulnerável, aplicaríamos o sinônimo ora definido, ou seja, submissão estrutural. Desta maneira poder-se-ia admitir-se que certas empresas também são vulneráveis no mercado perante grandes empresas. Identificando o porquê de tal submissão.

outros termos, apresenta certa *submissão estrutural* que Nobert Reich sempre defendeu. "Quanto ao direito do consumidor, parece importante assinalar que ele não pode ser compreendido somente como disciplina tutelar, sob pena de estarmos reconhecendo, de certo modo, que o fundamento axiológico de todo esse direito nada mais é do que a tal *submissão estrutural*".[11]

O comportamento do mercado altera-se conforme as variáveis da economia. O Estado em primeiro momento fica alheio a esses movimentos. Um mercado ideal, com uma concorrência leal onde apresentaria atores: o usuário/consumidor e o fornecedor exercendo uma relação harmônica e equilibrada, desconfigura-se perante a realidade.

Dessa maneira deve-se ter em mente uma visão do mercado como aquele que permita seus atores a viabilidade de negociações e relação entre seus indivíduos. Quando se fala em intervenção do Estado, não é para que este fosse oposto ao mercado. Seu papel inicial é de disciplinador, regrar condutas entre fornecedores-consumidores e fornecedores-fornecedores.

O que Nobert Reich defende, no entanto, é que pequenas e médias empresas podem ser consideradas tão vulneráveis quanto os usuários/consumidores, em face das grandes e *hipersuficiente* empresas.

Alerta o Professor Newton De Lucca que apesar de poder enxergar uma empresa pequena ou média em posição vulnerável em face de grande empresa, diferencia do consumidor típico o interesse na relação perante o mercado.

3.1 Identificando a vulnerabilidade do usuário/consumidor

Há de se explicar o porquê de tratar os usuários como consumidores e todo arcabouço do CDC, dialogando com o Lei Geral de Proteção de Dados e o Marco Civil da Internet. O proposto é tratar da vulnerabilidade do usuário nas inúmeras plataformas digitais, dentre sites, aplicativos e outros; principalmente

---

Não há como excluir do mercado de consumo uma alternativa de sistema regulatório que seria muito útil se funcionasse, o qual seria a concorrência. Ousamos afirmar com crivo do Prof. Newton que não há concorrência perfeita. Poder-se-ia questionar se a concorrência no mercado teria alguma influência no mercado de consumo e na Política das Relações de Consumo.

A resposta é óbvia, como fora visto o mercado funciona através de um ciclo econômico, onde neste a etapa final é o consumo. A concorrência no mercado também faz parte deste ciclo, ou seja, faz parte deste ciclo influenciando diretamente esta última fase.

Um outro questionamento, este feito pelo Professor Newton De Lucca, e já abordado neste trabalho, quanto a utilização do termo "mercado de consumo" no inciso-princípio. O professor questiona basicamente se a *vulnerabilidade* do consumidor existiria apenas no mercado de consumo. Ele responde afirmando que seria impossível desvincular a ideia de vulnerabilidade do mercado de consumo, pois a legislação regula apenas o consumidor dentro de seu *habitat*.

11. DE LUCCA, Newton. *Direito do Consumidor*. São Paulo: Ed. Quatier Latin, 2003, p. 65.

da sua fragilidade diante dos termos e condições aderidos nestas incontáveis plataformas.

Não obstante entender que há uma clara relação de consumo na qual a moeda de troca por acesso de produtos ou serviços são as informações que serão convertidas em dados diversos do cidadão, perante uma rede coligada de fornecedores identificáveis ou não, permanece, residualmente, a equiparação do art. 29 do CDC dos consumidores expostos à práticas comerciais abusivas, as quais podemos tratar desde sua forma ampla, até de forma específica inicialmente tratada como cadastro de consumidores, previsto no art. 43 do CDC.

Por óbvio, tais cadastros com a dinâmica social somado as inovações tecnológicas atingiram patamares de *big data* e, também, não por acaso já ganhou tratamento específico do MCI e, principalmente (com o devido *delay*) da LGPD. Logo, o uso da terminologia usuário/consumidor não é sem razão, bem como a utilização do diálogo das fontes.

Em tais termos é incontroversa a presença da vulnerabilidade dos usuários em face das mais diversas plataformas. Das lições de Cláudia Lima Marques poder-se-ia citar uma *hipervulnerabilidade* de natureza tecnológica, ou seja, um total desconhecimento dos usuários das diversas tecnologias, seus funcionamentos, e respectivos efeitos dos imagináveis "cliques" de consentimentos para uso e acessos.

Trata-se de um ambiente conhecido por uma parte ínfima dos cidadãos. Sem embargo, apenas os profissionais das áreas de engenharias especializadas e técnicos podem imaginar o real universo por trás das telas de computadores e smartphones, dentre outras tantas tecnologias, seja pelas relações *B2C* e até *B2B*.

Não passa despercebido o perfil dos usuários que acessam tais plataformas, ou seja, a dificuldade não é apenas para aqueles que detêm um conhecimento a mais, um curso superior ou técnico. Agrava-se tal situação quando se tem idosos, crianças e até analfabetos funcionais em constantes contatos com diversas tecnologias, dando seus consentimentos indiscriminadamente.

Ao fim, neste imenso tabuleiro de algoritmos, não se sabe quem é que consome, quem é consumido,[12] quem é conduzido sob um possível adestramento tecnológico.

4. ALGUMAS PRÁTICAS COMERCIAIS DE CUSTOMIZAÇÃO

Entre os empreendedores, empresários e fornecedores concorrentes há uma verdadeira guerra para não só para condicionar os usuários, como criar os hábitos.

---

12. Na linguagem de Bauman em Vida Para o Consumo – A transformação das pessoas em mercadorias, Rio de Janeiro: Jorge Zahar Editor, 2007.

A utilização do termo 'guerra' não é ao acaso, a principal arma sem dúvida é a publicidade de customização, mas não se descarta o papel das outras estratégias.

Cada tipo de venda possui sua estratégia, torna-se pertinente observação de Armando Levy ao retratar a estratégia de produtos mais complexos como a adesão de um cartão de crédito ou conta corrente. Diferente de um produto alimentício em degustação em um supermercado.

É de fundamental importância para a prática da publicidade centralizar análise psíquica do ser humano, em específico do usuário. Trabalhar com ser humano tem que levar em conta o aspecto da 'imprevisibilidade'.

A sedução é bastante utilizada na publicidade, esta busca objetivo "aquisição". Nesta sedução é que o anunciante corre um grande risco, pois esta aposta pode fazer um efeito inverso. O efeito positivo é o aumento das vendas, atrelados a outros fatores.

É insistente a ideia que no meio digital se realiza o ato em sã consciência, sem nenhum efeito, por razão lógica. Entende-se que isto não é totalmente verdadeiro. Os próprios profissionais do marketing-informacional em geral têm ciência e admitem que o principal condutor da compra é a *emoção*.

A importância da publicidade em seus diversos métodos dentro de qualquer meio, é incontroverso. Não apenas criação de *desejo*, mas principalmente a imposição de conduta, comportamento, é objetivada pela publicidade. O estigma do ser social é um alvo principal do efeito publicitário.

A *Teoria dos Jogos* justifica a eficiência de determinadas práticas, como o uso da publicidade ilícita, há uma previsão que tem ligação direta com a publicidade que é a *assimetria das informações*. Inclusive a Teoria dos Incentivos sob a regra da assimetria das informações, cujos expoentes foram James A. Mirrlees e William Vickery, os quais foram ganhadores do prêmio Nobel de Economia em 1996.

Em breve síntese, esta teoria que trata da *assimetria das informações* é justificada diante uma relação entre duas partes, ou seja, uma negociação, uma detém mais informações do que a outra e se aproveita disto. Nisto identifica diretamente o fornecedor anunciante. "Um caso em que isso ocorre é quando há uma *assimetria de informação* entre os agentes, isto é, quando uma das partes na transação sabe mais sobre o bem ou serviço transacionado do que a outra".[13]

O empreendedor sempre deterá mais informações do que os usuários, e se isso implicar em geração de lucro às empresas, estas não hesitarão em usufruir desta assimetria em seu favor.

---

13. Armando Castelar Pinheiro e Jairo Saddi, *Direito Economia e Mercados*. Rio de Janeiro: Elsevier – Editora Campus, 2005, p. 259.

Quando as normas (CDC, MCI e LGPD) tratam de informação ao usuário não quer dizer uma mera informação, insiste-se, mais uma vez, que essa deve ser uma *informação qualificada*. Informação como um dever dos detentores de dados que deve ser entendível, interpretável pelo usuário de mais baixo nível de escolaridade, de intelectualidade, até os providos dos mais altos níveis de inteligência e conhecimentos.

Este direito à informação, o acesso à informação exigido em diversos momentos, em diversas maneiras. Sendo bastante repetitivo, a informação que se exige, além das características de clara, ostensiva, precisa, adequada, em língua portuguesa, deve primordialmente ter sempre em consideração àquele que será o destinatário da informação, ou seja, o usuário.

4.1 Publicidade na indústria 4.0

Conforme já citado nas lições de Ronaldo Porto Macêdo Júnior, cada mudança no modelo de produção repercutiria numa mudança no modelo contratual, ou seja, temos a evolução praticamente do escambo até hoje em dia em produtos e serviços totalmente personalizados, diminuindo significativamente a produção voltada para grande massa e os contratos padronizados. Concordando com tal aspecto, este que subscreve, em oportunidade de defesa de mestrado,[14] acrescentou os mesmos aspectos para a publicidade, ou seja, mudanças de produção, mudanças nas contratações e mudanças nas práticas comerciais, destacadamente as publicidades.

Por óbvio, naquela oportunidade não se chegou ao ponto de enfrentar os modelos nos negócios de internet atual (apesar de perceber agora que já eram existentes tais práticas). A publicidade muda de foco de determinados nichos para ser totalmente personalizada, totalmente direcionada. Bruno Ricardo Bioni esclarece que: "... a publicidade direcionada é uma prática que procura personalizar, ainda que parcialmente, tal comunicação social, correlacionando-a a um determinado fator que incrementa a possibilidade de êxito da indução ao consumo. Essa prática subdivide-se em publicidade (direcionada) contextual, segmentada ou comportamental – espécies do gênero publicidade direcionada".[15]

Em apertada síntese, a publicidade contextual teria um aspecto *objetivo*, no qual se leva em conta específico ambiente, um exemplo interessante seria um caderno específico de um jornal impresso, ou seja, no ambiente de um jornal,

---

14. SILVA, Marcus Vinicius Fernandes Andrade da. *O direito do consumidor e a publicidade*. São Paulo: MP Editora, 2008.
15. BIONI, Bruno Ricardo. *Proteção de dados pessoais*: a função e os limites do consentimento. Rio de Janeiro: Forense, 2020, p. 15.

determinado caderno tratando de uma temática específica, e dali surge uma abordagem publicitária direcionada àqueles leitores específicos.

Já a publicidade segmentada tem um cunho totalmente *subjetivo*, sendo direcionada ao público-alvo o bem ofertado. Comumente esse modelo ainda faz uso das comunicações de meios tradicionais, como TV, filmes, rádios, jornais impressos, mas atingindo grupos predefinidos especificamente, de preferências similares. Pode se suscitar o exemplo de uma publicidade numa revista que só chamará atenção de determinado público-alvo, sendo desconsiderado pelos demais.

No entanto, ao que se interessa no presente estudo é a *publicidade comportamental on-line*, onde há uma verdadeira personalização na publicidade. Não é por acaso tal instrumento, de modo leigo, pode se citar instrumentos como *cookies*, rastreamentos, geolocalização, dados minerados, colheitas de dados nas buscas realizadas, dentre outros, que circulam indistintamente pelas redes e sendo comercializados. Afinal, quem tem informação tem tudo e, não é de hoje que a informação se tornou uma valiosa moeda.

Chama atenção Bioni: "Por meio do registro da navegação dos usuários cria--se um rico retrato das suas preferências, personalizando-se o anúncio publicitário. A abordagem publicitária passa a ser atrelada com precisão ao perfil do potencial consumidor. Sabe-se que ela está lendo, quais tipos de *websites* acessados, enfim, tudo aquilo que a pessoa está efetivamente interessada e, em última análise, o que está mais suscetível a consumir com base nesse perfil comportamental. Quando o usuário navega na Internet, há um séries de cliques (*clickstream*) que revela uma infinidade de informações sobre as predileções, possibilitando que a abordagem publicitária as utilize para estar precisamente harmonizada com elas. Desta forma, a publicidade *on-line* pode ser direcionada com grau de personalização jamais alcançado pela publicidade *off-line*".[16]

Estes são alguns das técnicas utilizadas para o fomento da publicidade customizada. Ocorre que, a dinâmica das técnicas não para. Com base principalmente nos dados pessoais consentidos, ou até mesmo colhidos sem permissão, atrás das telas de computadores, *smartphones*, tablets e outros dispositivos, os usuários, ou na melhor linguagem, os potenciais consumidores são constantemente vigiados. Chegou-se ao ponto, neste exato momento da dinâmica, que os diversos *smart watch* (relógios) transmitem os dados de saúde dos usuários, como batimento car-

---

16. BIONI, Bruno Ricardo. Proteção de Dados Pessoais: a função e os limites do consentimento. Rio de Janeiro: Forense, 2020, p. 17. Interessante ainda mencionar as palavras do autor: "Mais do que isso, os próprios cliques permitem mensurar a eficiência do anúncio publicitário, sendo o potencial consumidor também monitorado com relação ao seu efetivo interesse na comunicação estabelecida. Por exemplo, o mecanismo de buscas do Google, além de estabelecer uma correlação entre palavras buscadas pelo usuário à publicidade direcionada, define que a contraprestação somente será devida se o potencial consumidor clicar no correspondente anúncio (Google AdWords).

díaco, passos diários, oximetria, dados aeróbios e anaeróbios, qualidade do sono, entre outros tantos, que são captados de forma velada. Por óbvio, tais informações colhidas que serão transformadas em dados[17] por meio de diversas tecnologias, até mesmo as IAs (inteligências Artificiais), as quais têm um destino certo.

5. ESTUDO DE ALGUNS TERMOS DAS POLÍTICAS DE DADOS

5.1 Consentimento

Antes de adentrar propriamente nos "cliques" que retratam consentimentos, imperioso se faz uma análise superficial na regra geral dos vícios de consentimentos. Decorrente da tradicional autonomia da vontade, apenas a vontade livre e consciente, manifestada, sem qualquer fator exógeno deverá ser considerada para firmar relações e negócios jurídicos.

Do antigo Código Civil de 1916 ainda se verificava de forma expressa o tratamento dentre as seções que tratavam do erro, dolo ou a coação. No código Civil de 2002 tal manifestação se dar por meio dos artigos 138 a 165. E a presença de qualquer um desses elementos na formação do negócio geraria a nulidade para o negócio jurídico, ou seja, um *suporte fático* viciado, no qual já se desconstituía o campo de validade do negócio, permeando o campo de eficácia. Ocorre que à época, fazia-se necessário a manifestação de vontade para a declaração de nulidade de tal negócio avençado.

Por óbvio, não só por meio do CDC, mas também do Código Civil Brasileiro de 2002, além dos vícios tudo é somado pela aferição da boa-fé objetiva das partes contratantes. É o que se trata-se anteriormente dos momentos históricos onde se saía de uma Estado Liberal para um Estado mais Social. A Profa. Cláudia Lima Marques faz uma interessante observação:

> Ainda quanto às consequências do dogma da autonomia da vontade, cabe destacar que o consentimento viciado não obriga o indivíduo, consentimento livre de vícios o obriga de tal maneira que mesmo sendo o conteúdo do contrato injusto ou abusivo, não perderá ele, na visão tradicional, recorrer ao direito a não ser em caso especialíssimos de lesão. Os motivos que levaram o indivíduo a contratar, suas expectativas originais são irrelevantes.[18]

---

17. Famosos *Databrokers*. Nas lições de Guilherme Goulart (Revista de Direito do Consumidor 107, São Paulo: Ed. RT, p. 452): "Os *databrokers* são instituições que coletam e mantêm dados de milhões de pessoas para a realização de análise e empacotamento dos dados, podendo ou não processar informações pessoais. Os serviços são usados para verificação de identidade, diferenciação de registros (homônimos, por exemplo), oferecimento de serviços de marketing e prevenção de fraudes. Em geral, as atividades são realizadas sem a permissão e conhecimento do usuário, o que representa uma flagrante violação da boa-fé e também do princípio da transparência nas relações de consumo".

18. MARQUES, Claudia Lima. *Contratos no Código de Defesa do Consumidor* – O novo regime das relações contratuais. 6. ed. São Paulo: Ed. RT, 2012, p. 68-69.

Passada a visualização do consentimento ao longo do tempo da lei brasileira, a Lei Geral de Proteção de Dados traz um novo olhar de como apreciar o instituto, o qual se assemelha a uma grande procuração com amplos poderes.

Não são poucas as vezes que o legislador fez questão de repetir o termo "consentimento", mas iniciamos por meio do artigo 5º, inciso XII, o qual assim define: "manifestação livre, informada e inequívoca pela qual o titular concorda com o tratamento de seus dados pessoais para uma finalidade determinada".

Do artigo 5º ainda colhemos o que são os dados gerais, os dados sensíveis e o consentimento: Inciso I – dado pessoal: informação relacionada a pessoa natural identificada ou identificável; II – *dado pessoal sensível*: dado pessoal sobre origem racial ou étnica, convicção religiosa, opinião política, filiação a sindicato ou a organização de caráter religioso, filosófico ou político, dado referente à saúde ou à vida sexual, dado genético ou biométrico, quando vinculado a uma pessoa natural.

Ocorre que, infelizmente, mais uma vez, a previsão legal de instrumentos e limitações jurídicas de direitos e, nesse caso, direito do usuário, os quais são os legítimos proprietários das informações que serão transformados em dados para inúmeros fornecedores, estão muito aquém de toda uma sistemática necessária.

Sem qualquer embargo, dentro da LGPD o *consentimento* é a essência de toda normativa da proteção de dados nacional. O tratamento do consentimento como princípio positivado, além de suas repetições como regra jurídica no corpo da LGPD revela muitos aspectos positivos, mas preocupante, outrossim, com o papel do usuário e sua participação/manifestação em tantas passagens. Professor Bioni revela tal preocupação: "Primeiro, por adjetivar extensivamente o consentimento seguindo a linha evolutiva do direito comunitário europeu e da quarta geração da lei de proteção de dados pessoais. O consentimento deve ser livre, informado, inequívoco e diz respeito a uma finalidade determinada de forma geral e, em alguns casos, deve ser ainda específico. Segundo, porque grande parte dos princípios tem com seu centro gravitacional no indivíduo: a) de um lado, princípios clássicos, como a transparência, a especificação de propósitos, de acesso e qualidade de dados por meio dos quais o titular do dado deve ser munido com informações claras e completas sobre o tratamento de seus dados e, ainda, ter acesso a eles para, eventualmente, corrigi-los; b) de outro lado, princípios mais 'modernos', como adequação e necessidade, em que o tratamento de dados dever corresponder às legitimas expectativas do seu titular (...). É uma carga principiológica que procura conformar, justamente, a ideia de que o titular dos dados pessoais deve ser empoderado com o *controle* de suas informações pessoais e, sobretudo, na sua autonomia de vontade. Terceiro, porque há uma série de disposições que dão regramento específico para concretizar, orientar e, em última análise, reforçar o controle de dados pessoais por meio do consentimento. Por exemplo: a) consentimento deveria ser extraído por meio de 'cláusulas contratuais destacadas'; b) autorizações genéricas (sem uma finalidade determinada) seriam nulas; e, principalmente, c) nas hipóteses em que há consentimento se deveriam observar os direitos e princípios da LGPD, de modo que haja a possibilidade de o titular dos dados pessoais se opor ao tratamento de seus dados".[19]

5.2 Termos em espécie

a) Termos do Facebok, Instagran, WhasApp e Messenger

Em verdade a empresa Facebook detém inúmeras plataformas digitais e sistemas, tanto é, que ela padronizou suas políticas de dados e o uso das informações colhidas pelos seus usuários. Será averiguado aqui tão somente o consentimento dado no que concerne a política de dados e privacidade, ao se instalar, fazer uso ou acessar sistemas, ou seja, análise dos termos e condições, delimitando tão somente ao tratamento de dados (tendo em vista que há outras situações).

No uso dos sistemas supramencionados, ou seja, no acesso ou com seu uso é coletada informações quando você cria a conta, compartilha conteúdo, envia mensagens, geolocalização de uma foto postada, no uso das câmeras dos sistemas oferecendo enquadramento e filtros etc.

O *facebook* alerta a possibilidade de controle dos dados que são expostos, afirmando que o usuário pode suprimir ou não: "Dados com proteções especiais: é possível optar por fornecer informações nos campos de perfil ou nos acontecimentos do *facebook* sobre sua opção religiosa, preferência política, saúde ou por quem você "tem interesse". Essas e outras informações (como origem racial ou étnica, crenças filosóficas ou filiações sindicais) podem estar sujeitas a proteções especiais de acordo com as leis do seu país". Ou seja, da LGPD os conhecidos *dados sensíveis*.

A situação é no mínimo assustadora, principalmente para estas situações que aderimos simplesmente o bloco de condições, unilateralmente estabelecidos, sem qualquer mínimo de noção do que contém ali. Vejamos mais alguns trechos: "Redes e conexões. Coletamos informações sobre as pessoas, páginas, contas, *hashtags* e grupos com que você se conecta e sobre como você interage com eles em nossos produtos, por exemplo, as pessoas com quem você mais se comunica ou os grupos dos quais você faz parte. Também coletamos informações de contato se você optar por carregar, sincronizar ou importá-las de um dispositivo (como uma agenda de contatos, registro de chamadas ou histórico de SMS), que usamos

---

19. BIONI, Bruno Ricardo. *Proteção de dados pessoais*: a função e os limites do consentimento. Rio de Janeiro: Forense, 2020, p. 127-128.

para ações como ajudar você e outras pessoas a encontrar pessoas que talvez vocês conheçam e para as outras finalidades listadas abaixo".[20]

O controle é extremamente delicado, há controle do que você visualiza, com quem você se envolve, o que você interage, o tempo, a frequência e a duração de suas atividades nos aplicativos da empresa.

Além disso, o controle de compras e doações são vigiados. O próprio *facebook* faz a seguinte afirmação: "coletamos informações de e sobre computadores, telefones, TVs conectadas e outros dispositivos conectados à *web* que você usa e que se integram a nossos Produtos, e combinamos essas informações dos diferentes dispositivos que você usa".[21] Não se encerra por aí, e devido a imensidão, confessa-se um sentimento de fuga do tema delimitado e, ao mesmo tempo, certo pavor do que George Owell já previa com sua *teletela* em 1984.

Ou seja, o movimento do cursor, o nível da bateria, a interação de nossos aparelhos com outros (além de nossos sistemas de *hardware software*), tudo é vigiado. Um dos pontos que mais se chamou atenção e assustou foi a utilização das câmeras, GPS e das mídias em geral, a qual autorizamos o acesso. Logo, para quem acha um exagero a polêmica da Hauwei no Brasil, e até mesmo do que correu nos Estados Unidos e Canadá, é melhor fazer o dever de casa antes e verificar nossos próprios consentimentos.

Da interação com empresas terceiras, colhemos a seguinte informação da políticas de dados do *facebook* (a qual autorizamos): "Os anunciantes, desenvolvedores de aplicativos e *publishers* podem nos enviar informações por meio das ferramentas do *Facebook* para empresas que eles usam, incluindo nossos *plug-ins* sociais (como o botão curtir), o login do *facebook*, nossas *APIs* e *SDKs* e o pixel do *facebook*. Esses parceiros fornecem informações sobre suas atividades fora do *facebook*, inclusive informações sobre seu dispositivo, os sites que você acessa, as compras que faz, os anúncios que visualiza e sobre o uso que faz dos serviços deles, independentemente de ter ou não uma conta ou de estar conectado ao *facebook*".[22]

Observe-se que até as informações de compras *off-line* são encaminhadas para terceiros, o qual não se faz ideia de quem seja.

Do capítulo que se tratou da evolução da publicidade com os novos modelos de produção, desembocando para uma publicidade customizada, chama-se atenção do que é feito com um clique nas plataformas dos *facebook*:

> Usamos as informações que temos para oferecer nossos produtos, inclusive para personalizar recursos e conteúdo (como seu *feed* de notícias, o *feed* do *instagram*, *instagram stories* e anún-

---

20. Políticas de Dados do facebook (www.facebook.com/about/privacy) capturado em 2 de abril de 2021.
21. Idem.
22. Políticas de Dados do *facebook* (www.facebook.com/about/privacy) capturado em 2 de abril de 2021.

cios) e fazer sugestões a você (como grupos ou eventos pelos quais você possa se interessar ou tópicos que você talvez queira seguir) dentro e fora de nossos produtos. Para criar produtos personalizados que sejam únicos e relevantes para você, usamos suas conexões, preferências, atividades e seus interesses *com base nos dados que coletamos e dos quais tomamos conhecimento por seu intermédio e de outras pessoas (inclusive dados com proteções especiais que você opte por fornecer); como você usa e interage com nossos produtos; e as pessoas, as coisas ou os lugares com os quais você esteja conectado e nos quais tenha interesse, dentro e fora dos nossos produtos. Saiba mais sobre como usamos informações pessoais para personalizar sua experiência no facebook e no instagram,* inclusive recursos, conteúdo e recomendações nos produtos do *facebook.* Veja também como escolhemos os anúncios que você visualiza.

Enfim, são inúmeras situações em que se tem a certeza de que o número de pessoas que detém conhecimento a estes termos é algo muito irrisório. Como cientista do direito, confessa-se certa perplexidade e algo que se aproxima com o sentimento de medo, pois imaginava-se que a coisa era exagerada, mas daquilo que o conglomerado do *facebook* concordou em expor é assustador. Por óbvio, não se quer fazer um prejulgamento, mas se a empresa expôs isso, ousa-se afirmar que há muito mais coisa que invade a privacidade do cidadão, violando nas melhores lições de Bioni, o direito à personalidade dos cidadãos. E ainda, cabe destacar que o que é exposto não é apenas a situação do usuário. Tudo aquilo que o usuário publicou de um 'amigo', de um familiar (que talvez nem tenha acesso a tais tecnologias) entram na mesma ciranda com seus respectivos dados.

Vejamos uma última situação de um rol não exaustivo: "Você deve ponderar com quem escolhe compartilhar, porque as pessoas que podem visualizar suas atividades em nossos produtos podem decidir compartilhá-las com terceiros dentro e fora de nossos produtos, inclusive com pessoas e empresas fora do público com o qual você compartilhou. Por exemplo, quando você compartilha uma publicação ou envia uma mensagem para amigos ou contas específicas, eles podem baixar, fazer uma captura de tela ou compartilhar novamente tal conteúdo com terceiros dentro ou fora de nossos produtos, pessoalmente ou em experiências de realidade virtual, como o *facebook Spaces*. Além disso, quando você comenta a publicação ou reage ao conteúdo de alguém, seu comentário ou reação fica visível para qualquer um que possa ver o conteúdo dessa pessoa, e ela pode alterar o público posteriormente. As pessoas também podem usar nossos produtos para criar e compartilhar conteúdo sobre você com o público que escolherem. Por exemplo, as pessoas podem compartilhar uma foto sua em uma história, mencionar ou marcar você em uma localização em uma publicação, ou compartilhar informações sobre você nas publicações ou mensagens delas."[23]

---

23. Políticas de Dados do *facebook* (www.facebook.com/about/privacy) capturado em 2 de abril de 2021: "Compartilhamos informações globalmente, tanto internamente nas Empresas do Facebook, quanto externamente com nossos *parceiros* e com aqueles com quem você se conecta e compartilha no mundo todo em conformidade com esta política. Suas informações podem, por exemplo, ser transferidas ou

Confessa-se que a partir de tal momento, este subscritor, deverá reavaliar muitos conceitos diante das novas tecnologias, a qual jamais ousa-se condenar diante da existência de efeitos positivos. Também se passa outra interpretação do documentário *privacidade hackeada* da *Cambridge Analytica*. Como estudante do direito (para fins de parâmetros de vulnerabilidade) ratifica-se que o pavor e a perplexidade.

b) Termos do Google, YouTube, Chrome, Android, Google Maps

Das empresas conglomeradas do Google observou-se uma maior sintonia com as normas de proteção de dados, sendo analisada a última versão de 04 (quatro) de fevereiro de 2021.

Confessa-se que a linguagem e a tentativa de prestar uma informação qualificada foi um grande destaque das políticas de privacidade adotadas pela empresa. No entanto, infelizmente permanece um no número reduzido de usuários que acessam tal conteúdo, bem como a capacidade de compreensão de tais cláusulas de adesão.

O *Google* buscou demonstrar: como são colhidas as informações; como são tratadas as informações para se transformarem em dados; e a preocupação com dados sensíveis. Contando principalmente com uma espécie de tutorial para efetivar o controle das informações prestadas ou coletadas. Não há qualquer hesitação em afirmar que são coletados conteúdos criados pelos usuários "de que faz *upload* ou que recebe de outras pessoas ao usar nossos serviços. Isso inclui e-mails enviados e recebidos, fotos e vídeos salvos, documentos e planilhas criados e comentários feitos em vídeos do *YouTube*."[24]

Há uma espécie de *identificadores exclusivos* que coletam informações de acordo com as configurações do navegador e dispositivos, sistema operacional, nome e número de telefone e operadora, além da coleta dada com as interações com *apps*, relatórios de erros, atividade do sistema, dentre outros.

Não são despercebidas as atividades realizadas com os serviços do *Google* (conglomerado), por exemplo: termos de pesquisa, vídeo do *YouTube*, interações com anúncios, interações de áudios e voz, compras, compartilhamento de dados, histórico de navegações. Do próprio termo colhe-se: "podemos coletar informações de registro de chamadas e mensagens, como o número do seu telefone, número de quem chama, número de quem recebe, números de encaminhamento,

---

transmitidas para, ou armazenadas e processadas nos Estados Unidos ou outros países fora de onde você mora, para os fins descritos nesta política. Essas transferências de dados são necessárias para fornecer os serviços estipulados nos Termos do Facebook e nos Termos do Instagram, bem como para operar globalmente e fornecer nossos Produtos a você."

24. Políticas de Privacidade do *Google* (https://policies.google.com/privacy?hl=pt-BR) capturado em 2 de abril de 2021.

endereço de e-mail do remetente e destinatário, horário e data de chamadas e mensagens, duração das chamadas, informações de roteamento e tipos e volumes de chamadas e mensagens".[25]

Além da geolocalização quando se estar usando um dos serviços do *Google*, são colhidas informações de IP, IMEI, dados de sensor do dispositivo, informações de conexões com *bluetooth*, *wi-fi* e torres de sinais (das concessionárias). O que é interessante chamar atenção é que no próprio termo explica como desativar essas funções. "Usamos várias tecnologias para coletar e armazenar informações, incluindo *cookies*, *tags de pixel*, armazenamento local como armazenamento do navegador da *web* ou *caches* de dados de aplicativos, bancos de dados e registros do servidor".[26]

Por fim, o Google afirma que não faz uso de dados sensíveis para encaminhar anúncios ou outros serviços. Além de não compartilhar informações que identifique pessoalmente o usuário ao anunciante. Não esconde que faz uso de diferentes tecnologias para processar as informações, além de sistemas automatizados para oferecer anúncios ou serviços com base no que é utilizado nos diferentes serviços da Google.

CONSIDERAÇÕES FINAIS

A perplexidade com que se encerrou o presente estudo não foi disfarçada, destacadamente nos últimos capítulos da obra. Imaginava-se algo grave, algo muito invasivo, mas as expectativas foram superadas após o estudo do padrão único utilizado principalmente pelo conglomerado de empresas do *Facebook*.

O artigo buscou tratar das políticas de dados estabelecidos unilateralmente pelas plataformas digitais, os comumente também denominados "termos e condições".

Percebeu-se são vários aspectos tratados nos "termos e condições", optando, como delimitado em projeto, tratar das políticas de informações de dados e privacidade (respectivo tratamento das informações).

Inicialmente buscou-se tratar a natureza jurídica de como são estabelecidas o rol de condições que, em tese, é submetido ao consentimento do usuário. Nisso, verificou-se alguns aspectos, um rol de cláusulas estabelecidos unilateralmente

---

25. Idem.
26. Políticas de Privacidade do *Google* (https://policies.google.com/privacy?hl=pt-BR) capturado em 2 de abril de 2021. Importante explicar o que é o *tag de pixel*. Trata-se de uma ferramenta analítica utilizada por anunciantes em que é possível monitorar conversações e alcançar determinados públicos, além de mensurar a eficácia de anúncios e campanhas publicitárias. Já o Os dados em cache são informações salvas em navegadores de Internet, o que pode tornar a navegação mais ágil, tendo em vista que documento e fotos, além de recursos dicam salvos no PC.

por uma empresa/fornecedor que detém natureza jurídica de um contrato de adesão, um instrumento de adesão. Há um real diálogo do CDC, da LGPD e até do MCI diante das práticas adotadas pelas plataformas. Logo, vislumbrou-se não só a figura do instrumento de adesão, como principalmente a *hipervulnerabilidade* do usuário, o qual pode-se também o coincidir com consumidor.

Afirma-se isso não só pelos instrumentos utilizados, mas também por outros aspectos como a exposição à prática comercial abusiva (art. 29 do CDC) e a prestação do serviço mediante remuneração que, o consumidor ou usuário o faz com o lastro de suas informações que serão fornecidas ao mercado em forma de *dados*.

Em síntese, têm-se: um vulnerável, uma prática de adesão, cadastro (*big data*), vários cidadãos expostos às práticas comerciais abusivas, uma remuneração com informações, uma publicidade customizada. Razão pela qual toma-se a liberdade em afirmar a existência de um usuário-consumidor.

Explorou-se também a questão do consentimento, o qual hoje prefere-se analisá-lo perante a boa-fé objetiva, nos momentos *pré* e *pós* contrato, destacando, neste caso, a sistemática de colheita de informações, tratamento destes, divulgação de dados nas redes, geração de publicidade personalizada e, por fim, aquisição de um produto ou serviço.

Ocorre que tal consentimento, sob o olhar de expressão de uma autonomia da vontade é um ato extremamente mitigado (talvez inexistente). Afirma-se isso em face da dinamicidade do mercado, no qual a paralização para leitura ou geraria um temor ou não seria um mínimo entendido, conforme a citada *informação qualificada*. Além de que, dos testes que se fez sob um método experimental, a não concordância não dá acesso o acesso pleno os sistemas

Cabe destacar, mais uma vez, que aqueles termos complexos de políticas de dados ao serem aderidos serão direcionados às crianças, aos idosos, aos adolescentes, aos analfabetos funcionais, e até outros que detenham níveis intelectuais respeitados, mas não possuem conhecimentos técnicos suficiente, ou seja, a finalidade pregada nas normas não se atinge, restando configurado a assimetria de informações.

REFERÊNCIAS

AGUILLAR, Fernando Herren. *Direito econômico* – Do direito nacional ao direito supranacional. 2. ed. São Paulo: Atlas, 2009.

ALMEIDA, Gregório Assagra de. *Direito material coletivo* – Superação da *summa divisio* direito público e direito privado por uma nova *summa divisio* constitucionalizada. Belo Horizonte-MG: Editora Del Rey, 2008.

ALMEIDA, João Batista. *Manual do direito do consumidor*. 4. ed. São Paulo: Ed. Saraiva 2010.

BAUMAN, Zygmunt. *Vida para o consumo* – A transformação das pessoas em mercadorias. Rio de Janeiro: Jorge Zahar Editor, 2007.

BAUMAN, Zygmunt. *Vida Líquida*. 2. ed. Rio de Janeiro: Jorge Zahar Editor, 2009.

BIONI, Bruno Ricardo. *Proteção de dados pessoais*: a função e os limites do consentimento. Rio de Janeiro: Forense, 2020.

BOURGOIGNIE, Thierry. O conceito jurídico de consumidor. *Revista de Direito do Consumidor*. n. 02. São Paulo: Ed. RT.

BOSTROM, Nick. *Superinteligência* – Caminhos, perigos e estratégias para o mundo novo. Trad. Clemente Gentil Penna e Patrícia Ramos Geremias. Rio de Janeiro: DarkSide Books, 2018.

CABANA, Roberto M. Lopez. Defensa Jurídica de Los Más Débiles. *Revista Direto do Consumidor* n. 28, São Paulo: Ed. RT.

DE LUCCA, Newton, *Direito do consumidor, teoria da relação de consumo*. São Paulo: Editora Quartier Latin, 2003.

DE LUCCA, Newton. *Aspectos jurídicos da contratação e informática e telemática*. São Paulo: Ed. Saraiva, 2003.

DE LUCCA, Newton; SIMÃO FILHO, Aldaberto; DE LIMA, Cíntia Rosa Pereira. *Direito & Internet III* – Marco civil da Internet. São Paulo: Editora Quartier Latin, 2015.

DINIZ, Maria Helena. *Conflito de Normas*. 3ª Ed. São Paulo: Editora Saraiva, 1998.

DINIZ, Maria Helena. *Curso de direito civil brasileiro*. São Paulo: Saraiva, 1995. 3º Volume – Teoria das Obrigações Contratuais e Extracontratuais.

DONINNI, Rogério Ferraz. *Responsabilidade pós contratual* – No Novo Código Civil e no Código de Defesa do Consumidor. São Paulo: Saraiva, 2004.

FEDERIGHI, Suzana Maria Catta Preta. *Publicidade abusiva* – Incitação à violência. São Paulo: Ed. Juarez de Oliveira, 1999.

GAMBA, José Roberto Gorini. *Democracia e tecnologia* – Impactos da quarta revolução industrial. Rio de Janeiro: Ed. Limen Juris, 2020.

GRINOVER, Ada Pelegrini, BENJAMIM, Antonio Herman de Vasconcelos, FINK, Daniel Roberto, FILOMENO, José Geraldo Brito, WATANABE, Kazuo, JÚNIOR, Nelson Nery, DENARI, Zelmo. *Código de Defesa do Consumidor comentado pelos autores do anteprojeto*. 9. ed. Rio de Janeiro: Forense Universitária, 2007.

KELSEN, Hans. *Teoria Pura do Direito*. São Paulo: Ed. Martins Fontes, 1991.

MACEDO Jr., Ronaldo Porto Macedo. *Contratos relacionais e defesa do consumidor*. São Paulo: Ed Max Limonad, 1998.

MARQUES, Claudia Lima. *Confiança no comércio eletrônico e a proteção do consumidor*. São Paulo: Ed. RT, 2005.

MARQUES, Claudia Lima. *Contratos no Código de Defesa do Consumidor* – O novo regime das relações contratuais. 6. ed. São Paulo: Ed. RT, 2011.

MENDES, Gilmar; SARLET, Ingo Wolfgang; COELHO, Alexandre Zavaglia P. *Direito, inovação e tecnologia*. São Paulo: Ed. Saraiva, 2015. v. 1.

MIRANDA, *Pontes de*. *Tratado de Direito Privado, Parte Geral*. Atual. Vilson Rodrigues Alves. São Paulo, Campinas: BOOKSELLER Editora, 2000. t. IV.

MONTEIRO, Washington de Barros. *Curso de Direito Civil*. 2ª Parte. 34. ed., atual. Carlos Alberto Dabus Maluf e Regina Beatriz Tavares. São Paulo: Saraiva, 2003. v. V – Direito das Obrigações.

NERY JÚNIOR, Nelson e NERY, Rosa Maria de Andrade. *Código Civil comentado e legislação extravagante*. 3. Ed. São Paulo: Ed. RT, 2005.

NERY, Rosa Maria de Andrade. *Introdução ao pensamento jurídico e à teoria geral do direito privado*. São Paulo: Ed. RT, 2008. (obra vencedora do prêmio Jabuti 2009 na categoria Livro de Direito).

NUNES, Rizzato. *Curso de Direito do Consumidor*. 6. ed. São Paulo: Saraiva, 2011.

PEREIRA, Caio Mário da Silva. *Instituições de Direito Civil*. 4. Ed. Rio de Janeiro: Forense, 1995. v. III.

PINHEIRO Armando Castelar e SADDI, Jairo. *Direito, economia e mercados*. Rio de Janeiro: Elsevier – Editora Campus, 2005.

RIZZARDO, Arnaldo. *Contratos*. 10. ed. Rio de Janeiro: GEN – Ed. Forense, 2010.

ROPPO, Enzo. *O contrato*. Trad. Ana Coimbra e M. Januário C. Gomes. Coimbra: Edições Almedina, 2009.

SILVA, Marcus Vinicius Fernandes Andrade da. *Direito do Consumidor*. São Paulo: MP Editora, 2008. Coleção Didática Jurídica.

SILVA, Marcus Vinicius Fernandes Andrade da. *O direito do consumidor e a publicidade*. São Paulo: MP Editora, 2008.

SILVA, Marcus Vinicius Fernandes Andrade da. *Contratos de Consumo* – O estudo da norma de ordem pública do CDC e o dever *ex officio* dos juízes. Curitiba: Ed. Appris, 2019.

SOUZA, Maura Gomes de. *Relações jurídicas entre fornecedores e consumidores*. Confronto ou harmonização nas decisões jurídicas brasileiras – Vulnerabilidade do consumidor. [Dissertação de Mestrado defendida na PUC-SP].

VENOSA, Sílvio de Salvo. *Direito Civil* – Parte Geral. 6. ed. São Paulo: Atlas, 2006. v. 01.

VIEIRA, Danilo Porfírio de Castro. *Os contratos na gênese do direito*. São Paulo: Ed. Juarez de Oliveira, 2004.

Outras Fontes:

Políticas de Dados do *facebook* (www.facebook.com/about/privacy) capturado em 2 de abril de 2021.

Políticas de Privacidade do *Google* (https://policies.google.com/privacy?hl=pt-BR) capturado em 2 de abril de 2021.

AGENDA INTERNACIONAL E O ENGAJAMENTO DA SECRETARIA NACIONAL DO CONSUMIDOR JUNTO À OCDE

Juliana Oliveira Domingues

Maria Cristina Rayol

Resumo: A acessão do Brasil à OCDE depende da incorporação e ajustes internos que sigam Recomendações de referida Organização. No contexto da ampliação e aprofundamento do engajamento internacional da Senacon, entre 2020 e 2022 foi destacada a priorização para a modernização das políticas públicas alinhadas às melhores práticas internacionais. Em dezembro de 2020, destaca-se a finalização da fase de adesão ao quadro completo dos instrumentos jurídicos da OCDE relacionados à proteção do consumidor. No período, igualmente foi inédita a cooperação do Brasil no âmbito do CCP e de seus grupos de trabalho. O artigo reforça a importância da convergência aos padrões da OCDE, como parte da agenda de aprimoramento das políticas públicas do País e com vistas a sua maior integração à economia mundial, em linha com os valores e princípios compartilhados pelos membros da organização.

Palavras-chave: OCDE – Senacon – Consumidor – CCP – *Peer Review*.

Sumário: 1. Introdução – 2. OCDE: engajamento e adesão ao acervo legal – 3. *Peer review* como instrumento para o aprimoramento das políticas nacionais – Considerações finais.

1. INTRODUÇÃO

A Secretaria Nacional do Consumidor (Senacon) do Ministério da Justiça e Segurança Pública completou 10 anos em 2022 e, por muito tempo, não teve como enfoque a agenda internacional. Ainda quando o DPDC (Departamento de Proteção e Defesa Econômica) era vinculado à extinta SDE/MJ (Secretaria de Direito Econômico do Ministério da Justiça), observa-se que o DPDE (Departamento de Proteção e Defesa Econômica, hoje incorporado à estrutura do CADE) possuía uma agenda que levou a SDE/MJ a ter participação nos debates relacionados à defesa da concorrência na OCDE. Entretanto, o mesmo não se observava na agenda consumerista do DPDC, hoje vinculado à Secretaria Nacional de Consumidor (SENACON).

Desde 2020, em especial, houve elevação considerável do perfil da Senacon nos foros internacionais, especialmente nos últimos anos da pandemia.

No âmbito da Organização para a Cooperação e Desenvolvimento Econômico (OCDE), em estreita coordenação com o Ministério das Relações Exteriores, a Senacon integra o Comitê de Políticas do Consumidor (CCP) e seu Grupo de Trabalho sobre Segurança de Produtos de Consumo (WPCPS). Um dos objetivos centrais do CCP é aprofundar a cooperação entre as diferentes agências governamentais responsáveis pelo tema de consumidor, de modo a reforçar a proteção do consumidor no mercado global. As discussões no CCP estão divididas sobre o tripé do mercado digital, do aperfeiçoamento da política de consumidor e da segurança de produtos.

Na Conferência das Nações Unidas sobre Comércio e Desenvolvimento (UNCTAD), durante o auge da pandemia houve cooperação ativa em dois grupos de trabalho: i) de segurança de produtos de consumo e comércio eletrônico, este último subdividido em três grupos que abordam a) educação do consumidor e orientação a empresas; b) casos de cooperação transfronteiriça; e c) práticas enganosas e desleais.

Com a Organização dos Estados Americanos (OEA), a Senacon coopera no âmbito da Rede Consumo Seguro e Saúde das Américas (RCSS), criada em 2014, cujo Comitê Gestor foi o primeiro a presidir. Em 2017, a Rede lançou o Sistema Interamericano de Alertas Rápidos (SIAR), primeiro sistema integrado no hemisfério americano para o intercâmbio de informações sobre alertas de produtos de consumo. Atualmente, a RCSS vem consolidando as redes nacionais no continente americano, seguindo o exemplo brasileiro, composto pela Senacon, ANVISA, INMETRO e Ministério da Saúde.

No âmbito do Comitê Técnico 7 de Defesa do Consumidor (CT-7) do MERCOSUL, a cooperação brasileira é mais tradicional. Em 2021, aprovamos duas resoluções com vistas ao estabelecimento de padrões básicos para a proteção do consumidor hipervulnerável e em prol do crédito responsável no bloco.

Com a Presidência Pro Tempore NO CT7 do Mercosul, no segundo semestre de 2021, avançamos muito na agenda para a harmonização de uma plataforma digital para resolução de conflitos no bloco. Em adição, realizamos campanha pela influência digital responsável e promovemos troca de experiências entre autoridades nacionais de proteção do consumidor e de proteção de dados do MERCOSUL.

Outras iniciativas internacionais foram marcantes e históricas, como a proposta de Pacto Empresarial do MERCOSUL para a Proteção do Consumidor no Meio Digital, idealizado pela Professora Cláudia Lima Marques, com o apoio da Senacon no período.

Esses são apenas alguns exemplos da participação internacional da Senacon nos que a Senacon participa, além de cooperar em grupos menores ou de modo bilateral, com o objetivo de aprimorar suas políticas à luz das melhores práticas internacionais e assegurar a proteção do consumidor brasileiro para além das fronteiras do território nacional.

2. OCDE: ENGAJAMENTO E ADESÃO AO ACERVO LEGAL

Tendo em conta ser a acessão à OCDE uma política de Estado e prioridade da política externa brasileira, a Senacon envidou máximos esforços com vistas à adesão a todo o Acervo Legal do CCP, finalizada em dezembro de 2020.

O denominado *"Acquis"* é composto por sete instrumentos jurídicos, que versam sobre diversos temas de interesse nacional:

1. Recomendação do Conselho sobre Segurança dos Produtos de Consumo de 2020;

2. Recomendação do Conselho sobre Proteção dos Consumidores no Comércio Eletrônico de 2016;

3. Recomendação do Conselho sobre Tomada de Decisões em Políticas de Consumo de 2014;

4. Recomendação do Conselho sobre Solução de Disputas e Reparação de 2007;

5. Recomendação do Conselho sobre Cooperação Transfronteiriça para a Efetivação de Leis contra o Spam de 2006;

6. Recomendação do Conselho sobre as Diretrizes para a Proteção Transfronteiriça dos Consumidores contra Práticas Comerciais Fraudulentas e Enganosas de 2003;

7. Declaração Ministerial sobre a Proteção do Consumidor no Contexto do Comércio Eletrônico de 1998

Além dos sete instrumentos jurídicos de proteção do consumidor no âmbito do CCP, o Brasil também aderiu à nova Recomendação sobre Alfabetização Financeira de 2020 e à Recomendação sobre a Proteção do Consumidor na área do Crédito ao Consumo de 2019, ambas do Comitê de Mercados Financeiros da OCDE e constantes do quadro completo dos instrumentos jurídicos da OCDE relacionados à proteção do consumidor aderidos pelo Brasil.

O Brasil foi promovido de observador a participante, em agosto de 2020, em reconhecimento à qualidade de sua colaboração nesse foro. E finalmente, em 2021, a Senacon participou, pela primeira vez, da varredura internacional de produtos comercializados no meio digital, com vistas à identificação de produtos proibidos e recolhidos, rotulagem inadequada e produtos que não atendem aos requisitos de segurança voluntários ou obrigatórios.

A Secretaria também foi destaque por haver aumentado em 300% o recolhimento de produtos (*recall*), cujo sistema estava em processo de modernização quando as autoras deixaram as atividades da Secretaria. Referida modernização deve seguir como agenda prioritária, o que implicará novos ganhos em eficiência, no curto prazo. Ademais, a Senacon apoiou a aprovação da Lei 14.181, de 1º de julho 2021, que sistematiza a proteção financeira dos consumidores, em linha com a Recomendação da OCDE de 2019, que trata do fornecimento justo e responsável de crédito de modo a reduzir o superendividamento;

No âmbito do CCP, também estão sendo discutidos temas como usos comerciais de inteligência artificial, compromissos básicos em segurança de produtos, medidas jurídicas para reforço da cooperação internacional criminal e a revisão da recomendação sobre comércio eletrônico, todos extremamente relevantes e dos quais a Senacon tem-se beneficiado para sua atuação em âmbito nacional.

3. *PEER REVIEW* COMO INSTRUMENTO PARA O APRIMORAMENTO DAS POLÍTICAS NACIONAIS

No início de 2022, a Secretaria finalizou a negociação de Termo de Referência com a Organização, assentado sobre duas grandes diretrizes. Por um lado, serão analisados o desempenho organizacional e a governança regulatória da Senacon.[1] Por outro, serão fornecidas percepções e recomendações viáveis à Secretaria com base nas boas práticas internacionais, à luz de análises comparativas com as práticas relevantes nos países membros da OCDE.

Em linhas gerais, as normas e estruturas institucionais brasileiras de defesa do consumidor apresentam considerável convergência com as recomendações da Organização, sobretudo em matéria de segurança dos produtos e na busca sistemática de ganhos de eficiência. Não obstante, há que se considerar as importantes transformações do mercado posteriores à adoção, há mais de 30 anos, do Código de Defesa do Consumidor (CDC), em particular, a internacionalização das relações comerciais e o advento do comércio eletrônico.

É preciso compreender que a proteção do consumidor não pode ser separada da proteção do consumo, entendida como a busca de maior eficiência para consumidores e fornecedores. À luz das premissas mais recentes de educação e empoderamento do consumidor, a presunção de vulnerabilidade deve ser relativizada, mas com especial atenção às necessidades dos hipervulneráveis e ao novo

---

1. Compete à Senacon planejar, elaborar, coordenar e executar a Política Nacional de Relações de Consumo, com os objetivos de garantir a proteção e o exercício dos direitos do consumidor; promover a harmonização das relações de consumo e incentivar a integração e atuação conjunta do Sistema Nacional de Defesa do Consumidor (SNDC), nos termos do artigo 106 do Código de Defesa do Consumidor e no artigo 3º do Decreto 2.181/97.

conceito de vulnerabilidade digital, com o advento do comércio eletrônico e o desafio da proteção de dados.

CONSIDERAÇÕES FINAIS

São necessárias formas de articulação nacional e internacional dos sistemas de proteção do consumidor – estruturas normativas e institucionais capazes de lidar com a dimensão transfronteiriça do consumo, para a plena proteção dos consumidores e fornecedores brasileiros, bem como dos estrangeiros que realizam negócios no Brasil[2]. No âmbito nacional, a uniformização da atuação interna será fator decisivo para a promoção da segurança jurídica necessária à atração de investidores internacionais.

É essencial, ademais, assegurar maior eficiência e celeridade à resolução das disputas consumeristas. Nesse sentido, é importante registrar os avanços da Secretaria. Além de manter a plataforma consumidor.gov.br, a maior plataforma de composição direta de disputas consumeristas do mundo, integralmente gratuita e digital, com média de resolutividade de 80% das demandas, no prazo de até 10 dias, tem promovido o fortalecimento do sistema nacional de defesa do consumidor e o debate sobre diversificação responsável das alternativas para a solução de conflitos consumeristas.

Por fim, considerando que o CDC não previu um órgão federal de defesa do consumidor com maiores poderes de regulação e atuação nas relações de consumo, a atuação da Senacon de forma mais incisiva na coordenação dos trabalhos em âmbito nacional e na cooperação internacional requererá ampliação de suas atribuições legais e de estrutura e força de trabalho. Enquanto as autoridades homólogas de países da OCDE têm, em média, 369 funcionários e capilaridade nacional, a Senacon tem cerca de 70 funcionários e apenas a sede na capital federal.

Pensando no futuro, a Senacon tem espaço e um caminho pavimentado para seguir firme no intuito de implementação das Recomendações, ciente de que a adesão formal a instrumentos expressa um compromisso político com os princípios e diretrizes neles presentes que deve ser traduzido em ação. A convergência aos padrões da OCDE contribui para a imagem do Brasil perante os membros da organização, que terão de aprovar por consenso não apenas o convite para início do processo – recém-conquistado – quanto o ingresso brasileiro definitivo. Essa convergência, ademais, faz parte da agenda de aprimoramento das políticas públicas do País e de sua maior integração à economia mundial.

---

2. Nesse sentido, veja-se e-consumer, disponível em: https://econsumer.gov. Acesso em: 12 out. 2022.

O PROGRAMA DE INCENTIVO À REDUÇÃO VOLUNTÁRIA DO CONSUMO DE ENERGIA ELÉTRICA PELAS LENTES DAS CIÊNCIAS COMPORTAMENTAIS APLICADAS. *SOFT REGULATION* AFETA O CONSUMIDOR?

Flávia Lira da Silva

Resumo: O comportamento e as escolhas dos consumidores influenciam diretamente a elaboração de políticas públicas regulatórias. Assim, para que a regulação esteja mais próxima ao comportamento dos agentes, com resultados mais efetivos, é fundamental a utilização dos ferramentais das Ciências Comportamentais, em um ambiente de *soft regulation*. O presente artigo examina o Programa de Incentivo à Redução Voluntária do Consumo de Energia Elétrica, na perspectiva do consumidor, e pelas lentes da Economia Comportamental.

Palavras-chave: Políticas públicas – Regulação responsiva – *Soft regulation* – Consumidor – Setor elétrico – Economia comportamental.

Sumário: 1. Introdução – 2. Regulação responsiva, *soft regulation*, e a relevância da economia comportamental na arquitetuta de políticas públicas – 3. Aplicações práticas da economia comportamental ao programa de incentivo à redução voluntária do consumo de energia elétrica – Considerações finais – Referências.

1. INTRODUÇÃO

O indivíduo toma centenas de decisões ao longo do dia, desde as mais triviais: qual roupa escolher para o trabalho; usar o modo inverno ou o modo verão do chuveiro pela manhã; ter lâmpadas fluorescentes ou lâmpadas LED em casa; comprar a geladeira mais barata ou a que consome menos energia; passando pelas mais complexas, como contestar uma cobrança indevida no Procon, buscar um acordo com a companhia de energia elétrica na plataforma consumidor.gov.br,[1] ou ainda, litigar judicialmente. Nesses processos cognitivos, o consumidor

---

1. O Consumidor.gov.br é um serviço público que permite através da internet a interlocução direta entre consumidores e empresas para solução de conflitos de consumo. A plataforma é monitorada pela Secretaria Nacional do Consumidor – Senacon (Ministério da Justiça e Segurança Pública), Procons, Defensoria, Ministério Público, Agências Reguladoras e por toda a sociedade. Apresenta índice de 80%

busca maximizar ganhos e interesses, e minimizar os custos, e sob a influência de emoções, opiniões e hábitos, ainda que inconscientemente.

A tomada de decisão é uma das características da racionalidade humana. E tais escolhas influenciam sensivelmente a elaboração de políticas regulatórias nas mais diversas áreas, como nas relações de consumo, concorrencial, meio ambiente, finanças, governança pública.

As atividades regulatórias podem apresentar diretrizes cogentes e proibitivas, na perspectiva de "comando e controle"; ou sob o contexto responsivo, estimular comportamentos entre os regulados, para alcançar objetivos tendentes ao bem-estar dos consumidores, sem a necessidade de uma intervenção estatal mais gravosa. Mas, na perspectiva evolucionária, a partir de desenvolvimentos teóricos e descobertas empíricas no campo da psicologia, da neurociência, da antropologia, e da sociologia, a Economia Comportamental desponta, e busca modelar as decisões dos agentes regulados, de modo mais realista. Examina os processos pelos quais a intuição, o raciocínio, os efeitos contextuais, os hábitos, e a interação social produzem crenças, julgamentos e escolhas. Inclusive, nas últimas décadas, organizações internacionais têm recomendado na implementação de políticas públicas regulatórias a aplicação do instrumental de *insights* comportamentais, para ações responsivas mais eficientes.

Seguindo tal roteiro, o presente artigo apresenta breves conceitos acerca da regulação responsiva, destacando a contribuição e aplicação dos *insights* comportamentais nas políticas regulatórias, em um ambiente de *soft regulation*, na busca pela melhoria na qualidade da regulação dos serviços públicos. E observa a arquitetura do Programa de Incentivo à Redução Voluntária do Consumo de Energia Elétrica, lançado em agosto de 2021, na perspectiva do consumidor, e pelas lentes da Economia Comportamental. Por meio de pesquisa exploratória, são realizadas análises documentais e bibliográficas pertinentes à compreensão inicial do tema, com propósito expositivo.

2. REGULAÇÃO RESPONSIVA, *SOFT REGULATION*, E A RELEVÂNCIA DA ECONOMIA COMPORTAMENTAL NA ARQUITETUTA DE POLÍTICAS PÚBLICAS

Não há mais dúvidas de que as agências reguladoras também zelam pelo bem-estar do consumidor, monitorando e acompanhando as práticas dos agentes

---

de resolutividade das demandas (evitando a judicialização de massa), com respostas ao consumidor em um prazo médio de 7 dias. O serviço é acessado através do endereço eletrônico: https://www.consumidor.gov.br/. Em novembro de 2022, a plataforma contava com 1262 empresas cadastradas, sendo 51 distribuidoras de energia elétrica.

regulados, e articulam-se com o Sistema Nacional de Defesa do Consumidor,[2] adequando suas Resoluções[3] às normas consumeristas. Em outra frente, é notório que a intervenção do Estado nas esferas econômica e social tem se especializado, orientando-se inclusive por diretrizes e boas práticas regulatórias internacionais, e dentre estas, cita-se a regulação responsiva. Sistematicamente, identificam-se novas perspectivas para a atividade regulatória, em sentido mais amplo.

Ayres e Braithwaite (1992) apresentaram o conceito de regulação responsiva (*responsive regulation*), indicando a incidência de regras que incentivem o regulado a cumpri-las voluntariamente, através de diálogos, interações e influências recíprocas. Em resumo, caracteriza-se por perspectivas flexíveis, negociações e cidadania participativa, afastando-se da aplicação pura e rotineira de sanções (como ocorre no modelo clássico de "comando e controle"[4]). A Teoria da Regulação Responsiva preconiza um arranjo mais complexo de mecanismos regulatórios, objetivando maior aderência e maior eficiência na atuação dos agentes reguladores. Sugere que a melhor abordagem não é uma constante sancionatória, nem somente persuasiva, sendo ambas necessárias através de uma escala gradual e interativa de estratégias regulatórias.[5] Assim, os reguladores examinam quando é melhor punir ou persuadir.

Observa-se gradativamente a relevância e adoção de medidas responsivas entre os reguladores no Brasil, na busca de uma atuação mais efetiva e de melhores índices de conformidade regulatória. Nesta perspectiva, o Comitê de Política Regulatória da Organização para a Cooperação e Desenvolvimento Econômico (OCDE) divulgou em outubro de 2021 o relatório "The Governance of Regulators – Driving Performance at Brazil's Eletricity Regulatory Agency" (Impulsionando o Desempenho da Agência Nacional de Energia Elétrica do Brasil), elaborado a

---

2. A Lei 13.848/2019 dispôs que o plano de gestão anual das Agências Reguladoras deverá incluir, obrigatoriamente, as ações que visem a cooperação com os órgãos de defesa do consumidor; e tratou em um capítulo específico a articulação com o Sistema Nacional de Defesa do Consumidor (SNDC).
3. A recente Resolução Normativa 1.000/2021 da ANEEL consolidou direitos e deveres dos consumidores de energia elétrica em um único documento de acesso rápido, aproximando-se inclusive da linguagem utilizada no Código de Defesa do Consumidor.
4. Segundo o professor Marcio Iorio (2019), o modelo regulatório baseado em "comando e controle" presume que a imposição de regras, deveres ou obrigações é necessária para o atingimento do comportamento desejado, e a sanção seria a ferramenta retificadora para conter o transgressor e dissuadir outros agentes. Contudo, o emprego exclusivo de procedimentos focados em "comando e controle" pode gerar falhas regulatórias, grande número de processos sancionadores, baixa efetividade nas punições aplicadas, e elevação nos custos administrativos, comprometendo, assim, os objetivos regulatórios.
5. Os autores citam uma estrutura piramidal de estratégias regulatórias escalonadas. Na base da pirâmide encontra-se a autorregulação voluntária (*Self-Regulation*), seguida pela autorregulação regulada (*Enforced Self-Regulation*), pela regulação por sanções discricionárias ou por comandos normativos com discricionariedade para punir (*Command Regulation with Discretionary Punishment*), e no topo, a regulação por sanções vinculadas ou por comandos normativos punitivos vinculados (*Command Regulation with Non Discretionary Punishment*).

partir de processo de *Peer Review* (revisão por pares). O documento apontou que a ANEEL tem adotado medidas responsivas através de inteligência analítica, e técnicas de monitoramento e fiscalização baseadas em evidências.[6]

As boas práticas regulatórias internacionais (chamadas de *Better Regulation*) indicadas pela OCDE,[7] através de Recomendações e Guias sobre Política Regulatória e Governança são instrumentos de *soft regulation* que influenciam diretamente a regulação no Brasil. A *soft regulation* caracteriza-se pelo processo de criação de diretrizes regulatórias e mecanismos que não estão inseridos em uma estrutura normativa típica coercitiva e vinculativa, contudo, são capazes de produzir efeitos, em uma lógica consequencialista. Dispõe de hipóteses gerais de sugestão branda de condutas ao indivíduo ou às instituições, e incentivam determinados comportamentos, sem, no entanto, estabelecerem uma sanção pelo seu descumprimento. Podem colaborar na busca de um sistema regulatório mais flexível e eficaz. Inegável sua importância, notadamente como instrumento interpretativo ou preparatório para a execução da atividade regulatória nacional, evidenciando importantes avanços.

Entretanto, é necessário que esteja adaptada e ajustada à realidade cognitiva e comportamental dos destinatários das medidas regulatórias, sejam as instituições, as empresas, os consumidores, a sociedade. E através de uma Análise de Impacto Regulatória (AIR), com o levantamento de alternativas ao enfrentamento do problema regulatório, é possível identificar em que medida a *soft regulation* responderá de modo mais eficiente.

Por óbvio, a regulação não pode estar limitada à idealização de que os regulados e consumidores exibem comportamentos sistemáticos e previsivelmente racionais, e afastada da realidade comportamental, desconsiderando os atalhos mentais, os vieses e as heurísticas na tomada de decisões dos indivíduos, pois pode gerar resultados insatisfatórios. E neste contexto, os instrumentais da Economia Comportamental (*Behavioral Economics*) oferecem luz às análises empíricas, lapidando e aprimorando as políticas públicas, estando aptas a beneficiar o consumidor na prática.

---

6. O Relatório citou a Resolução Normativa 846/2019, que aprovou procedimentos, parâmetros e critérios para a imposição de penalidades aos agentes do setor de energia elétrica, e dispôs sobre diretrizes gerais da fiscalização (*primordialmente educativas e orientativas*) da ANEEL. Exemplificando, há previsão de elaboração de plano de resultados com os agentes setoriais para melhoria de desempenho, com base em evidências que apontem degradação ou sinalizem deterioração da prestação do serviço ou do equilíbrio econômico-financeiro da concessão ou permissão. Disponível em: https://www.in.gov.br/web/dou/-/resolucao-normativa-n-846-de-11-de-junho-de-2019-164060539. Acesso em: 11 nov. 2021.
7. O recente documento emitido pela OCDE "2021 Regulatory Policy Outlook" discutiu abordagens ágeis e inovadoras na regulação, como *Sandboxes* regulatórios, aplicação de *insights* comportamentais, e formulação de políticas regulatórias baseadas em resultados e dados, direcionadas, eficazes e eficientes.

Com efeito, as Ciências Comportamentais provenientes da incorporação de desenvolvimentos teóricos e pesquisas empíricas no campo da psicologia,[8] estudam os fatores cognitivos, emocionais, culturais e sociais que afetam as decisões das pessoas, observando que o comportamento humano nem sempre é o ideal ou racional, refinando o prenunciado pela teoria econômica neoclássica.[9] Os agentes agem sob o efeito de vieses cognitivos (atalhos) na tomada de decisões, seus comportamentos oscilam entre o lado racional e a intuição.

Os estudos da Economia Comportamental apresentaram crescente notoriedade após as obras de Daniel Kahneman, Amos Tversky, Richard Thaler, Robert Shiller, Cass R. Sunstein, e Dan Ariely. Em resumo, os autores apontam que não é possível desconsiderar a vulnerabilidade da natureza humana, e que as pessoas fazem escolhas irracionais, influenciadas por fatores externos e emocionais, e pelas decisões daqueles com os quais interagem; decidem rapidamente com base em hábitos, emoções, experiências pessoais, e regras práticas simplificadas. Passou-se então a buscar um modelo econômico mais compatível com as limitações humanas.

Daniel Kahneman na brilhante obra Rápido e Devagar: Duas Formas de Pensar, quando apresenta uma estrutura teórica de sistema dual de avaliações e tomada de decisões, demonstra que estas não estão em conformidade com noções formais de racionalidade pura. Para o autor, o "Sistema Cognitivo 1" consiste em processos de pensamento que são intuitivos, rápidos, automáticos, emocionais, baseados na experiência, exigindo menor esforço intelectual, e empregados em situações cotidianas que exijam pouca concentração. Neste processo repetido centenas de vezes ao dia, incidem o excesso de atividade decisória, a distração, a pressão do tempo. Nas decisões tomadas com pensamento rápido e automático, os indivíduos se valem de mecanismos intuitivos e atalhos mentais (heurísticas[10]), e estão mais propensos aos erros. As heurísticas podem ocasionar falhas à decisão, promovendo assim erros sistemáticos no processo de escolha. Já o "Sistema Cognitivo 2" é mais reflexivo, controlado, deliberativo, lógico e devagar. Demanda mais análise, concentração e gasto de energia. É ativado quando a decisão envolve um assunto ou objeto importante, com acentuada importância pessoal, e quando o tomador de decisão precisa prestar contas a outros. Caso o indivíduo em toda

---

8. Mais recentemente, foram recepcionadas as contribuições da neurociência e outras ciências humanas e sociais à Economia Comportamental.
9. Segundo a teoria econômica neoclássica, o agente consumidor atua racionalmente em sua tentativa de maximizar o seu grau de satisfação na aquisição de bens e serviços, a partir de recursos financeiros limitados. É o *homo economicus* (homem econômico), que realiza escolhas padronizadas, estabelecendo uma relação custo-benefício, e as toma se concluir que são vantajosas, aumentando o lucro e reduzindo o prejuízo.
10. Kahneman leciona que as heurísticas são processos de decisão predefinidos ou pré-avaliados pelo cérebro e que, diante da necessidade do dia a dia, são postos em prática.

decisão fizesse uma análise mais reflexiva e lenta, certamente teria uma sobrecarga cognitiva, considerando a excessiva quantidade de informações que o permeiam, e sua capacidade limitada de atenção.

Considerando que os indivíduos tendem a fazer escolhas que nem sempre são tão boas para si, devido às falhas cognitivas que ocorrem no processo de decisão, Richard H. Thaler e Cass R. Sustein na obra "*Nudge* – Como tomar melhores decisões sobre saúde, dinheiro e felicidade" apresentam a teoria do "Paternalismo Libertário", e o conceito de *nudge*,[11] observando as premissas da Economia Comportamental. Anunciam que o indivíduo tem a sua liberdade de escolha garantida, mas que de alguma forma, é acompanhada pelo Estado. Os responsáveis pela formulação de políticas foram denominados pelos autores de arquitetos de escolhas, figuras importantes no processo. O Paternalismo Libertário é considerado brando e não intrusivo, o arquiteto de escolha não cria empecilhos na tomada de decisão. Os autores defendem que, se utilizada para fins de interesse público e melhoria do bem-estar dos indivíduos, a arquitetura de escolhas ao incentivar certo comportamento desejado, é um importante instrumento na formulação de políticas regulatórias. Deste modo, em situações nas quais envolvem problemas com alto grau de dificuldade, os *nudges* (empurrões) podem ser utilizados para simplificar a vida do indivíduo, do consumidor, a partir das suas reações comportamentais.

Dada a importância do tema, organismos internacionais recomendam os instrumentos teóricos, conceituais, e a aplicação prática da Economia Comportamental nas políticas públicas, especialmente às regulatórias. O Banco Mundial desenvolveu a Unidade Mente, Comportamento e Desenvolvimento[12] (eMBeD), cuja equipe de ciências comportamentais trabalha em estreita colaboração com governos e outros parceiros, para diagnosticar, projetar e avaliar intervenções comportamentais informadas. E a OCDE apoia a utilização das ciências comportamentais pelas instituições públicas como implementação de boas práticas. Atualmente cerca de 200 instituições em todo o mundo fomentam e aplicam os *insights* da Economia Comportamental às políticas públicas.[13]

---

11. N*udge é* "uma cutucada ou orientação, no sentido em que usaremos esses termos, é qualquer aspecto da arquitetura de escolhas que altera o comportamento das pessoas de maneira previsível sem proibir nenhuma opção nem mudar significativamente seus incentivos econômicos. (...) As cutucadas não são ordens. Colocar frutas no nível dos olhos conta como uma cutucada. Proibir guloseimas, não" (Thaler e Sustein, 2019).
12. THE WORLD BANK. Disponível em: https://www.worldbank.org/en/programs/embed. Acesso em: 10 out. 2021. A eMBeD tem por objetivos promover o uso sistemático de ferramentas comportamentais nas políticas e projetos de desenvolvimento; institucionalizar o uso das ciências comportamentais em organizações de desenvolvimento e governos; garantir que os profissionais e formuladores de políticas adquiram conhecimento e habilidades; e fornecer evidências sobre soluções comportamentais sustentáveis e que produzam melhores dados.
13. Recomendam-se: o vídeo "OECDgov. Behavioural Insights for Public Policy" – OECD, disponível em: https://www.youtube.com/watch?v=DbSsEj4UcJg&t=101s. Acesso em: 11 out. 2021; o relatório de 2019

De fato, recentemente a "soft regulation" incorporou os ferramentais de *Behavioral Economics*, analisando itens relacionados a burocracias, tecnologias, e prestação de serviços aos consumidores, que muitas vezes são negligenciados no desenho de políticas padrão, fundamentadas no modelo do agente racional, e que afetam drasticamente as políticas regulatórias e iniciativas de desenvolvimento. Na prática, intervenções comportamentais podem auxiliar os reguladores a evitar armadilhas e vieses que afetam todos os indivíduos, estimulando, dessa forma, o uso de soluções inovadoras e de baixo custo.

3. APLICAÇÕES PRÁTICAS DA ECONOMIA COMPORTAMENTAL AO PROGRAMA DE INCENTIVO À REDUÇÃO VOLUNTÁRIA DO CONSUMO DE ENERGIA ELÉTRICA

O consumo de energia elétrica pelo consumidor é questão complexa, com vários fatores intrínsecos, como a sazonalidade, condições climáticas, normas sociais, aprendizados e experiências familiares, crenças e atitudes dos usuários. Por isso, as políticas regulatórias precisam estar atentas à demanda, e aos hábitos e comportamentos de consumo das famílias, identificando o que incentiva os indivíduos a consumirem mais. A partir de então, dispondo de estímulos corretos, sob o ponto de vista das ciências comportamentais, é possível conscientizar e encorajar o consumidor a reduzir seu consumo de energia elétrica.

A princípio, necessário pontuar que para a realização do presente artigo não foram encontrados estudos e pesquisas empíricas que comprovem a utilização prévia das ferramentas da Economia Comportamental para o desenho e a arquitetura do Programa de Incentivo à Redução Voluntária do Consumo de Energia Elétrica, ou ainda, avaliação *ex ante* ao projeto, a Análise de Impacto Regulatório (AIR). Contudo, serão identificados e destacados os *insigths* comportamentais detectados nesta política pública.

A implementação do Programa de Incentivo para unidades consumidoras descortina e contempla uma caixa de ferramentas de *soft regulation*. Examinando sua nomenclatura, inclusive, verifica-se que não foi uma medida cogente ou sancionatória ao consumidor, ao contrário, presentes a voluntariedade e o estímulo à redução do consumo de energia elétrica no país. Tal política regulatória foi elaborada de modo a preservar a autonomia de escolha do consumidor em sua adesão.

"Delivering Better Policies Through Behavioural Insights. New Approaches". Disponível em: https://www.oecd.org/competition/delivering-better-policies-through-behavioural-insights-6c9291e2-en.htm. Acesso em: 11 out. 2021; e as Publicações da "Rede de Reguladores Econômicos", disponíveis em: https://www.oecd.org/gov/regulatory-policy/publications-of-the-network-of-economic-regulators.htm. Acesso em: 11 out. 2021.

O Programa foi instituído pela Resolução 2/2021 da Câmara de Regras Excepcionais para a Gestão Hidroenergética,[14] com o objetivo de estabelecer medidas emergenciais para o enfrentamento da situação de escassez hídrica no país. Utiliza-se, então, a lente das Ciências Comportamentais sobre o problema gerador desta medida: o Brasil tem enfrentado nos últimos anos longos períodos de estiagem, com inevitáveis impactos no suprimento da matriz energética nacional, ainda predominantemente hidrelétrica, e mais custosa. E não se pode olvidar que a energia elétrica é ao mesmo tempo insumo de produção, e serviço essencial aos consumidores para proporcionar conforto, usabilidade, conectividade e informação, especialmente nas sociedades modernas e hiperconectadas.

Investigando seus fundamentos técnicos, o Programa buscou garantir a continuidade e a segurança do suprimento eletroenergético, e implementar medidas de fomento à redução do consumo e à utilização consciente da energia elétrica. Citam-se objetivamente a divulgação de vídeos educativos[15] sobre uso eficiente, nas redes sociais da Agência Nacional de Energia Elétrica – ANEEL; a campanha "Consumo Consciente Já";[16] a bandeira de escassez hídrica; e o bônus de redução voluntária de consumo.

Em síntese, através do Programa, foi criado o aludido bônus de redução voluntária no consumo de energia elétrica. Estiveram aptos a recebê-lo os consumidores da baixa tensão (grupo B) e os de média e alta tensão (grupo A), das classes de consumo residencial, industrial, do comércio, de serviços e outras atividades, rural e serviço público, incluindo aqueles residenciais com benefício da Tarifa Social de Energia Elétrica (TSEE). O consumidor que alcançou a meta estipulada[17] obteve um desconto na fatura de serviço. E o bônus fora creditado na fatura subsequente como abatimento do valor a pagar, limitado a 20% da energia economizada.

Aproximando ainda mais as lentes da Economia Comportamenral, oportuno elencar as heurísticas e os vieses cognitivos identificados na arquitetura do Programa estudado.

O primeiro é o *efeito de enquadramento (ou framing)*, por meio do qual o processamento das informações para a tomada de decisões pode ser afetado por fatos simples, como a abordagem na apresentação das informações. Relaciona-se com a forma como as opções são escritas, a ordem em que são divulgadas, destacando determinados conceitos. Constatou-se que o Programa ofereceu a

---

14. Órgão colegiado composto pelos Ministros de Minas e Energia; da Economia; da Infraestrutura; da Agricultura, Pecuária e Abastecimento; do Meio Ambiente; e do Desenvolvimento Regional.
15. Vídeos disponíveis em: https://www.youtube.com/user/aneel. Acesso em: 10 ago. 2022.
16. Disponível em: https://www.consumoconscienteja.com.br/. Acesso em: 10 ago. 2022.
17. A soma do consumo de energia elétrica nos meses de setembro a dezembro de 2021 precisou ser inferior à soma dos mesmos meses de 2020, em pelo menos 10%. Coube às distribuidoras de energia elétrica informarem ao consumidor, de modo claro e objetivo, a sua meta de redução.

concessão de bônus na fatura do consumidor que reduzisse seu consumo em pelo menos 10%, comparando os meses de setembro a dezembro de 2020. A palavra "bonus" remete à ideia de prêmio ou vantagem concedida, produzindo um efeito positivo no comportamento daquele que economizar, influenciando diretamente seu grau de aceitação ao Programa.

Seguindo na análise informacional, a Resolução determinou que o Programa estivesse acompanhado de campanha de divulgação e conscientização da população, corroborando a imprescindibilidade de ações educativas para o êxito na redução do consumo. Assim, o regulador atuou por meio de campanhas de informação para a conscientização dos consumidores.[18] Mas, estes podem agir de forma diferente, mesmo recebendo as informações de que precisam para tomar uma decisão bem informada. Embora um dos remédios-padrão seja a informação, a Economia Comportamental recomenda entender se uma determinada medida funcionaria, que tipo de divulgação é melhor, como uma determinada questão deve ser enquadrada, e como apresentar informações aos consumidores, notadamente em um ambiente de regulação econômica, e considerando inclusive o monopólio natural no caso sob análise. Exemplificando, Iman Mansouri, Marcus Newborough e Douglas Probert (1996) publicaram um estudo após pesquisa em residências no Reino Unido para mapear o comportamento dos indivíduos no uso de energia elétrica.[19] Concluiram pela necessidade de apresentar de modo persuasivo as informações precisas para estimular o comportamento de utilização sustentável da energia elétrica.

Consequentemente, é preciso assinalar que excesso de informação se transforma em desinformação ao consumidor. Quanto mais informação disponível, mais complexa e custosa torna-se a tomada de decisão, podendo ocorrer sobrecarga (*choice overload*). Assim, caso a distribuidora de energia tenha divulgado no mesmo espaço da fatura detalhadamente todos os seguintes itens: o cálculo matemático para a meta de redução, as faixas de consumidores contemplados, mensagens de conscientização, e dicas para redução de consumo de energia elétrica, muito possivelmente o consumidor não terá lido todo o conteúdo, ficando fatigado e estressado, esquecendo as informações, ou desviando seu foco. É importante que a arquitetura de escolha voltada às atividades regulatórias observe a simplificação, a facilidade, e a conveniência para estar mais próxima da realidade dos consumidores.

---

18. Campanha "Consumo consciente de energia elétrica". ANEEL. Disponível em: https://www.youtube.com/playlist?list=PL83dxI5zonT6S42SA1hWv6Px1_I9qLSFc. Acesso em: 10 mar. 2022.
19. A pesquisa indicou que os consumidores em geral estão: "(i) interessados em receber informações sobre o uso doméstico de energia e o impacto ambiental associado, e (ii) dispostos a modificar seu comportamento a fim de reduzir o consumo doméstico de energia e os danos ambientais, e para economizar dinheiro".

E ainda, apenas o oferecimento de informações pode ser ineficiente, porque podem ser mal compreendidas, vistas como não confiáveis, ou distantes das escolhas que o indivíduo enfrenta, fazendo-se relevante a incidência do *paternalismo libertário*, conforme indicado por Thaler e Sunstein – os estímulos comportamentais (*nudges*). Destarte, um benefício do *nudge* é evitar a coerção. Possui o intuito de afastar as falhas cognitivas que poderiam levar ao indivíduo deixar de fazer escolhas ótimas, geralmente é desenvolvido a um custo baixo, e pode produzir resultados imediatos na sociedade.

Frise-se que uma política regulatória será considerada um *nudge* quando sua intervenção não restringir as escolhas possíveis dos indivíduos, for transparente, e voltada ao interesse social desejável.

A utilização de *nudges* em políticas públicas no Brasil é viável e tem enorme potencial. O Programa de Incentivo à Redução ao Consumo foi voluntário, com a previsão de recompensa (o "empurrão", o *nudge*): o bônus que resultou em efetivo desconto na fatura de serviço.

Buscou-se a simplificação da participação automática do consumidor ao Programa, considerando *os vieses do status quo e da inércia*, e os padrões comportamentais enviesados dos indivíduos. Se os consumidores tivessem que realizar algum esforço para se inscrever, muitos esqueceriam, ou seriam afetados por compromissos simultâneos, ou pela sobrecarga de informações, e o Programa teria um número menor de participantes. As pessoas tendem a manter seu *status quo*. E, ter por *opção padrão* a adesão automática, a procrastinação e a inércia natural do indivíduo são superadas, mantendo-o elegível ao bônus.

O Ministério de Minas e Energia (MME) divulgou em 20 de janeiro de 2022 informações preliminares sobre os resultados do Programa de Incentivo à Redução Voluntária do Consumo de Energia Elétrica,[20] indicando uma economia de 5,6 milhões de megawatt/hora (MWh), representando cerca de 4,5% a menos na tarifa do consumidor residencial. Segundo o governo, o Programa foi assertivo, e destacou que a redução equivale a aproximadamente 2,7% do consumo de energia no país de setembro a dezembro de 2020.

A partir destes dados, imprescindível uma avaliação *ex post* pelos arquitetos de escolha (governo e agência reguladora) da eficácia das medidas para a redução do consumo de energia elétrica no país, e a segurança do suprimento eletroenergético, fundamentada em evidências científicas, e com a necessária divulgação à sociedade dos resultados. Inclusive, os instrumentos da Economia Comporta-

---

20. BRASIL. Ministério de Minas e Energia. Programa de redução voluntária do consumo de energia gera R$ 2,4 bilhões de bônus aos consumidores. Disponível em: https://www.gov.br/mme/pt-br/assuntos/noticias/programa-de-reducao-voluntaria-do-consumo-de-energia-gera-r-2-4-bilhoes-de-bonus-a-os-consumidores. Acesso em: 14 jan. 2022.

mental podem lançar luz também nessa fase avaliativa da política regulatória, para verificação se a medida atingiu seus objetivos, se deve ser mantida ou ampliada, ou se a intervenção deve ser encerrada.

Os dados auxiliam, mas formuladores e implementadores de políticas públicas regulatórias também devem estar atentos a seus próprios vieses de forma a aprimorar sua atuação e alcançar os resultados desejados, pois "o agente público não é um *homo economicus*. Ele erra. É, no mínimo, um *homer economicus*" (Thaler e Sunstein, 2019). Acerca do tema, Carina de Castro Quirino[21] (2018) debate a racionalidade limitada do agente público, do regulador, inerente a toda cognição humana.

CONSIDERAÇÕES FINAIS

A partir das novas perspectivas regulatórias, os agentes reguladores buscam a atuação responsiva, comprometida com as necessidades e interesses da sociedade, baseada em evidências e no diálogo aberto, numa relação menos hierarquizada e vertical entre os diversos atores do ambiente regulado, entendendo de modo dinâmico o comportamento apresentado pelos regulados. Importante avanço é o reconhecimento que entre a regulação fundamentada exclusivamente pelo "comando e controle", com a elaboração de normativas prescritivas e regras cogentes (e previsão de multas ou suspensão de direitos), e a regulação baseada em negociações e persuasões, há outros elementos que podem ser dispostos pelo regulador na execução de sua atividade, através de uma escala gradual de estratégias regulatórias.

No contexto da regulação responsiva, assentou-se que a *soft Regulation* é propulsora de modificações substanciais no exercício das atividades regulatórias, notadamente ao absorver as melhores práticas indicadas nas recomendações e nos guias internacionais. A atividade regulatória torna-se, com isso, mais dinâmica, interativa, estratégica e ágil, com foco na resolução de problemas, avistando o bem-estar do consumidor, sem a necessidade de uma intervenção estatal mais acentuada.

Contudo, arquitetar e implementar políticas públicas baseadas somente na racionalidade, ou na virtude dos agentes econômicos é temerário, porque estes estão sujeitos aos enviesamentos cognitivos. Por isso, a utilização das ferramentas da Economia Comportamental na formulação e aplicação de políticas regulató-

---

21. "Os achados da economia comportamental que documentam anomalias sistemáticas que levam a decisões irracionais são contribuições importantes. E embora esses vieses possam servir como justificativas para a intervenção governamental, as evidências sugerem que um quadro de escolha pública comportamental deve levar em conta que os formuladores de políticas e os reguladores são agentes comportamentais sujeitos a vieses cognitivos e ainda sujeitos a pressões políticas."

rias faz-se necessária, e torna a o regulador mais sensível às reais demandas dos consumidores.

Importante ratificar que os *insights* comportamentais não apresentam uma "solução mágica" para reduzir o consumo de energia no país, mas oferece novos subsídios para estimular e incentivar a cultura nos consumidores durante a tomada de decisões diárias. Neste sentido, a utilização de *nudges* (estímulos comportamentais) é bastante indicada, pois auxilia na escolha do consumidor, e apresenta custos de implementação baixos, respeitando a garantia das liberdades individuais e a voluntariedade, sem qualquer medida de coerção.

Apesar da inexistência de dados empíricos concretos que citem a utilização do ferramental da Economia Comportamental no projeto do Programa de Incentivo à Redução de Consumo de Energia Elétrica, analisando sua arquitetura, identificaram-se intervenções que observam os vieses e as heurísticas cognitivas dos consumidores, e suas influências nos processos decisórios. Neste sentido, foram reportados o efeito de enquadramento (*framing*) na apresentação das informações e explicações sobre o Programa; o estímulo à participação através do bônus que resulta em desconto na fatura do serviço (*nudge*/empurrão/estímulo cognitivo); e a adesão automática do consumidor elegível ao bônus, sem a necessidade de inscrição prévia, em deferência aos vieses da inércia e do *status quo*, tão comum nos indivíduos.

Portanto, reconheceu-se que o Programa examinado sob as lentes das ciências comportamentais, gerou impactos ao suprimento de energia do país, e atingiu diretamente os consumidores. Verificou-se que o regulador buscou influenciar a escolha dos cidadãos para reduzirem seu consumo de energia elétrica, permanecendo a liberdade para escolherem e executarem (ou não) as ações esperadas.

Por fim, ponderou-se a imprescindibilidade de avaliações se o modelo de *Soft Regulation* é o instrumento mais assertivo para determinadas atividades regulatórias, e em quais condições. Notadamente em face do Programa, indispensável examinar através de evidências os comportamentos dos consumidores, as estratégias, as intervenções adotadas, a eficácia das medidas, realizando mudanças se necessárias, para a melhora nos resultados da política pública. Além disso, considerando que a formulação de regulação não é imune a falhas comportamentais, sugeriu-se a ampliação de abordagem metodológica da Economia Comportamental, contudo, refletindo a racionalidade limitada também do agente público.

REFERÊNCIAS

AYRES, Ian; BRAITHWAITE, John. *Responsive Regulation*: Transcending the Deregulation Debate. Oxford: Oxford University Press, 1992.

ARANHA, M. I. *Manual de Direito Regulatório*: fundamentos de direito regulatório. 5. ed. ed. Londres: Laccademia Publishing, 2019.

ARIELY, Dan. *Previsivelmente irracional*. Rio de Janeiro: Elsevier Brasil, 2008.

BRASIL. Ministério de Minas e Energia. *Programa de redução voluntária do consumo de energia gera R$ 2,4 bilhões de bônus aos consumidores*. Disponível em: https://www.gov.br/mme/pt-br/assuntos/noticias/programa-de-reducao-voluntaria-do-consumo-de-energia-gera-r-2-4-bilhoes-de-bonus-aos-consumidores. Acesso em: 14 jan. 2022.

CASTRO, Nivalde de; ROSENTAL, Rubens; SALES, Gustavo M. A.; OLIVEIRA, Carlos. *A economia comportamental e o setor elétrico*. Agência Canal Energia. Rio de Janeiro, 12 de novembro de 2018. Disponível em: https://www.canalenergia.com.br/artigos/53080889/a-economia-comportamental-e-o-setor-eletrico. Acesso em: 03 out. 2021.

KAHNEMAN, Daniel. *Rápido e devagar*: duas formas de pensar. Rio de Janeiro: Objetiva, 2012.

MANSOURI, Iman; Newborough, Marcus; Probert, Douglas. *Energy consumption in UK households: Impact of domestic electrical appliances*. Applied Energy. v. 54, Issue 3, 1996. Disponível em: https://www.sciencedirect.com/science/article/abs/pii/0306261996000013. Acesso em: 28 out. 2021.

MENEGUIN, F. B.; MELO, A. P. A. de. *Soft Regulation*: Formas de Intervenção Estatal para Além da Regulação Tradicional. Brasília: Núcleo de Estudos e Pesquisas/CONLEG/Senado, fevereiro 2022 (texto para discussão 307). Disponível em: www.senado.leg.br/estudos. Acesso em: 15 fev. 2022.

MENEGUIN, Fernando B.; DANTAS, Guilherme Borba. Como aprimorar a qualidade regulatória – modelos de maturidade. Brasília: *Núcleo de Estudos e Pesquisas/CONLEG/Senado,* junho 2020 (texto para discussão 279). Disponível em: www.senado.leg.br/estudos. Acesso em: 18 out. 2021.

MOREIRA, Egon Bockmann. *O direito administrativo contemporâneo e suas relações com a economia*. Curitiba: Editora Virtual Gratuita, 2016.

OECD. *Impulsionando o Desempenho da Agência Nacional de Energia Elétrica do Brasil*, OECD Publishing, Paris, 2021. Disponível em: https://doi.org/10.1787/c544286a-pt. Acesso em: 10 nov 2021.

OECD. *OECD Regulatory Policy Outlook 2021*, OECD Publishing, Paris, Disponível em: https://doi.org/10.1787/38b0fdb1-en. Acesso em: 16 out. 2021.

OECD. Behavioural Insights in Public Policy: Key Messages and Summary from *OECD International Events*, May 2017, OECD, Paris. Disponível em: www.oecd.org/gov/regulatorypolicy/OECDeventsbehaviouralinsightssummarymay2017.pdf. Acesso em: 03 out. 2021.

OECD. Use of Behavioral Insights in Consumer Policy, OECD Science, Technology and Industry *Policy Papers, n. 36*, OECD Publishing, Paris, 2007. Disponível em: https://doi.org/10.1787/c2203c35-en. Acesso em: 03 out. 2021.

OECD. *Tools and Ethics for Applied Behavioural* Insights: The BASIC Toolkit, OECD Publishing, Paris, 2019. Disponível em: https://doi.org/10.1787/9ea76a8f-en. Acesso em: 03 out. 2021.

Quirino, Carina de Castro. Irracionalidade do agente público e a teoria da escolha pública comportamental: notas sobre um elefante na sala. *Revista Quaestio Iuris*. v. 11, n. 02, Rio de Janeiro, 2018.

SANTOS, Edmario Oliveira. Economia comportamental e o critério do consumidor: uma contribuição da (s) racionalidade (s). *Repositório Institucional Universidade Federal da Bahia*. Salvador, 2015. Disponível em: http://repositorio.ufba.br/ri/handle/ri/19409. Acesso em: 02 out. 2021.

THALER, Richard H. Misbehaving: *A construção da economia comportamental*. Trad. George Schlesinger. Rio de Janeiro: Intrínseca, 2019.

THALER, Richard H.; CASS, R. Sustein. *Nudge*: como tomar melhores decisões sobre saúde, dinheiro e felicidade. Trad. Ângelo Lessa. Rio de Janeiro: Objetiva, 2019.

OS 10 ANOS DO NOVO CADE E DA SENACON: AVANÇOS E DESAFIOS FUTUROS[1]

Carolina Helena Antunes

Patricia Semensato Cabral

Resumo: O presente artigo visa a realizar uma reflexão sobre os principais avanços alcançados nos últimos 10 anos no âmbito de duas políticas públicas que, embora por mecanismos distintos, convergem na busca pela melhoria do bem-estar do consumidor: a política de defesa da concorrência, cuja aplicação cabe ao Conselho Administrativo de Defesa Econômica (CADE), e a política de proteção e defesa do consumidor, de competência da Secretaria Nacional do Consumidor (SENACON). Ademais, pretende-se sinalizar desafios que devem ser enfrentados por cada uma das autoridades nos próximos anos, de forma a permitir atuações cada vez mais efetivas, o que trará resultados ainda mais benéficos para a sociedade e a economia brasileira como um todo.

Palavras-chave: Defesa da concorrência – Defesa do consumidor – CADE – SENACON.

Sumário: 1. Introdução – 2. Uma década de muitos avanços; 2.1 A bem-sucedida reformulação do sistema brasileiro de defesa da concorrência; 2.2 A modernização da política de defesa do consumidor – 3. Uma agenda para o futuro; 3.1 A necessidade de o cade estar sempre alinhado ao caráter dinâmico da economia; 3.2 O desafio do fortalecimento das capacidades institucionais da SENACON – Considerações finais – Referências.

1. INTRODUÇÃO

Em 2022, completam-se 10 anos de profundas alterações institucionais no âmbito de duas políticas públicas que, embora por mecanismos distintos, convergem na busca pela melhoria do bem-estar do consumidor: a política de defesa da concorrência, cuja aplicação cabe ao Conselho Administrativo de Defesa Econômica (CADE), e a política de proteção e defesa do consumidor, de competência da Secretaria Nacional do Consumidor (Senacon).

---

1. A versão reduzida deste artigo foi publicada na Coluna Elas no Jota, em 09 jun. 2022. Disponível em: https://www.jota.info/opiniao-e-analise/colunas/elas-no-jota/os-10-anos-do-novo-cade-e-da-senacon-avancos-e-desafios-futuros-09062022. Acesso em: jun. 2022.

As referidas mudanças institucionais foram materializadas por meio de dois instrumentos legais. O primeiro deles foi a Lei 12.529, de 30 de novembro de 2011, que entrou em vigor em 29 de maio de 2022, reestruturando o Sistema Brasileiro de Defesa da Concorrência (SBDC). Com essa reestruturação, foram concentradas no CADE competências que antes se dividiam entre o próprio CADE, vinculado ao Ministério da Justiça; a Secretaria de Direito Econômico (SDE), também do Ministério da Justiça; e Secretaria de Acompanhamento Econômico (SEAE), do então Ministério da Fazenda.[2]

O segundo instrumento foi o Decreto 7.738, de 28 de maio de 2012, que criou a Senacon, elevando a proteção e defesa do consumidor ao status de Secretaria Nacional.

O decenário representa oportunidade para reflexões acerca dos avanços alcançados e desafios futuros na condução de cada uma das duas políticas. Neste artigo, pretende-se trazer um compilado dos principais avanços observados na política de defesa da concorrência e na de defesa do consumidor nesses últimos 10 anos, bem como sinalizar alguns dos desafios a serem enfrentados pelo CADE e pela Senacon nos próximos anos.

2. UMA DÉCADA DE MUITOS AVANÇOS

2.1 A bem-sucedida reformulação do Sistema Brasileiro de Defesa da Concorrência

A política de defesa da concorrência no Brasil passou por uma profunda reformulação nos últimos 10 anos. Em termos de estrutura organizacional, a Lei 12.529/2011 transformou o CADE em autarquia federal, acumulando tanto a atribuição de investigar condutas anticompetitivas e instruir atos de concentração quanto de realizar o julgamento final desses processos na esfera administrativa. Para tanto, a nova lei estabeleceu que o CADE é composto pela Superintendência-Geral, responsável por investigar condutas e realizar análise de atos de concentração, pelo Tribunal Administrativo, ao qual compete julgar fusões e aquisições e condutas anticompetitivas, e, ainda, pelo Departamento de Estudos Econômicos.

Importante ressaltar que a "então" nova Lei de Defesa da Concorrência conferiu o mesmo nível hierárquico ao Superintendente-Geral e ao Presidente do CADE, com a intenção de que o órgão que instrui e investiga atue de forma independente do que julga, ainda que ambos integrem a mesma autarquia.

---

2. Registra-se que a SEAE, que hoje integra a estrutura do Ministério da Economia, manteve competências em matéria concorrencial no que respeita à chamada advocacia da concorrência.

Pode-se afirmar que a principal alteração em matéria atuação do CADE introduzida pela nova Lei 12.529/2011 foi a análise prévia de atos de concentração que se enquadrem nos critérios de notificação obrigatória, procedimento que confere à autoridade a capacidade de evitar antecipadamente que uma operação produza efeitos lesivos à concorrência e garante maior segurança jurídica às empresas envolvidas. Cabe observar que, na vigência da lei anterior, a Lei 8.884, de 11 de junho de 1994, a análise de atos de concentração era realizada posteriormente à consumação da operação. Tal regime de notificação gerava insegurança para as empresas, que investiam em uma operação sem ter certeza do aval da autoridade concorrencial, e também limitava a efetividade das decisões do SBDC em caso de reprovações ou aprovações parciais.

Uma vez que, com o advento da nova lei concorrencial, a concretização de uma operação depende da decisão do órgão concorrencial, as empresas tendem a ser mais colaborativas e diligentes na apresentação das informações requeridas pelo CADE com o intuito de embasar sua análise sobre os possíveis impactos concorrenciais de um ato de concentração. Na mesma linha, há operações mais complexas que já são notificadas à autoridade com apresentação de proposta de "remédios", ou seja, as partes envolvidas já reconhecem de antemão preocupações concorrenciais que devem ser suscitadas pela autoridade de defesa da concorrência e, no intuito de evitar uma discussão por vezes longa, já oferecem alternativas e propostas de desinvestimentos.

Ademais, o fato de a "nova" lei de defesa da concorrência estabelecer um prazo máximo de análise de atos de concentração (240 dias, prorrogáveis por mais 90 dias) garante previsibilidade para o mercado como um todo. Muito embora a Lei 8.884/1994 também estabelecesse prazos para análise de atos de concentração, esses prazos podiam ser suspensos, e frequentemente eram, toda vez que as autoridades do SBDC requeressem esclarecimentos adicionais ou documentos relevantes para a análise – possibilidade que não mais existe sob a égide da Lei 12.529/2011.

Importante destacar que, desde que entrou em vigor a nova Lei de Defesa da Concorrência, o CADE analisou 4.700 atos de concentração, com prazo médio de análise de 29 dias[3] – na vigência da antiga lei antitruste, o prazo médio era de 76 dias.

Ademais, o Tribunal do CADE julgou 298 processos de práticas anticompetitivas nesse período, dentre carteis e condutas unilaterais restritivas à concorrência, sendo que a decisão foi pela condenação em 181 deles.

---

3. BRASIL. CADE. Revista do CADE. Disponível em: https://www.gov.br/cade/pt-br/assuntos/noticias/nova-edicao-da-revista-de-defesa-da-concorrencia-celebra-os-10-anos-da-lei-antitruste#:~:text=todo%20o%20ano.-,Lei%20n%C2%BA%2012.529%2F2011,que%20n%C3%A3o%20ultrapassou%2029%20dias. Acesso em: 20 jun. 2022.

Dentre as investigações de cartéis, importante destacar a condenação de empresas que participaram de cartel em licitações relacionadas a obras do metrô de São Paulo. Ressaltem-se também os casos de cartel no âmbito da Operação Lava-Jato, em que a área de inteligência da Superintendência-Geral participou ativamente das investigações e o programa de leniência desempenhou papel essencial ao trazer ao conhecimento da autoridade provas de múltiplos acordos anticompetitivos entre as empresas investigadas em diversos processos licitatórios.

Ainda, destaque-se que, em 2021, o CADE lançou a plataforma Clique Leniência,[4] com o objetivo de facilitar o pedido de *marker* para que um participante de um determinado cartel possa contribuir com as investigações da autoridade e obter os benefícios do programa nas esferas administrativa e criminal.

Em relação à investigação de práticas de abuso de posição dominante, verificou-se um aumento do número de denúncias recebidas, especialmente devido à facilidade de acesso do cidadão comum ao Clique-Denúncia.[5] Observe-se que o CADE impôs 15 medidas preventivas ao longo dos 10 anos de vigência da Lei 12.529/2011, o que reflete o fato de que, apesar de ter a possibilidade de lançar mão desse instrumento para impedir a continuidade de práticas flagrantemente lesivas à concorrência, a autarquia aplica-o com parcimônia, na busca de instruir de forma mais aprofundada as denúncias antes de se posicionar sobre sua possível prejudicialidade e evitar intervenções precipitadas que possam ser danosas ao regular funcionamento dos mercados.

Em termos de avanços procedimentais, em 2014, o CADE implementou o Sistema de Informação Eletrônica – SEI, no âmbito do projeto CADE Sem Papel, o que representou um aumento da eficiência do órgão, tanto em termos de produtividade interna quanto ao possibilitar que qualquer pessoa acesse online todos os processos em instrução no órgão.

Outro importante ponto a destacar foi a crescente agenda internacional do CADE nos últimos 10 anos, tanto firmando acordos de cooperação com diversas autoridades estrangeiras, quanto participando ativamente dos mais importantes fóruns de discussão de direito da concorrência no mundo. Nesse contexto, ressalte-se a adesão do Brasil como membro associado da Organização para Cooperação e Desenvolvimento Econômico (OCDE) em 2019.

2.2 A modernização da política de defesa do consumidor

Assim como o CADE fez no campo da defesa da concorrência, a Senacon também promoveu importantes avanços na política de defesa do consumidor ao

---

4. BRASIL. CADE. Disponível em: https://leniencia.cade.gov.br/. Acesso em: 20 jun. 2022.
5. BRASIL. CADE. Disponível em: https://cliquedenuncia.cade.gov.br/login. Acesso em: 20 jun. 2022.

longo de seus 10 anos de existência. Dentre eles, destacamos quatro relevantes eixos de atuação: gestão dos sistemas nacionais de atendimento ao consumidor; contribuição destacada na edição de atos normativos (advocacia normativa), com uma agenda moderna e alinhada às melhores práticas internacionais; e o incremento da participação internacional do Brasil; e ações de educação para o consumo.

Com relação primeiro eixo, um importante passo no sentido da modernização da defesa do consumidor no Brasil foi a implementação, em 2014, da plataforma Consumidor.gov.br.[6] Trata-se de serviço gratuito que permite o contato direto entre fornecedores e consumidores para resolução de conflitos de consumo, sem necessidade de intervenção direta do Poder Público.

Em 2020, o Consumidor.gov.br foi tornado plataforma digital oficial da administração pública federal direta, autárquica e fundacional para a autocomposição nas controvérsias em relações de consumo.[7] Além disso, por meio da Portaria 15, de 27 de março de 2020, a Senacon estabeleceu a obrigatoriedade de cadastro de fornecedores chave na plataforma, a saber: empresas com atuação nacional ou regional em setores que envolvam serviços públicos e atividades essenciais; plataformas digitais; e empresas listadas entre as duzentas mais reclamadas no Sistema Nacional de Informações de Defesa do Consumidor.

Dados publicados pela Senacon (Secretaria Nacional do Consumidor) indicam que a iniciativa tem sido muito bem-sucedida: o Consumidor.gov.br conta atualmente com uma base de mais de 3,8 milhões de usuários cadastrados e mais de 1.190 empresas credenciadas. Cerca de 80% das reclamações registradas na plataforma são solucionadas pelas empresas participantes, que respondem às demandas dos consumidores em um prazo médio de 7 dias. Tais níveis de resolutividade devem ser comemorados, pois certamente reduzem custos de fornecedores, consumidores e poder público com a eventual judicialização de conflitos de consumo.

Além de possibilitar o contato direto entre consumidores e fornecedores para resoluções de conflitos, a plataforma tem importante função informacional: são divulgados, entre outros dados, indicadores como índice de solução, satisfação com o atendimento, reclamações respondidas e prazo médio de resposta. As informações geradas na plataforma são monitoradas pela própria Senacon, Procons,

---

6. Para fins de completude, registre-se que, além da plataforma Consumidor.gov.br, a Senacon mantém outros dois sistemas de fundamental importância: o Sistema Nacional de Informações de Defesa do Consumidor (SINDEC) e o ProConsumidor. O SINDEC, lançado em 2004, consiste em base de dados que agrega informações sobre os atendimentos realizados pelos PROCONS. O ProConsumidor, lançado em 2019, é um sistema mais moderno que substituirá, gradualmente, o SINDEC.
7. Decreto 10.197, de 2 de janeiro de 2020.

Defensorias, Ministérios Públicos, agências reguladoras, entre outras entidades, fornecendo insumos relevantes para a atuação desses atores. Evidente, portanto, o valor que a iniciativa em questão tem gerado para a sociedade.

No eixo de advocacia normativa, a Secretaria também tem apresentado atuação destacada. Nessa linha, apresentou contribuições relevantes, na forma de subsídios técnicos e articulação, em projetos normativos relacionados a temas essenciais para o consumidor brasileiro.

Entre os temas em que a Senacon atuou nos últimos anos, é possível destacar as contribuições dadas para a formulação do Marco Civil da Internet,[8] da Lei Geral de Proteção de Dados Pessoais,[9] da Lei de Prevenção e Tratamento do Superendividamento,[10] do Decreto de regulamentação do Serviço de Atendimentos dos Consumidores (SAC),[11] entre outros atos normativos, levando ao legislador a perspectiva do consumidor em linha com uma concepção bastante moderna do papel dessa relevante política pública.

Muitas dessas discussões tiveram lugar no âmbito do novo Conselho Nacional de Defesa do Consumidor (CNDC), criado por meio do Decreto 10.417, de 7 de julho de 2020. A retomada do CNDC – reunindo representantes do CADE, Ministério da Economia, Banco Central, agências reguladoras, entidades de defesa do consumidor, juristas de notório saber e fornecedores – foi uma importante iniciativa no sentido de aprimoramento da articulação do Sistema Nacional de Defesa do Consumidor (SNDC), com potencial de elevar a atuação dos integrantes do Sistema a patamares alinhados às melhores práticas nacionais e internacionais.

Quanto ao terceiro eixo aqui destacado, registra-se que houve importantes avanços na participação do Brasil nos principais foros internacionais de proteção do consumidor.

Na OCDE, em 2020, o Brasil passou do status de "observador" a "participante" no Comitê de Política do Consumidor (CCP),[12] tendo aderido a todas as normativas de proteção do consumidor da organização. Essa atuação está em linha com o objetivo mais amplo de acessão do Brasil à organização, que tem sido tratado como prioridade pelo governo brasileiro. Ademais, demonstra o compromisso da Secretaria de buscar harmonização com as melhores práticas mundiais no campo da defesa do consumidor.

---

8. Lei 12.965, de 23 de abril de 2014.
9. Lei 13.709, de 14 de agosto de 2018.
10. Lei 14.181, de 1º de julho de 2021.
11. Decreto 11.034, de 5 de abril de 2022.
12. São três os níveis de participação existentes: observador, participante e membro pleno.

Destaca-se também a atuação da Senacon no âmbito do MERCOSUL, especialmente durante o segundo semestre de 2021, período em que o Brasil exerceu a presidência 'pro tempore' do bloco. Durante esse período, a Senacon foi a responsável pela gestão do Comitê Técnico de Defesa do Consumidor, liderando relevantes entregas para os consumidores dos países participantes.

Finalmente, outro eixo de atuação de extrema relevância que aqui destacamos é o educativo, implementado pela Escola Nacional de Defesa do Consumidor (ENDC).

A Escola vem exercendo papel fundamental na capacitação de membros do SNDC – Procons Estaduais e Municipais, Promotorias, Defensorias e Entidades Civis de Defesa do Consumidor, o que contribui sobremaneira para a harmonização de entendimentos e atuações em um sistema de natureza eminentemente descentralizada.

Além da função de capacitação dos membros do SNDC, a Escola também tem desenvolvido cursos voltados aos cidadãos, como a trilha de educação financeira, que conta atualmente com três cursos de ensino à distância e gratuitos direcionados especificamente aos consumidores; e aos fornecedores.

3. UMA AGENDA PARA O FUTURO

Tem-se, portanto, muitos avanços nos últimos 10 anos em matéria de defesa da concorrência e defesa do consumidor, o que certamente impactou positivamente o bem-estar econômico dos brasileiros ao longo do período em questão.

Passa-se agora a comentar alguns dos principais desafios que as autoridades responsáveis por implementar cada uma dessas políticas públicas devem enfrentar nos próximos anos.

3.1 A necessidade de o CADE estar sempre alinhado ao caráter dinâmico da economia

No que diz respeito ao CADE, muitos avanços foram alcançados com a entrada em vigor da Lei 12.529/2011, conforme visto, mas, como a economia está em constante transformação, há sempre a necessidade de se aprimorar a política de defesa da concorrência para que ela consiga se adaptar e responder tempestivamente a esse dinamismo e aos desafios que dele surgem.

É fato que, nos primeiros anos de vigência da lei, a preocupação principal das autoridades era consolidar o sistema de notificação prévia de atos de concentração. Paralelamente, houve um grande *enforcement* da política de combate a cartéis. No entanto, atualmente, percebe-se a necessidade de conferir maior ênfase à investigação de condutas unilaterais restritivas à concorrência. Tal percepção vai ao encontro de recomendação exarada pela OCDE no *peer review*[13] sobre a legislação e a política da concorrência do Brasil realizado em 2019.

Nesse sentido, foi implementada recentemente uma reformulação na estrutura da Superintendência-Geral a fim de criar uma unidade com equipe focada exclusivamente na análise de denúncias de condutas unilaterais restritivas à concorrência, tais como venda casada, fixação de preço de revenda, abuso de direito de petição, descontos não lineares, dentre outras. Tal medida pretende fortalecer a efetividade do combate a abusos de posição dominante pela autarquia e conferir maior celeridade às investigações, de forma que a autoridade possa intervir tempestivamente em mercados em que práticas que constituam infração à ordem econômica possam estar afetando a concorrência.

Em relação a atos de concentração, uma discussão importante é a possibilidade de atualização dos critérios de notificação obrigatória de operações ao CADE. A Lei 12.529/2011 define que operações que tenham efeito no Brasil são de notificação obrigatória quando um dos grupos econômicos envolvidos tenha registrado faturamento bruto superior a R$ 750 milhões no ano anterior à operação e o outro grupo econômico envolvido tenha registrado faturamento bruto de R$ 75 milhões no mesmo período.

O fato de os patamares de faturamento hoje utilizados serem os mesmos de 10 anos atrás faz com que eles tendam a estar defasados. No entanto, importante ponderar que, ao mesmo tempo em que uma possível elevação de patamares mínimos de faturamento de grupos econômicos envolvidos em uma operação para que a notificação ao CADE seja obrigatória possa representar uma medida racional do ponto de vista da atuação da autoridade, uma vez que esta poderia dedicar mais tempo e recursos para analisar atos de concentração que tenham maior probabilidade de suscitar preocupações concorrenciais, há de se considerar que algumas operações com potencial de gerar efeitos lesivos no ambiente concorrencial em determinados mercados poderiam passar despercebidas pelo fato de os grupos econômicos envolvidos não registrarem faturamentos substanciais.

Ademais, um importante ponto a destacar é a expansão dos mercados digitais, que tem suscitado a atenção das autoridades antitruste em todo o mundo. No CADE, não é diferente. Ao mesmo tempo em que trazem inovação para a economia, os mercados digitais apresentam desafios para sua análise sob o prisma da concorrência e têm tido a crescente atenção do CADE. Um dos principais desafios é como coibir uma possível utilização de plataformas digitais que congreguem

---

13. "Peer review, ou revisão por pares, é um instrumento de avaliação técnica realizada na OCDE, em que determinada política é analisada pelos outros países, favorecendo trocas de experiências e aproximação com padrões e princípios estabelecidos pela Organização." Disponível em: https://www.gov.br/casacivil/pt-br/assuntos/ocde/sobre-a-ocde-1/peer-reviews. Acesso em: 20 jun. 2022.

concorrentes como facilitadoras para a troca de informações concorrencialmente sensíveis, sem, no entanto, restringir o desenvolvimento de soluções tecnológicas benéficas para os consumidores e o mercado.

Essa questão tem sido debatida em diversos atos de concentração apreciados nos últimos anos, mas a autarquia deve se preparar para tratar cada vez mais possíveis implicações do tema também em sede de análise de condutas.

3.2 O desafio do fortalecimento das capacidades institucionais da Senacon

Um dos principais desafios a serem enfrentados nos próximos anos pela Senacon é a necessidade de fortalecimento das capacidades institucionais da Secretaria, especialmente em termos de orçamento e corpo técnico.

Em termos de orçamento, muito embora a ação "2334 – Proteção e Defesa do Consumidor" tenha recebido incrementos nos últimos anos, verifica-se que o valor[14] ainda é limitado frente a todas as demandas que a Secretaria necessita atender no âmbito de suas competências institucionais, que abarcam o planejamento, elaboração, coordenação e execução da Política Nacional das Relações de Consumo. Boa parte da dotação em questão é consumida, por exemplo, com as atividades essenciais de manutenção e desenvolvimento dos sistemas nacionais de atendimento ao consumidor.

Restam ainda todas as outras atividades da Secretaria, como processos sancionatórios, monitoramentos de mercado, atividades de advocacia normativa, representação internacional, ações de integração e fortalecimento do SNDC, ações de educação para o consumo, entre outras.

Quanto ao corpo técnico, verifica-se que a Secretaria conta com servidores extremamente qualificados. Contudo, o quantitativo de pessoal é reduzido face às relevantes missões da Secretaria: a equipe conta, atualmente, com cerca de 70 servidores, dentre os quais aproximadamente a metade desempenha funções relacionadas a projetos e políticas de direitos coletivos e difusos. Além disso, há elevada rotatividade de servidores, o que naturalmente gera impactos no desempenho das atividades da Secretaria.

Destaca-se também a pertinência de dar continuar ao movimento de alinhamento às melhores práticas internacionais em defesa do consumidor. Nesse sentido, entende-se que a realização da revisão por pares (*Peer review*) no âmbito

---

14. De acordo com dados divulgados no Painel do Orçamento Federal, a dotação atual da Ação 2334 – "Proteção e Defesa do Consumidor" para 2022 é de R$ 5.428.081,00. Apenas a título de ilustração, a dotação da Ação 2807 – "Proteção e Defesa da Concorrência" para o mesmo período é de R$ 41.815.432,00.

da OCDE traria valiosas contribuições para o aperfeiçoamento da política nacional de proteção e defesa do consumidor.[15] Ressalta-se que, como visto anteriormente neste artigo, a política de defesa da concorrência no Brasil já foi objeto de revisão por pares, o que foi fundamental para o desenho do novo sistema brasileiro de defesa da concorrência, muito mais moderno e efetivo do que o sistema anterior. Nessa linha, a realização da revisão por pares pode ser um elemento muito relevante para contribuir com o fortalecimento das capacidades institucionais da Secretaria e, ao fim do dia, da efetividade de sua atuação.

Outra agenda fundamental é a efetiva integração do SNDC, a fim de garantir a atuação harmônica, ou ao menos não conflitante, dos membros do sistema. Trata-se de desafio inerente à natureza do sistema, que é composto por uma multiplicidade de agentes – Procons, Defensorias, Ministério Público, entidades da sociedade civil – coordenados pela Senacon, porém não subordinados a ela.

Finalmente, destacamos, como possibilidade de aprimoramento da ação da Senacon, o aumento da transparência nas ações da Secretaria. A política pública de proteção e defesa do consumidor é, por natureza, de interesse geral. Nesse sentido, a sociedade se beneficiaria, por exemplo, com a publicidade das reuniões (ou, ao menos, das pautas e atas dessas reuniões) do CNDC e das reuniões nacionais do SNDC – a exemplo do que já ocorre com as reuniões deliberativas das agências reguladoras e com as sessões de julgamento do próprio CADE.

Ainda no âmbito do incremento da publicidade, seria interessante avaliar a disponibilização de acesso público a autos e documentos que não possuam restrição de acesso. É o que já ocorre no CADE, em que qualquer cidadão pode ter acesso, via pesquisa processual pública disponível no site da autarquia, a todos os documentos públicos constantes dos processos administrativos (sejam atos de concentração ou apuração de condutas potencialmente anticompetitivas) em andamento, bem como às versões públicas de todas as decisões fundamentadas da Superintendência-Geral e do Tribunal Administrativo em casos concretos.

CONSIDERAÇÕES FINAIS

Pelo exposto no presente artigo, são notáveis os avanços em matéria de direito da concorrência e de direito do consumidor nos últimos 10 anos. Igualmente, permanecem desafios para que a atuação do CADE e da Senacon seja ainda mais efetiva e se adapte ao contexto de constante mudança nas relações de mercado.

---

15. Segundo documento publicado pela Casa Civil, já estão em andamento ações de interlocução para contratação de Peer Review "Direitos do Consumidor". Disponível em: https://www.gov.br/casacivil/pt-br/assuntos/ocde/arquivos-ocde/2021_12_17_relatorio_trimestral_cg_jun_jul_ago_revisado.pdf. Acesso em: 22 jun. 2022.

Nesse sentido, considerando que CADE e Senacon são autoridades responsáveis por conduzir públicas que, embora por meios distintos, contribuem para a melhoria do bem-estar do consumidor e produzem sinalizações relevantes aos agentes econômicos, destacamos a importância de estreitar a cooperação entre os dois órgãos. A relevância de uma atuação coordenada já foi reconhecida pelas duas instituições, quando da celebração de Acordo de Cooperação Técnica no ano de 2018. Entende-se que é possível ampliar os canais de comunicação, para que haja atuação mais coordenada em questões que envolvam transversalmente ambas as políticas.

As trajetórias das duas autoridades ao longo dos últimos 10 anos na condução da política de defesa da concorrência e na de defesa do consumidor são motivo de comemoração. Sem dúvida, tratam-se de casos de sucesso de implementação de políticas públicas eficientes no Brasil. A continuidade dos avanços permitirá atuações cada vez mais efetivas, o que trará resultados ainda mais benéficos para a sociedade e a economia brasileira como um todo.

REFERÊNCIAS

BRASIL. CADE (2022). Anuário CADE 2021. Conselho Administrativo de Defesa Econômica. Disponível em: https://indd.adobe.com/view/adfd8e43-0a8b-4b2d-be7c-75bf058a4239 . Acesso em: 20 jun. 2022.

BRASIL. CADE. Revista do CADE. Disponível em: https://www.gov.br/cade/pt-br/assuntos/noticias/nova-edicao-da-revista-de-defesa-da-concorrencia-celebra-os-10-anos-da-lei-antitruste#:~:text=todo%20o%20ano.-,Lei%20n%C2%BA%2012.529%2F2011,que%20n%C3%A3o%20ultrapassou%2029%20dias. Acesso em: 20 jun. 2022.

OCDE. Organization for Economic Cooperation and Development (OECD). OECD Peer Reviews of Competition Law and Policy: Brazil: 2019. OECD: Paris, 2019. Disponível em: https://bit.ly/3rp7xfc. Acesso em: 20 jun. 2022.

SILVEIRA, Paulo Burnier da. O papel da OCDE no aprimoramento da política de defesa da concorrência no Brasil: um breve balanço por ocasião dos 10 anos da Lei 12.529/2011. *Revista de Defesa da Concorrência*, v. 10, n. 1, p. 30-39, Brasília, 2022. Disponível em: https://revista.cade.gov.br/index.php/revistadedefesadaconcorrencia/article/view/993/576 . Acesso em: 20 jun. 2022.

REGULAÇÃO E ESG: O PAPEL DAS POLÍTICAS PÚBLICAS DA SENACON NA AGENDA SUSTENTÁVEL

Juliana Oliveira Domingues

Raíssa Guimarães Carvalho

Roberta Freitas Costa

Resumo: Muito se tem discuto sobre a efetividade das práticas ESG e a necessidade de engajamento entre os atores e os formuladores de políticas públicas. A preocupação do consumidor com a observância de questões sociais, ambientais e de governança tem sido crescente, sendo a Secretaria Nacional do Consumidor uma peça importante na elaboração de políticas públicas que estimulem a adoção dessa agenda. Assim, entre 2020 até março de 2022, a Senacon adotou ações com repercussão e impacto na questão da sustentabilidade em questões relacionadas ao combate à pirataria de insumos agropecuários; uso racional dos recursos naturais; consumo consciente e sustentável, superendividamento e proteção de dados dos consumidores.

Palavras-chave: ESG – Políticas públicas – Defesa do consumidor – SENACON.

Sumário: 1. Introdução – 2. Considerações sobre a OCDE – 3. A importância da ESG para o consumidor brasileiro – 4. SENACON e a agenda sustentável; 4.1 O que mudou na SENACON desde 2020 – Considerações Finais – Referências.

1. INTRODUÇÃO

Em 2004, a sigla em inglês ESG (*Environmental, Social and* Governance) foi cunhada em uma publicação do Pacto Global das Organização das Nações Unidas e do Banco Mundial, intitulada de *Who Cares Wins, Connecting Financial Market to a Changing World*,[1] para que investidores e atores da iniciativa privada incorporassem fatores sociais, ambientais e de governança em suas decisões.

---

1. THE GLOBAL COMPACT. *Wo Cares Wins*: Connecting Financial Markets to a Changing World. United Nations: 2004. Disponível em: https://pt.scribd.com/fullscreen/16876740?access_key=key--16pe23pd759qalbnx2pv. Acesso em: 17 nov. 2022.

Foi reforçado no Cop26 e pela agenda internacional que o tema é constantemente suscitado para que haja a consolidação de um novo padrão de investimentos, que incorpore a perspectiva da sustentabilidade. O impacto das mudanças climáticas e a crescente consciência da comunidade internacional revelam que a adoção de condutas ambientais responsáveis não é uma tendência passageira.

Obviamente, há dúvidas sobre a forma adequada e sobre a efetividade de incorporação desses fatores quando não há, efetivamente, um parâmetro ou um padrão de avaliação.

Em um cenário de crescente preocupação das empresas com questões ambientais, de sustentabilidade e de segurança, os fatores ESG também passaram a determinar compromissos ambientais e sociais sejam efetivos, impedindo o denominado *greenwashing*.[2-3] Governos têm o papel de potencializar e mobilizar o financiamento público e privado coadunado a esses fatores. Ademais, é concomitantemente possível alinhar e reformar políticas públicas, seja no âmbito regulatório ou não, para que barreiras sejam superadas, proporcionando um ambiente favorável e atraente a esses investimentos.[4]

2. CONSIDERAÇÕES SOBRE A OCDE

No âmbito da OCDE, é atualmente desenvolvido um importante trabalho de elaboração e análise de políticas que direcionam o financiamento e investimento das empresas para que os países façam uma transição para uma economia de baixo carbono e de modo resiliente, no sentido de incorporar os eventuais impactos das mudanças climáticas.[5] Há também um ímpeto crescente para que as empresas e instituições públicas mudem suas perspectivas de risco de curto e longo prazo.

Há evidências de que essas análises devam incorporar fatores externos mais amplos para maximizar os retornos e lucros a longo prazo e minimizar riscos, enquanto se reduz a propensão para controvérsias que possam corroer a confiança das partes interessadas e de *stakeholders* e, no âmbito do setor público, da sociedade em geral.[6]

---

2. NASCIMENTO, Juliana Oliveira Nascimento. *ESG*: O Cisne Verde e o Capitalismo de Stakeholder. São Paulo: Ed. RT, 2021. p. 362.
3. Segundo o Dicionário Oxford, "greenwashing" é informação disseminada por uma organização de modo a apresentar uma imagem pública ambientalmente responsável que não corresponde a suas práticas reais. Ver mis em: https://www.oxfordreference.com/view/10.1093/oi/authority.20110803095906807.
4. THORSTENSEN, Vera; MATHIAS, Maria Isabel da Cunha. OCDE e o Investimento Verde. 2021.
5. OECD. *ESG*: Investing Practices, Progress and Challenges. 2020. Disponível em: https://www.oecd.org/finance/ESG-Investing-Practices-Progress-Challenges.pdf. Acesso em: 17 nov. 2021.
6. OECD. *ESG*: Investing Practices, Progress and Challenges. 2020. Disponível em: https://www.oecd.org/finance/ESG-Investing-Practices-Progress-Challenges.pdf. Acesso em: 17 nov. 2021.

No Brasil, o debate sobre a relação entre a agenda ESG e políticas públicas ainda está a se desenvolver. Para a adoção dessas práticas, a análise de medidas regulatórias de outros países será essencial. No âmbito da União Europeia, nos últimos anos, a Comissão Europeia (CE) tem analisado a implicação de investimentos sustentáveis. A CE afirma que o financiamento sustentável geralmente se refere ao processo de obtenção de investimentos coadunados às considerações ambientais, sociais e de governança (ESG), levando a maiores financiamentos de longo prazo em atividades econômicas sustentáveis e projetos.[7] Ademais, outras jurisdições, notadamente países da OCDE, têm tomado medidas para clarificar as bases ESG, entre gestores de ativos, investidores e outros participantes do mercado.

A agenda ESG no Brasil ainda necessita de avanços. Diante da relevância do tema, as políticas públicas, futuramente, deverá considerar aspectos esses aspectos. À luz dessas questões, também é necessário que as entidades governamentais implementem medidas que assegurem maior transparência, a fim de que fundos e entidades divulguem todo o espectro de critérios de desempenho em termos de retornos e riscos anteriores relacionados às práticas ESG.

3. A IMPORTÂNCIA DA ESG PARA O CONSUMIDOR BRASILEIRO

Observando as novas dinâmicas de mercado e da sociedade, muitas empresas têm modificado suas práticas organizadas para incorporar a Agenda ESG. Há necessidade de redirecionamento das decisões das instituições para abranger interesses coletivos e mais amplos. Deve-se também considerar que o Estado continua a assumir o papel de alocação de recursos públicos, com os papéis de principal agente regulador, fiscalizador e fomentador de ações que organizam a sociedade.

A sociedade civil, por meio de associações e entidades, também contribui para modificar estilos de vida e padrões de consumo compatíveis com o conceito de desenvolvimento sustentável.[8] Segundo dados recentes da COP26, a Conferência do Clima da ONU, cerca de 62% das empresas que atuam no Brasil dizem sofrer pressão do mercado por práticas ESG.[9]

---

7. OECD. *ESG*: Investing Practices, Progress and Challenges. 2020. Disponível em: https://www.oecd.org/finance/ESG-Investing-Practices-Progress-Challenges.pdf. Acesso em: 17 nov. 2021. p. 59.
8. DA SILVA, Minelle Enéas; GÓMEZ, Carla Regina Pasa. O papel do governo e a prática do consumo sustentável: como esse stakeholder atua no setor elétrico? *RECADM*, v. 10, n. 2, p. 107-123, 2011.
9. EXAME. *62% das grandes empresas dizem sofrer pressão do mercado por práticas ESG*. Disponível em: https://exame.com/economia/62-das-grandes-empresas-dizem-sofrer-pressao-do-mercado-por-praticas-esg/#msdynttrid=cf_-8AjwRwYBU4BedBYafpBcz0o0YYd5DNx1tNN7ZcU. Acesso em: 18 nov. 2021.

A prática de consumo é essencial às atividades humanas, de modo que é indissociável o viver em sociedade e o consumo.[10] Dessa forma, nossas práticas de consumo têm sido estimuladas pelos atores públicos e privados.

Identifica-se um processo de crescente preocupação do consumidor com aspectos socioambientais e de governança das empresas, na hora de decidir por uma compra. Nesse sentido, a pesquisa da KPMG "Respondendo às tendências do consumidor na nova realidade", de novembro de 2020, identificou que 27% dos entrevistados consideram mais a sustentabilidade agora do que antes da Covid-19 nas suas decisões de compras de gêneros não alimentícios.[11] Apesar do número ainda não corresponder à maioria dos consumidores, acredita-se que a agenda de sustentabilidade se encontra em expansão.

4. SENACON E A AGENDA SUSTENTÁVEL

O consumidor, dada a sua vulnerabilidade, é identificado como o agente a ser protegido de maneira especial.

Com efeito, a regulamentação de sua proteção se deu com a edição do Código de Defesa do Consumidor, o qual disciplina os direitos básicos do consumidor (art. 6º), contempla hipóteses de reponsabilidade do fornecedor e insere-se na defesa dos direitos difusos e coletivos, tendo em vista que, não raras vezes, a ilicitude da relação de consumo afeta não apenas um consumidor ou um grupo deles, mas toda a coletividade.

No âmbito do Direito do Consumidor e agenda ESG, menciona-se que o Código de Defesa do Consumidor trata da questão ambiental no direito à educação para o consumo (art. 6º, II) que abrange, dentre outras situações, a educação para o consumo sustentável.

Nesse contexto, órgãos setoriais do governo têm atuado na adequação e modernização das políticas públicas de interesses, direitos e defesa do consumidor aos eixos social, de governança e meio ambiente.

Um desses atores é o Conselho Nacional de Combate à Pirataria[12] (CNCP), órgão colegiado criado pelo Decreto 5.244, de 14 de outubro de 2004, que tem como missões: (i) atuar na proteção e defesa do consumidor, contra a oferta de

---

10. CORRÊA, Ana Paula M.; SILVA, Minelle E.; MELO, Elidiane S. A logística reversa como componente facilitador da inter-relação entre empresas, governo, e sociedade em busca do desenvolvimento sustentável. *Anais...* XII Encontro Internacional de Gestão Empresarial e Meio Ambiente. São Paulo: FGV-EAESP, 2010
11. KPMG. *ESG ganha relevância para consumidores no pós-pandemia*. Disponível em: https://home.kpmg/br/pt/home/insights/2021/01/esg-consumidores-pandemia.html. Acesso em: 17 nov. 2021.
12. Para saber mais visite: Conselho Nacional de Combate à Pirataria. Disponível em: https://www.gov.br/mj/pt-br/assuntos/sua-protecao/combate-a-pirataria/historico. Acesso em: 17 nov. 2021.

produtos ilegais; (ii) ser um instrumento de combate ao crime organizado que gira ao redor da pirataria e contrabando (furto, roubo, corrupção, ameaça, homicídios, lavagem de dinheiro, sonegação etc.;), (iii) atuar como referência sobre o combate à pirataria, em âmbito nacional e internacional e (iv) ser uma ferramenta para a construção de um ambiente de concorrência empresarial justa, inovadora e de geração de empregos.

No mesmo caminho, o Conselho Nacional de Defesa do Consumidor[13] (CNDC), instituído pelo Decreto 10.147, de 7 de julho de 2020, reúne representantes do Sistema Nacional de Defesa do Consumidor (SNDC), fornecedores, agências reguladoras e acadêmicos, com a finalidade de assessorar o Ministro de Estado da Justiça e Segurança Pública na formulação e na condução da Política Nacional de Defesa do Consumidor, e, ainda, formular e propor recomendações aos órgãos integrantes do Sistema Nacional de Defesa do Consumidor (SNDC) para adequação das políticas públicas de defesa do consumidor.

A Secretaria Nacional do Consumidor[14] (Senacon), por sua vez, é órgão que integra a estrutura do Ministério da Justiça e Segurança Pública, sendo responsável por presidir tanto o CNPC quanto o CNDC e sua atuação concentra-se na proteção de direitos difusos e coletivos em direito do consumidor; no fomento ou coordenação de campanhas educativas; no monitoramento de mercados, no incentivo e auxílio ao planejamento de operações conjuntas; na formalização de parcerias nacionais e internacionais; no combate à práticas abusivas; na busca por garantir mais transparência, celeridade e modernidade nas relações de consumo e fomento à livre adesão e adoção adesão de melhores práticas.

No âmbito internacional, a Secretaria representa os interesses dos consumidores brasileiros e do Sistema Nacional de Defesa do Consumidor (SNDC) junto a organizações internacionais como MERCOSUL, Organização dos Estados Americanos (OEA), entre outras.

Dentre as ações da Senacon, destacam-se as atividades da Escola Nacional de Defesa do Consumidor[15] (ENDC), que promove a educação em direito do consumidor de órgãos e entidades de defesa do consumidor, bem como fornece cursos gratuitos, inclusive para a sociedade; a integração dos órgãos de defesa do consumidor ao Sistema Nacional de Informações de Defesa do Consumidor (Sindec) e o lançamento de projetos que serão financiados com os recursos o Fundo

---

13. Para saber mais visite: Publicado Decreto que cria o Conselho Nacional de Defesa do Consumidor. Disponível em: https://www.defesadoconsumidor.gov.br/portal/ultimas-noticias/1457-publicado-decreto-que-cria-o-conselho-nacional-de-defesa-do-consumidor. Acesso em: 17 nov. 2021.
14. Para saber mais visite: A Senacon. Disponível em: https://www.defesadoconsumidor.gov.br/portal/a--senacon. Acesso em: 17 nov. 2021.
15. Para saber mais visite: Escola Nacional de Defesa do Consumidor. Disponível em: https://www.defesadoconsumidor.gov.br/escolanacional/endc. Acesso em: 17 nov. 2021.

de Defesa de Direitos Difusos,[16] com a finalidade de recompor ou reparar danos causados ao meio ambiente, ao consumidor, a bens e direitos de valor artístico, estético, histórico, turístico, paisagístico, por infração à ordem econômica e a outros interesses difusos e coletivos, de acordo com o que dispõe a Lei 7.347, de 24 de julho de 1985 (Lei da Ação Civil Pública).

4.1 O que mudou na Senacon desde 2020

Conforme mencionado, o Código de Defesa do Consumidor trata da questão ambiental no direito à educação para o consumo que abrange, dentre outras situações, a educação para o consumo sustentável.

O meio ambiente, por sua vez, tem seu status constitucional reconhecido pelo constituinte, ao ser protegido como bem de grande essencialidade, no art. 225, e como princípio da ordem econômica, no art. 170, inciso VI, da Constituição Federal de 1988.

A partir disso, a Senacon na gestão entre julho de 2020 e março de 2022, investiu em iniciativas para tratar de questões que tenham repercussão nacional e interesse geral no tema da sustentabilidade. A Secretaria também atuou na promoção e coordenação de diálogos setoriais com fornecedores, na cooperação técnica com órgãos e agências reguladoras, na advocacia normativa de impacto para os consumidores, na prevenção e repressão de práticas infrativas aos direitos dos consumidores em casos de possíveis violações ambientais.

a) Cartilha de Combate à Pirataria de insumos agropecuários

A pirataria de defensivos agrícolas e produtos veterinários pode causar inúmeros prejuízos aos consumidores e ao país, pois coloca em risco a saúde de pessoas e de animais. Ademais, o contrabando e a falsificação de insumos agropecuários podem estar relacionados a diversos outros crimes. Além da repressão e fiscalização de órgãos públicos, também são necessárias medidas educativas e preventivas. Nessa esteira, o Conselho Nacional de Combate à Pirataria (CNCP), elaborou guias para incentivar a colaboração e boa-fé das empresas no que se refere a práticas sustentáveis.[17]

Em parceria com a ABIFINA, a Senacon lançou a *"Cartilha de combate à pirataria de insumos agropecuários – defensivos agrícolas e produtos veterinários"*.

---

16. Mais informações: O que é o Fundo de Defesa de Direitos Difusos – FDD. Disponível em: https://www.gov.br/mj/pt-br/assuntos/seus-direitos/consumidor/direitos-difusos/institucional. Acesso em: 17 nov. 2021.
17. SINDAN. *Abifina lança cartilha de combate à pirataria de insumos agropecuários*. Disponível em: https://www.sindan.org.br/noticias/abifina-lanca-cartilha-de-combate-a-pirataria-de-insumos-agropecuarios/. Acesso em: 19 nov. 2021.

A cartilha mostra como identificar defensivos agrícolas e produtos veterinários piratas, bem como clarifica os riscos e consequências do uso desses itens.

b) Cartilha para o consumo de produtos naturais

Outra importante iniciativa da Senacon foi a aprovação da Portaria das Embalagens (Portaria 392/2021). A portaria, de setembro de 2021 relaciona-se ao crescimento do comércio eletrônico no mercado brasileiro, notadamente durante a pandemia de COVID-19. A Portaria atende a uma demanda latente de modernização das políticas públicas para atender às necessidades do consumidor na era digital. A portaria assegura a clareza das mudanças de quantidade nas embalagens tanto nas compras físicas como nas compras *on-line*, com muito mais transparência e destaque para a melhor compreensão do consumidor.

c) Lei do Superendividamento

Um grande avanço regulatório foi a aprovação, em 2021, da Lei 14.181, conhecida como Lei do Superendividamento, que aumenta a proteção de consumidores com muitas dívidas e cria mecanismos para proteger o consumidor superendividado e vulnerável de boa fé.

Como um país em desenvolvimento, é essencial que o Brasil e, mais especificamente, a Senacon, atue de modo que as iniciativas de consumo sustentável se adequem à realidade social e econômica de sua população. Nesse sentido, a questão do superendividamento é essencial, visto que populações vulneráveis tendem a serem mais endividadas. Com menos recursos, uma grande massa de consumidores pode ficar mais exposta a produtos pirateados ou nocivos à saúde e ao meio ambiente.

De acordo com o artigo 4º da referida lei:

> Art. 4º(...)
>
> IX – fomento de ações direcionadas à educação financeira e ambiental dos consumidores;
>
> X – prevenção e tratamento do superendividamento como forma de evitar a exclusão social do consumidor.

Destaca-se que o superendividamento é um problema social que tendeu a ser exacerbado em razão dos efeitos econômicos da pandemia de Covid-19. Diversas questões e desafios podem ser suscitados, devido ao crescimento do superendividamento, um problema social já existente, mas que sofreu uma tendência de aumento durante a crise socioeconômica-sanitária. O problema da segurança alimentar, que abrange também ações na aquisição e distribuição de alimentos e na garantia de renda mínima e mínimo existencial, relaciona-se à construção de sociedades mais sustentáveis e resilientes.

a) Campanha educativa e de conscientização sobre o consumo consciente e sustentável

Em junho de 2021, mês do meio ambiente, o governo do Estado do Acre, por meio da Secretaria Estadual do Meio Ambiente (Sema) e o Instituto de Proteção e Defesa do Consumidor do Acre (Procon/AC), em parceria com a Defensoria Pública do Estado do Acre (DPE/AC) e a Secretaria Nacional do Consumidor (Senacon), realizaram, uma campanha educativa e de conscientização sobre o consumo consciente e sustentável.

Entre as atividades realizadas, foram lançadas cartilhas educativas sobre Rotulagem Ambiental e Consumo Consciente, que buscaram reforçar a conscientização para as temáticas ambientais e destacar ações que possibilitam a preservação e sustentabilidade ambiental. Na referida campanha, também lançados também vídeos institucionais nas temáticas de educação ambiental e de consumo, além da realização de um minicurso on-line, por meio dos canais de Youtube da Sema e do Procon/AC.

Entre os objetivos, destacou-se o fornecimento de informações aos consumidores, para que esses apoiem práticas empresariais responsáveis e evitem o consumo ambientalmente irresponsável e massivo. Nota-se que o conhecimento e a conscientização, quando assimilados por parte dos consumidores, têm efeito multiplicador e importante repercussão sobre suas comunidades.

b) Fundo de Defesa de Direitos Difusos

Os aportes do Fundo de Defesa de Direitos Difusos (FDD), gerido pela Secretária Nacional do Consumidor (Senacon), também possibilitaram entregas relacionadas à promoção da sustentabilidade nas relações consumeristas.

Entre as iniciativas, destacam-se:

I) Entrega de helicópteros para fortalecimento da defesa do meio ambiente em parceria com a Polícia Rodoviária Federal;

II) Melhoria na gestão de Resíduos Sólidos Urbanos em parceria celebrada com MMA para estruturação ambiental, no total, 57 municípios em várias regiões do país;

III) Estabelecimento de modelo da Avaliação dos Riscos para uso de agrotóxicos no Brasil, bem como garantir a divulgação segura de informações ao cidadão, em parceria com Ibama; e

IV) Fortalecimento do controle das atividades de comércio exterior da biodiversidade por meio do desenvolvimento de plataforma digital única.

c) MERCOSUL

O Brasil exerceu no segundo semestre de 2021 a presidência Pró-Tempore do MERCOSUL, na esteira de comemoração dos 30 anos da Assinatura do Tratado de Assunção. De acordo com o Ministério das Relações Exteriores, o Brasil atualmente visa à continuidade do processo de modernização do MERCOSUL, em sua original vocação econômico-comercial, intensificação da negociação de acordos comerciais com parceiros externos, fortalecimento do marco normativo econômico-comercial e continuidade dos esforços de racionalização do funcionamento do bloco, com a maior eficiência dos gastos e celeridade na consecução de seus objetivos comuns.

Sob esses parâmetros, a Secretaria Nacional do Consumidor ficou responsável pela elaboração e planejamento das atividades do Comitê Técnico 7 (CT-7), órgão subordinado à Comissão de Comércio do MERCOSUL (CCM), que, por sua vez, se subordina ao Grupo Mercado Comum (GMC).

O CT-7 reforça o diálogo entre as agências nacionais e tratar das políticas e ações para a proteção e defesa dos consumidores no MERCOSUL. Entre as ações ocorridas durante a presidência brasileira, destacaram-se: i) Projeto de resolução para proteção do consumidor frente ao superendividamento; ii) Diálogo sobre Resolução online de conflitos (ODR, em sua sigla em inglês) e melhores práticas; iii) Diálogo entre autoridades de proteção de dados – estrutura e melhores práticas; iv) Workshop e campanha sobre influência digital responsável, que se estima haver atingido 20 milhões de consumidores no MERCOSUL; v) Pacto empresarial do MERCOSUL para a proteção do consumidor no meio digital. No tocante ao Workshop sobre a responsabilidade de influenciadores, ressaltou-se a importância da transparência quanto à publicidade patrocinada, observando critérios sociais, ambientais e de governança.

Inclusive, CT-7 elaborou minutas de manuais de boas práticas, dentre os quais está o Manual de Boas Práticas sobre Consumo Sustentável, cuja coordenação foi da delegação da Argentina, apresentado aos membros do CT-7 em 27 de setembro de 2021, e cujo objetivo é sua adoção pelos Estados Partes do MERCOSUL. O Manual de Boas Práticas sobre Consumo Sustentável apresenta proposta de conceito sobre consumo sustentável como sendo o uso de bens e serviços que respondam às necessidades básicas e que proporcione melhor qualidade de vida, ao tempo em que minimize o uso de recursos naturais, de materiais tóxicos e as emissões de desperdícios e contaminantes durante todo o ciclo de vida do serviço ou produto, de maneira a não colocar em perigo as necessidades das gerações futuras.[18]

---

18. Além disso, o Manual contará com princípios que visam o desenvolvimento humano a partir da concepção ideológico política do sistema, e princípios de ordem instrumental, que se relacionam à planificação e à execução das políticas. São apresentados como princípios de ordem ideológico-política: (i) o consenso ideológico sobre a adoção do sistema de desenvolvimento-consumo sustentável; (ii) o compromisso ativo de respeitar essas bases; (iii) a participação, sem exclusões, na tomada de decisões e na execução das medidas adotadas; e (iv) a socialização dos conhecimentos para seu aproveitamento global. Por sua vez, os princípios de ordem instrumental apresentados são: (i) a planificação governa-

Por fim, o Manual conclui elencando práticas sustentáveis a serem conduzidas pelos diversos atores, como Estados, fornecedores, sociedade civil e pessoas físicas.

CONSIDERAÇÕES FINAIS

A introdução de práticas ESG exigirá engajamento mútuo entre os atores e os formuladores de políticas públicas, com a efetiva participação de atores privados, do setor financeiro e de outras partes interessas em moldar as práticas ESG no país. Embora tenha, recentemente, havido progresso e aperfeiçoamento dessas práticas por diversos fornecedores no Brasil, o tema ainda é novo e mais esforços são necessários para a adequação de práticas e de procedimentos aos preceitos de sustentabilidade.

As práticas ESG geram maior nível de confiança entre investidores, fornecedores e consumidores e garantem maior integridade do mercado. As práticas de ESG englobam não apenas a implementação de medidas sustentáveis, como também a gestão de pessoas e de recursos em consonância com os interesses da comunidade em que a empresa está inserida. Essas medidas ressaltam a importância de regras de transparência entre fornecedores e consumidores. Vale dizer que como um direito fundamental, o direito do consumidor está presente na sigla S – "Social" além disso, há um papel inerente do consumidor para reforçar os papeis das siglas "E" e "G".

Nessa perspectiva, conclui-se que há ainda maior espaço para a atuação da Secretaria Nacional do Consumidor, do Conselho Nacional de Combate à Pirataria e do Conselho Nacional de Defesa do Consumidor como facilitadores, em âmbito federal, à promoção de práticas ESG. A Senacon e os demais órgãos que compõe o SNDC podem facilitar a conscientização e a discussão relacionadas aos desafios impostos pela temática ambiental. Nesse sentido, é recomendável que as gestões da Secretaria e seus projetos promovam a educação ambiental e o consumo consciente de forma permanente, bem como a valorização da produção sustentável e uso racional dos recursos naturais.

REFERÊNCIAS

BRASIL. Conselho Nacional de Combate à Pirataria. Disponível em: https://www.gov.br/mj/pt-br/assuntos/sua-protecao/combate-a-pirataria/historico. Acesso em: 17 nov. 2021.

---

mental; (ii) a educação; (iii) a informação pública; (iv) o reconhecimento, promoção e desenvolvimento das capacidades criativas; (v) o equilíbrio social no acesso ao consumo; (vi) a proteção ao consumidor; (vii) o equilíbrio biofísico; (viii) a geração e manutenção das condições físicas e econômicas para a produção sustentável; (ix) a transformação dos padrões produtivos; (x) a pesquisa permanente sobre recursos renováveis e não renováveis e novas tecnologias; (xi) a atuação global e local simultânea; (xii) a atuação seletiva; e (xiii) a cooperação internacional e inter-regional.

BRASIL. Publicado Decreto que cria o Conselho Nacional de Defesa do Consumidor. Disponível em: https://www.defesadoconsumidor.gov.br/portal/ultimas-noticias/1457-publicado-decreto-que-cria-o-conselho-nacional-de-defesa-do-consumidor. Acesso em: 17 nov. 2021.

BRASIL. A Senacon. Disponível em: https://www.defesadoconsumidor.gov.br/portal/a-senacon. Acesso em: 17 nov. 2021.

BRASIL. Escola Nacional de Defesa do Consumidor. Disponível em: https://www.defesadoconsumidor.gov.br/escolanacional/endc. Acesso em: Acesso em: 17 nov. 2021.

BRASIL. O que é o Fundo de Defesa de Direitos Difusos – FDD. Disponível em: https://www.gov.br/mj/pt-br/assuntos/seus-direitos/consumidor/direitos-difusos/institucional. Acesso em: 17 nov. 2021.

EXAME. *62% das grandes empresas dizem sofrer pressão do mercado por práticas ESG*. Disponível em: https://exame.com/economia/62-das-grandes-empresas-dizem-sofrer-pressao-do-mercado-por-praticas-esg/#msdynttrid=cf_-8AjwRwYBU4BedBYafpBcz0o0YYd5DNx1tNN7ZcU. Acesso em: 18 nov. 2021.

KPMG. *ESG ganha relevância para consumidores no pós-pandemia*. Disponível em: https://home.kpmg/br/pt/home/insights/2021/01/esg-consumidores-pandemia.html. Acesso em: 17 nov. 2021.

NASCIMENTO, Juliana Oliveira Nascimento. *ESG*: o cisne verde e o capitalismo de Stakeholder. São Paulo: Ed. RT, 2021.

OECD. *ESG*: Investing Practices, Progress and Challenges. 2020. Disponível em: https://www.oecd.org/finance/ESG-Investing-Practices-Progress-Challenges.pdf . Acesso em 17 de novembro de 2021.

SINDAN. *Abifina lança cartilha de combate à pirataria de insumos agropecuários*. Disponível em: https://www.sindan.org.br/noticias/abifina-lanca-cartilha-de-combate-a-pirataria-de-insumos-agropecuarios/. Acesso em: 19 nov. 2021.

THE GLOBAL COMPACT. *Wo Cares Wins*: Connecting Financial Markets to a Changing World. United Nations: 2004. Disponível em: https://pt.scribd.com/fullscreen/16876740?access_key=key-16pe23pd759qalbnx2pv. Acesso em: 17 nov. 2021.

THORSTENSEN, Vera; MATHIAS, Maria Isabel da Cunha. *OCDE e o Investimento Verde*. 2021.

REGULAÇÃO E PROTEÇÃO DO CONSUMIDOR: DO TRIPARTISMO REPUBLICANO REGULATÓRIO À MODULAÇÃO EM TRÍPLICE HÉLICE

Luiz Felipe da Fonseca Pereira

Luma Cavaleiro de Macêdo Scaff

Resumo: O artigo analisa se a adoção da teoria do tripartismo republicado regulatório e da modulação de hélice tríplice pode contribuir com um desenho regulatório capaz de proteger o consumidor na conformação de mercados eficientes por propiciar o ecossistema de regulação policêntrica colaborativa já que atua mediante regulação colaborativa com feições republicadas, influenciando a política consumerista.

Palavras-chave: Regulação – Proteção do consumidor – Tripartismo republicado regulatório – Tríplice hélice – Colaboração.

Sumário: 1. Introdução – 2. Estado regulador e a proteção do consumidor – 3. A teoria do tripartismo republicano regulatório – TPR e a modulação em tríplice hélice: a regulação *policêntrica* colaborativa – 4. Os contributos da TPR e da tríplice hélice na proteção do consumidor: a regulação colaborativa com *feições republicanas* – Considerações finais – Referências.

1. INTRODUÇÃO

Em face da dinâmica socioeconômica no século XXI, em que a ciência, tecnologia e inovação – CT&I assumiram lugar de destaque, vivencia-se um mundo complexo, incerto e volátil, e esses adjetivos alcançam diversas searas, exigindo do Estado repensar certos dogmas e buscar a colaboração de diversos agentes para atingir os objetivos constitucionais.

A Organização para a Cooperação e Desenvolvimento – OCDE considera econômica digital ao examinar a disponibilidade e a qualidade das redes e dos serviços com o uso da tecnologia digital entre indivíduos, empresas e governos. A razão perceptível é a promoção de maior sinergia entre ministérios, diferentes níveis de governo e instituições, em geral, na busca de coerência entre suas ações.[1]

Essas novas tecnologias ocasionam novas relações sociais e, consequentemente, mercados inovadores a exemplo do Uber e iFood, além das plataformas virtuais de consumo ou compras coletivas. Justamente no posicionamento central deste nó envolto pela teia de relações sociais e jurídicas encontra-se a pessoa. Entre cidadão e consumidor, é direito fundamental a proteção da dignidade, bem como a realização de serviços de interesse público de qualidade.

Dos desafios que se avolumam, a judicialização de demandas consumeristas, aliado à frágil estrutura de responsabilização e indenização diante do desenho regulatório que guarda pouco, senão nenhum espaço à representatividade da vulnerabilidade consumerista.

Na perspectiva da regulação pública da economia, no qual o Estado intervém em maior ou menor medida, está em jogo a proteção do cidadão nas relações de consumo, bem como sua relação com o desenvolvimento nacional.

Em meados dos anos 90, o Código de Defesa do Consumidor entrava em vigor num contexto de políticas públicas intervencionistas na economia diante da inflação elevada e da política de controle de preços. Estabeleceu normas de proteção e defesa do consumidor, de ordem pública e interesse social, nos termos dos arts. 5º, inciso XXXII, 170, inciso V, da Constituição Federal e art. 48 de suas Disposições Transitórias.

O Programa Nacional de Desestatização, que marcou os anos 90, foi caracterizado pelo estilo de gestão pública de transferência de execução de serviços públicos, até então, exclusivos do Estado ao particular. Sob o argumento de universalização de serviços públicos e de prestação qualitativa, o Estado passa a posição de regulador e de fiscalizador, o que impacta diretamente no arranjo jurídico regulatório do direito do consumidor. Embora seja possível alguma identificação com o cenário caótico atual, vale dizer que naquele momento também fora factível a melhoria do bem-estar do consumidor, o que tem se esvaziado, sendo este texto uma tentativa de recuperação da valorização da *coisa pública* em uma república.

O mundo que (sobre)vive aos anos 2020 e seguintes assiste a gigantesca crise mundial sanitária que transforma os hábitos e costumes influenciando o funcionamento do mercado. É marcado pelo apogeu do consumo digital diante do nítido rompimento de fronteiras entre fornecedores e consumidores, mas pelo compartilhamento de estruturas econômicas com a velocidade da internet, além da utilização de dados pessoais como mercadorias.

---

1. ORGANIZAÇÃO PARA A COOPERAÇÃO E O DESENVOLVIMENTO (OCDE). O caminho da era digital. Disponível em: https://www.oecd.org/digital/a-caminho-da-era-digital-no-brasil-45a84b29-pt.htm. Acesso em: 24 out. 2021.

Motivado pelos anseios às respostas eficientes diante dos ditames constitucionais, no presente trabalho questiona-se de que maneira a teoria do tripartismo republicano regulatório e a modulação em tríplice hélice podem contribuir para moldar o desenho regulatório capaz de observar a proteção do consumidor na conformação de mercados eficientes.

Para o alcance de tal empreitada, utiliza-se de método hipotético-dedutivo, realiza-se pesquisa bibliográfica com o uso de fontes primárias e secundárias para elaboração do referencial teórico de consubstanciar os argumentos apresentados.

Para tal objetivo, o artigo é dividido em quatro seções, além desta introdução e das considerações finais: I) Apresentar o Estado regulador e a proteção do consumidor; II) Apresentar a teoria do tripartismo republicano regulatório – TRP e a modulação em tríplice hélice na formação de uma regulação *policêntrica* e III) Identificar as contribuições da TRP e da modulação em tríplice hélice para proteção do consumidor.

2. ESTADO REGULADOR E A PROTEÇÃO DO CONSUMIDOR

O Estado é uma das principais invenções da humanidade. No decorrer dos séculos, passou por diversas transformações de um Estado absolutista ao Estado Democrático de Direito, no qual teve experiências liberais e sociais. A conformação atual traz ao Estado um adjetivo complementar a sua definição *Democrático de Direito*, é o que a doutrina portuguesa e alemã[2] costuma chamar de *Estado de Garantia – Gewährleistungsstaat*.

O Estado de Garantia, muito mais como um grau intermediário afasta-se de um Estado mínimo da época liberal ou de Estado máximo típico do Século XX, configura-se como um novo arranjo de coordenação entre Estado, sociedade e o mercado. Na prossecução da realização do bem comum, o modelo institucional em tela não se personifica num *modelo de mercado nem de Estado*, mas sim, o que a doutrina costuma chamar de regulação.

A palavra regulação possui ambiguidade e amplidão semântica, tendo o condão de ser aplicada em vários campos do saber. No que tange às interações público-privadas e ao direito no contexto socioeconômico, a regulação se perfaz como uma tecnologia.[3]

---

2. GONÇALVES, Pedro. Estado de garantia e mercado. *Revista da Faculdade de Direito da Universidade do Porto*, v. VII (especial: Comunicações do I Triénio dos Encontros de Professores de Direito Público), Porto, p. 97-128, 2010, p. 98 e seg; SÄCKER, Franz Jürgen. Das Regulierungsrecht im Spannungsfeld von öffentlichem und privatem Recht, *Archiv des öffentlichen Rechts*, v. 130, 2005, p. 280 e ss.
3. ARANHA, 2019, p. 33.

Em outras palavras, constitui um sistema *sociotecnológico* que concilia dispositivos e pessoas, sem o qual algumas tarefas não poderiam ser realizadas. Desse modo, percebe-se intercessão entre economia, ciência, administração, política e o direito.[4] Nesse sentido, Othon Lopes[5] escreve que:

> A regulação é, portanto, uma tecnologia de intervenção do Estado na economia [...], em que decisões econômicas ocorrem predominantemente no âmbito de mercado, carecendo a atuação da autoridade na economia não só de justificação, mas também de uma configuração técnica especial.

Esse Estado de Garantia ou Garantidor que se personifica no Estado regulador, utilizando-se dessa tecnologia de intervenção no intuito de uma partilha "optimizada de tarefas e de responsabilidades entre duas polaridades"[6] (Estado e mercado). Uma nova dinâmica de responsabilidade pública que tem o condão de promover a articulação entre os subsistemas Estado, sociedade e mercado, com o escopo de preservar suas racionalidades e aproveitar de suas vantagens.

Assim, o Estado regulador possui fins e objetivos a alcançar em conformidade coma disciplina constitucional de determinado país, segundo Pedro Gonçalves seriam as "garantia do fornecimento de serviços essenciais; garantia e proteção dos direitos dos utilizadores desses mesmos serviços; garantia, proteção e promoção da concorrência; garantia de outros bens jurídicos".[7]

Percebe-se que ao Estado fica a missão de garantir o fornecimento de serviços, isso não significa que cabe ao mesmo fornecer, produzir ou prestar, mas contribuir para um ambiente jurídico-institucional propicio para que os serviços sejam fornecidos por ele ou por outros atores não estatais, presentes na sociedade e no mercado.

Essa garantia de fornecer se entrelaça na garantia de proteção dos direitos dos utilizadores desses mesmos serviços, em outras palavras, cabe ao Estado garantidor/Estado regulador a proteção dos consumidores.

Ressalta-se que essa relação não é dual, mas sim *triangular*, pois os serviços fornecidos aos cidadãos não emanam somente do Estado, mas de atores particulares. Por isso, que a passagem para o Estado regulador ensejou aumento das exigências de proteção estatal dos direitos dos particulares,[8] pois se parte das necessidades essenciais dos cidadãos foi entregue ao mercado, o Estado acaba por tomar para si a responsabilidade de regular essa dinâmica amparado nos ditames constitucionais.

---

4. LOPES, 2018, p. 161.
5. Idem, ibidem.
6. GONÇALVES, Pedro. Op. cit. 2005, p. 101.
7. GONÇALVES, Pedro. Op. Cit. 2005, p. 104.
8. GONÇALVES, Pedro. Op. Cit. 2005, p. 105.

Nesse contexto, que o Direito Público conversa com o Direito privado, por outro lado este iniciou um processo de busca por igualdade material, ainda que seja por desigualdades formais.[9] Assim, percebe-se a condição de vulnerabilidade do consumidor na sua desigualdade na relação de consumo, o que enseja por parte do Direito e por consequência do Estado a formação de um conjunto de normas e princípios orgânicos de reconhecimento e efetivação dos direitos do consumidor.[10]

Essa proteção é estendida aos mais diversos tipos de consumidores, o consumidor de serviços públicos ofertados pelo Estado ou setor privado, o consumidor turista, o consumidor digital etc. Nesse cenário, que o Código de Defesa do Consumidor é um exemplo claro de conjunto normativo de proteção dos vulneráveis, pois se utilizando de normas e princípios tem o escopo de equilibrar a relação de consumo e alcançar a igualdade material através de vários mecanismos como direitos de escolha, informação, transparência etc., e assim, proteger a liberdade e autonomia de vontade dos particulares.[11]

A construção desse conjunto sistêmico de normas protetivas no Brasil tem seu alicerce na Constituição Federal de 1988, pois o direito constitucional reconheceu a necessidade do Estado de promover a defesa do consumidor no rol de direitos fundamentais,[12] estabelecendo que a proteção dos consumidores não ficaria só a cargo da legislação civilista clássica. A defesa do direito ao consumidor é um dos princípios da ordem econômica previsto no art. 170.

Avulta-se que a vulnerabilidade do consumidor não pode ser entendida como incapacidade ou mesmo hipossuficiente, mas a propensão de sofrer danos, essa potencialidade pode ser física, psíquica ou econômica, ainda mais em uma economia do conhecimento[13] em que sociedade e mercado estão em constante transformação, isto é, as relações de consumo digital.[14]

---

9. KONDER, Carlos. Vulnerabilidade patrimonial e vulnerabilidade existencial: por um sistema diferenciador. *Revista de Direito do Consumidor*. v. 99, p. 103-104. maio-jun. 2015.
10. VERBICARO, Dennis; VIEIRA, Janaina. A hipervunerabilidade do turista e a responsabilidade das plataformas digitais: uma análise a partir da perspectiva da economia colaborativa. *Revista de Direito do Consumidor*, v. 127, p. 2-3, jan.-fev., 2020.
11. VERBICARO, Dennis; VIEIRA, Janaina. Op. cit. 2020, p. 4.
12. Art. 5º, XXXII da CF/88.
13. Durante séculos, a economia global se assentava fundamentalmente na exploração mercantilista ou capitalista baseadas na agricultura e na indústria de base. Na atualidade, porém, o panorama econômico mundial está cada vez mais dominado por atividades de natureza virtual/digital e intangíveis. Essa economia baseada em intangíveis é denominada de economia do conhecimento, na qual os produtos se baseiam em informação/dados, como é o caso dos mercados de *software*, da indústria multimídia, de entretenimento e de serviços online. HERZOG, A. *O que é a Economia do Conhecimento e quais são suas implicações para o Brasil?* – Um ensaio sobre a nova economia e o futuro do Brasil. Rio de Janeiro: Recanto das Letras, 2018, p. 1-20.
14. CANTO, Rodrigo Eudelvein. Direito do consumidor e a vulnerabilidade no meio digital. *Revista Direito do Consumidor*, v. 87, p. 189. 2013.

A Política Nacional das Relações de Consumo, prevista no art. 4 do Código de Defesa do Consumidor, objetiva o atendimento das necessidades dos consumidores, com respeito à sua dignidade e aos seus interesses econômicos. Além da ação governamental no sentido de proteger o consumidor pela presença do Estado no mercado de consumo, deve-se observar o princípio sobre a harmonização dos interesses dos participantes das relações de consumo e compatibilização da proteção do consumidor com a necessidade de desenvolvimento econômico e tecnológico, de modo a viabilizar os princípios nos quais se funda a ordem econômica (art. 170, da Constituição Federal), sempre com base na boa-fé e equilíbrio nas relações entre consumidores e fornecedores.

Aliado a isso, o investimento em espaços de harmonia de interesses ou de diálogos entre os participantes pode contribuir para a racionalização dos serviços públicos, sendo aqui o fundamento da possibilidade de aplicação do tripartismo regulatório republicado.

É nessa dinâmica de relações público-privadas que se forma o Estado regulador, o qual, como *face revelada* do Estado de Garantia, tem a missão de garantir serviços, proteção ao consumidor, além de alcançar os objetivos constitucionais.[15]

3. A TEORIA DO TRIPARTISMO REPUBLICANO REGULATÓRIO – TPR E A MODULAÇÃO EM TRÍPLICE HÉLICE: A REGULAÇÃO *POLICÊNTRICA* COLABORATIVA

O aumento da complexidade na sociedade e no mercado, ocasionado pelo acelerado processo de *destruição criativa*,[16] gerou nova realidade socioeconômica, ambientada em de incertezas e mudanças, que exige sinergia e alterações nos padrões tradicionais da regulação.

Esse cenário, expõe a necessidade de se ultrapassar a relação habitual entre regulador e regulados, e exige que terceiros interessados possam contribuir para a elaboração do desenho regulatório com mais dinâmica. Em outras palavras, a regulação – por envolver interações público-privadas – necessita de *feições republicanas*. Assim, a sociedade, em especial, a sociedade civil organizada deve contribuir, ainda mais quando envolve questões de proteção do consumidor.

Expor tal necessidade de diálogo é o objetivo da teoria do Tripartismo Republicano Regulatório[17] dispondo que o processo regulatório melhor será na hipótese

---
15. Art. 3º da CF/88.
16. Processo inovativo no qual o velho é destruído pelo novo. Nas palavras de Schumpeter: "em regra, o novo não nasce do velho, mas aparece ao lado deste e o elimina na concorrência". SCHUMPETER, J. A. *The theory of economic development*. Cambridge, Mass: Harvard University, 1983, p. 102.
17. AYRES, I.; BRAITHWAITE, J. *Responsive Regulation*: Transcending the Deregulation Debate. Oxford: Oxford University Press, 1992, p. 54-100.

de ampliação de espaço de diálogo aos Grupos de Interesse Público – GIPs. Seria o caso de emoldurar o desenho regulatório capaz de permitir que os GIPs atuem como atores ativos na regulação pública da economia na intenção de atender aos objetivos constitucionais. A configuração desses GIPs é multifacetada porque envolve diferentes entes capazes de viabilizar espaços de diálogo tais como entidades do terceiro setor, associações de proteção ao consumidor, além do espaço acadêmico com a colaboração de universidades e grupos de pesquisa e outros.

A concretização deste desenho regulatório busca evitar a captura regulatória[18] e fugir da dicotomia regulatória entre regulador e regulados, que já apresenta fragilidades e não consegue de modo eficiente entregar respostas às adversidades socioeconômicas que surgem em um mundo cada vez mais digital e tecnológico.

Esta moldura formatada também apresenta o escopo de favorecer a captura desejável, eficiente ou *efficient capture*, na qual o regulador é levado a considerar interesses públicos-privados necessários para uma regulação eficiente pela proximidade com outros atores da sociedade e do mercado.[19]

Essa nova dinâmica regulatória tem o condão de fomentar ambientes jurídico-institucionais colaborativos no qual a sociedade e mercado auxiliam o Estado no seu papel de regulador. Nesses ambientes, a eficiência advém da cooperação dos diversos atores, pois a performance de um agente afeta a dinâmica do todo, pois todos são correlativos necessários da regulação.

Porém, atenta-se que a teoria tem o condão de trazer a sociedade para o processo regulatório a fim de contribuir com a sua eficiência, e assim, dotá-lo de *feições republicanas*. Mas ainda permanece a regulação centrada na figura estatal, avançar para que os GIPs possam ser atribuídos de papel de regulador, e não só auxiliar a regulação, como compor o processo regulatório exigirá modulação apropriada.

Nesse sentido, a modulação em tríplice hélice ganha destaque, por se fundamentar na lógica de ecossistema,[20] definindo que os múltiplos atores em sociedade

---

18. A captura regulatória em sentido vulgar refere-se à possibilidade de a entidade reguladora ser capturada por um grupo de interesse ou um regulado ou grupo deles em específico, ensejando uma regulação deficiente e disfuncional, voltada para atendimento do interesse comerciais e/ou políticos de quem a captura, quando deveria conciliar interesses públicos e privados. GONÇALVES, R. M. P. A captura regulatória – uma abordagem introdutória. *Publicações CEDIPRE Online*, Coimbra, p. 07-22, 2014.
19. AYRES, I.; BRAITHWAITE, J. *Responsive* Regulation: Transcending the Deregulation Debate. Oxford: Oxford University Press, 1992, p. 67-90.
20. A lógica de ecossistema, inicialmente tratada na biologia pelo ecólogo inglês Arthur G. Tansley em meados de 1935, que significa, de modo simplório, uma unidade funcional básica composta por diversos atores que dependem uns dos outros. Apesar do empréstimo deste termo para campos como o empreendedorismo, ter ocorrido na década de 1990, em especial pelos estudos de Moore a partir de 1993, somente em 2010, com os estudos de Isenberg, em 2010, o conceito de ecossistema começou a ganhar a devida forma e relevância na regulação. ODUM, E. P. e BARRETT, G. W. *Fundamentos de ecologia*. São Paulo: Thomson Learning, 2007, p. 18; MOORE, J. F. Predators and Prey: A New Ecology

e no mercado desempenhem papeis fundamentais para funcionamento do sistema social,[21] pois são atores interdependentes.

Esse ecossistema positivado seria capaz de formar a interação interdependente de diversos atores, no qual a disfunção de um compromete o todo por serem correlativos necessários,[22] nesse caso, um *jogo sinérgico regulatório* em uma sociedade e num mercado complexos, incertos e em constates mudanças.

Todavia, a formação de ambientes colaborativos exige uma modulação regulatória para que possa se concretizar, isto é, o ato de modular, segundo determinada modalidade, a regulação. Exige a compreensão do funcionamento do mecanismo ou da engrenagem regulatória, o que leva a escolha sobre a natureza do sistema controlado.[23]

Consequentemente, a formatação jurídica de determinada modulação deve estar diretamente ligada à estratégia regulatória pretendida porque esta evidencia a funcionalidade da integração de instrumentos e técnicas regulatórias, influenciando o comportamento social. Instrumento e técnica não possuem direção sistêmica de forma isolada, sendo a estratégia apresentada um esforço de modelagem.[24]

Percebe-se que a modulação em tríplice hélice, surgida no processo de inovação, pode ser estendida para outros campos com o intuito de fomentar a cultura colaborativa. Com o surgimento da concepção sistêmica do processo inovativo,[25] começou-se – com base nos estudos de Etzkowitz e Leydesdorff[26] sobre a tríplice

---

of Competition. *Harvard Business Review*, n. 71, v. 3, p. 75-86, 1993; SENBERG, D. J. How to start in entrepreneurial revolution. *Harvard Business Review*, v. 88, n. 6, p. 40-50, 2010; SANTOS, D. A. G. dos. *A influência do ecossistema de empreendedorismo no comportamento dos empreendedores*. Dissertação (Mestrado) Programa de Pós-Graduação em Administração, Escola de Administração, Universidade Federal do Rio Grande do Sul, 2017.

21. Entende-se que a partir da teoria de Luhmann a sociedade é um sistema social composto por subsistemas sociais, como o Direito, economia, artes etc., no qual são *autopoiéticos* e se relacionam entre si. LUHMANN, Niklas. *Social System*. California: Stanford University Press, 1996.
22. SCAFF, Luma Cavaleiro de Macêdo; FONSECA PEREIRA, Luiz Felipe da. Institucionalismo & Inovação: a Lei do Bem como instituição Extrativista no Ecossistema Inovativo Nacional. *Revista Estudos Institucionais*, v. 7, n. 2, p. 629-648, maio/ago. 2021.
23. ARANHA, M. I. *Manual de Direito Regulatório*: fundamentos de direito regulatório. 5. ed. London: Laccademia Publishing, 2019, p. 70.
24. ARANHA, M. I. Op. cit. 2019, p. 68.
25. Uma abordagem que entende a inovação como um processo social de inúmeros fatores de natureza institucional, jurídica, econômica e organizacional. Desse modo, o processo de inovação é contínuo e relacional mesmo que as vezes indireto e envolve instituições de ensino e pesquisa, empresas, o Estado, coordenação de políticas públicas subsídios públicos, investigação de demandas e necessidades do mercado, arranjos jurídicos institucionais, desenho regulatório etc. VIOTTI, E. B. Fundamentos e evolução dos indicadores de CT&I. In: VIOTTI, E. B.; MACEDO, M. D. M. *Indicadores de ciência, tecnologia e inovação no Brasil*. Campinas, SP: Editora Unicamp, 2013.
26. Cf. ETZKOWITZ, H.; LEYDESDORFF, L. The dynamics of innovation: from national systems and "mode 2" to a triple helix of university-industry-government relations. *Research Policy*, v. 29, n. 02, p. 109-123, 2000.

hélice – a modular que o processo de inovação se desenvolvesse na interação Estado, empresas e universidades pautada no consenso.

Nesse modelo, não há a prevalência de um agente, mas todos convivem em um ambiente de ecossistema como correlativos necessários, pois, para se obter desenvolvimento socioeconômico e tecnológico e atender necessidades do mercado e da sociedade, será necessária a atuação conjunta dos atores envolvidos,[27] em outras palavras, é a formação de uma regulação *policêntrica* colaborativa.

A adoção de tal modulação não significa abandonar ou fechar as hipóteses de outros modelos e/ou formas de regular, mas enseja a predisposição à colaboração, visto que em temas mais sensíveis poderá o Estado definir as regras pautado em comando e controle.

4. OS CONTRIBUTOS DA TPR E DA TRÍPLICE HÉLICE NA PROTEÇÃO DO CONSUMIDOR: A REGULAÇÃO COLABORATIVA COM *FEIÇÕES REPUBLICANAS*

A nova dinâmica de relação público-privada pautada em uma racionalidade de concertação é a conjuntura por excelência da regulação *policêntrica* colaborativa que além de trazer para o processo regulatório *feições republicanas* permite melhores mecanismos e instrumentos para proteção do consumidor, pois diversos atores em sociedade e mercado auxiliarão e participarão de modo direto na formação dos desenhos regulatórios.

A par dessa perspectiva, que diversas formar de regular podem ser adotadas, com o escopo de garantir que GIPs voltados à proteção do consumidor possam participar ativamente da regulação. A exemplos desses modos têm-se: corregulação, a regulação em rede ou a autorregulação, esta como ocorre nos conselhos profissionais, que são verdadeiros modelos institucionalizados de autorregulação.

A corregulação caracteriza-se pela regulação em conjunto entre regulador e regulados de determinada matéria. Logo, essa dinâmica poderá ser mais ampla se atuação regulatória está pautada na interação com terceiros interessados como associações de proteção do consumidor e grupos de pesquisas das universidades que se dediquem a matéria, com papel fundamental na formação do desenho regulatório.

A regulação em rede – ou estratégia de governança nodal – é uma arquitetura de regulação descentralizada ou *decentered regulatory architectures*.[28] Traduz-se no acoplamento de estruturas de sistemas relacionados de forma reflexiva. Em

---

27. ETZKOWITZ, H.; LEYDESDORFF, L. Op. cit. 2000, p. 91.
28. BLACK, J. Critical Reflections on Regulation. *Australian Journal of Legal Philosophy*, v. 27, 2002, p. 27.

outras palavras, faz-se o uso de parceiros privados para contornar o déficit de capacidade regulatória, em especial de países em desenvolvimento,[29] como o Brasil, criando-se *nós de governança*. Assim, agrega-se atores não estatais na rede de governança, os quais podem ser tanto regulados quanto terceiros interessados que possam contribuir para uma regulação mais eficiente.

Esses modos de regular dependeram da atuação aberta ao diálogo da entidade reguladora, assim, Estado, mercado e GIPs em modulação tríplice hélice atuaram juntos para formação de arranjos jurídicos-institucionais mais aprimorados e eficientes.

Ressalta-se que cada um dos atores terá seus papéis apesar de serem correlativos necessários. Ao Estado caberá a unidade do sistema regulatório, ou seja, criar as bases do ambiente aberto ao diálogo e cooperação, buscando criar subsídios para manutenção desse modelo regulatório, bem como o dever de adotar como parâmetros os preceitos constitucionais para fazer os devidos ajustes nas propostas convencionadas.

Os atores de mercado oferecerem o capital, demandas e necessidades próprias como da sociedade, pois em um cenário de forte digitalização e *digitização*[30] das relações socioeconômicas as mudanças são constantes e ajustes no desenho regulatório serão necessários para evitar descompasso entre o conjunto normativo e a realidade que se pretende regular.

Os GIPs, por seu turno, trarão ao debate as preocupações sociais, muitas vezes ignoradas pelo Estado e o mercado, para que na formação do desenho regulatório as decisões privadas em ambiente de mercado, passem pelo influxo do interesse social e público. Desse modo, conciliando interesses privados e públicos e mandamentos constitucionais como a livre iniciativa, livre concorrência, justiça social, existência digna e defesa dos consumidores presentes no art. 170 da CF/88. Ao mesmo tempo alcançando os objetivos constitucionais do art. 3º.

A forma de regular é diferente a partir do momento que se está aberto ao diálogo no *jogo sinérgico regulatório* que se deve pensar a combinação harmoniosa de múltiplos caminhos para entrega de respostas eficientes para uma sociedade complexa e um mercado em constante transformação que afetam diretamente as relações de consumo.

---

29. BRAITHWAITE, J. Responsive Regulation and Developing Economies. *World Development*, v. 34, n. 5, p. 885. 2006.
30. Advindo do inglês *digitization*, significa o processo de adoção em maior medida de tecnologias digitais e/ou computacionais por uma empresa, organização, país etc. Por seu turno, a digitalização é o processo de transformação/conversão de dados/serviços/produtos analógicos em digitais, tais como fotos, textos, músicas etc. FEIGELSON, B.; LEITE, L. *Sandbox*: Experimentalismo no Direito Exponencial. São Paulo: Thomson Reuters, 2020, p. 26.

CONSIDERAÇÕES FINAIS

A complexidade socioeconômica multidisciplinar na qual se encontra inserido o consumidor exige uma configuração colaborativa na regulação das políticas de consumo. A proteção do consumidor baseada de forma majoritária em modelo de regulação tradicional pode suscitar riscos na estrutura protetiva desenhada no Código de Defesa do Consumidor por primar pelo binômio Estado versus Mercado.

Enquanto pessoa, cidadão, consumidor, diversos são os formatos de regulação das entidades reguladoras, porém, o aumento de participação social será capaz de entregar a regulação mais eficiência para mercados eficientes garantindo a devida proteção do consumidor.

A adoção da teoria do tripartismo republicado regulatório é capaz de contribuir para moldar o desenho regulatório capaz de observar a proteção do consumidor na conformação de mercados eficientes mediante a modulação em tríplice hélice.

Isto porque a adoção de boas práticas consumeristas pautadas no tripartismo republicado e na modulação em tríplice hélice contribui para a criação de um ecossistema de regulação policêntrica colaborativa.

Na realização da Política Nacional de Consumo, a presença do Estado deve viabilizar a harmonização de interesses justamente por meio da regulação policêntrica colaborativa. A eficiência nos mercados pede a nova configuração de atuação múltipla de espaços harmônicos e colaborativos para o desenho regulatório consumerista, envolvendo as interações público-privadas –, logo, necessita de *feições republicanas*.

O Sistema Nacional de Defesa do Consumidor envolve tanto entes públicos quanto entidades privadas de defesa do consumidor. A Secretaria Nacional do Consumidor é o ente federal de coordenação da política do Sistema Nacional de Defesa do Consumidor, cabendo-lhe executar a Política Nacional de Proteção ao Consumidor. Observa-se que esse arranjo jurídico apresenta a fragilidade de redução de espaços harmônicos e colaborativos de diálogos entre todos os entes integrantes do jogo sinérgico regulatório.

A regulação colaborativa com feições republicadas passa pela normatização de arranjo que permita maior participação de entes públicos e privados nos processos de estratégia, de planejamento e de tomada de decisões tanto na Política Nacional, quanto no Sistema de Proteção do Consumidor. Enquanto características dessas múltiplas respostas, a publicidade, a transparência, a participação ativa, o planejamento, a colaboração, além da possibilidade de amplitude de espaços de representação e o aumento da capacidade econômica e do acesso a informações técnicas das associações que os defendem tanto consumidores quanto as que representantes os fornecedores.

REFERÊNCIAS

ARANHA, M. I. *Manual de Direito Regulatório*: fundamentos de direito regulatório. 5. ed. London: Laccademia Publishing, 2019.

AYRES, I.; BRAITHWAITE, J. *Responsive Regulation*: Transcending the Deregulation Debate. Oxford: Oxford University Press, 1992.

BLACK, J. Critical Reflections on Regulation. *Australian Journal of Legal Philosophy*, v. 27, p. 1-35, 2002.

BRAITHWAITE, J. Responsive Regulation and Developing Economies. *World Development*, v. 34, n. 5, p. 884-898, 2006.

CANTO, Rodrigo Eudelvein. Direito do consumidor e a vulnerabilidade no meio digital. *Revista Direito do Consumidor*, v. 87, 2013.

ETZKOWITZ, H.; LEYDESDORFF, L. The dynamics of innovation: from national systems and "mode 2" to a triple helix of university-industry-government relations. *Research Policy*, v. 29, n. 02, p. 109-123, 2000.

FEIGELSON, B.; LEITE, L. *Sandbox*: Experimentalismo no Direito Exponencial. São Paulo: Thomson Reuters, 2020.

GONÇALVES, Pedro. Estado de garantia e mercado. *Revista da Faculdade de Direito da Universidade do Porto*, v. VII (especial: Comunicações do I Triénio dos Encontros de Professores de Direito Público), Porto, p. 97-128, 2010.

GONÇALVES, R. M. P. A *Captura regulatória* – Uma abordagem introdutória. Publicações CEDIPRE Online, Coimbra, 2014.

HERZOG, A. *O que é a economia do Conhecimento e quais são suas implicações para o Brasil?* – Um ensaio sobre a nova economia e o futuro do Brasil. Rio de Janeiro: Recanto das Letras, 2018.

ISENBERG, D. J. How to start in entrepreneurial revolution. *Harvard Business Review*, v. 88, n. 6, p. 40 50, 2010.

KONDER, Carlos. Vulnerabilidade patrimonial e vulnerabilidade existencial: por um sistema diferenciador. *Revista de Direito do Consumidor*. v. 99, maio-jun. 2015.

LUHMANN, Niklas. *Social System*. California: Stanford University Press, 1996.

MOORE, J. F. Predators and Prey: A New Ecology of Competition. *Harvard Business Review*, n. 71, v. 3, p. 75-86, 1993.

ODUM, E. P. e BARRETT, G. W. *Fundamentos de ecologia*. São Paulo: Thomson Learning, 2007.

SÄCKER, Franz Jürgen. Das Regulierungsrecht im Spannungsfeld von öffentlichem und privatem Recht, *Archiv des öffentlichen Rechts*, v. 130, 2005.

SANTOS, D. A. G. dos. *A influência do ecossistema de empreendedorismo no comportamento dos empreendedores*. Dissertação (Mestrado) Programa de Pós-Graduação em Administração, Escola de Administração, Universidade Federal do Rio Grande do Sul, 2017.

SCAFF, Luma Cavaleiro de Macêdo; FONSECA PEREIRA, Luiz Felipe da. Institucionalismo & Inovação: a Lei do Bem como instituição Extrativista no Ecossistema Inovativo Nacional. *Revista Estudos Institucionais*, v. 7, n. 2, p. 629-648, maio/ago. 2021.

SCHUMPETER, J. A. *The theory of economic development*. Cambridge, Mass.: Harvard University, 1983.

VERBICARO, Dennis; VIEIRA, Janaina. A Hipervunerabilidade do Turista e a responsabilidade das plataformas Digitais: uma análise a partir da perspectiva da economia colaborativa. *Revista de Direito do Consumidor*, v. 127, jan.-fev. 2020.

VIOTTI, E. B. Fundamentos e evolução dos indicadores de CT&I. In: VIOTTI, E. B.; MACEDO, M. D. M. *Indicadores de ciência, tecnologia e inovação no Brasil*. Campinas, SP: Editora Unicamp, 2013.

RESPONSIVIDADE NA COORDENAÇÃO DO SISTEMA NACIONAL DE DEFESA DO CONSUMIDOR: O CASO CONSUMIDOR.GOV.BR

Juliana Oliveira Domingues

Mariana Zilio da Silva Nasaret

Resumo: O presente artigo buscou trazer elementos de responsividade na plataforma Consumidor.gov.br, descrevendo e contextualizando o fenômeno jurídico da regulação e apresentando exposição dos principais elementos da teoria da regulação responsiva. Partiu-se da teoria da regulação responsiva como apropriada para a análise de arranjos regulatórios que dão abertura para técnicas de justiça restaurativa, diálogo e autocomposição. O histórico recente de atuação da Senacon foi o foco da análise no presente artigo, por meio da plataforma Consumidor.gov.br.

Palavras-chave: Regulação – Teoria responsiva – Consumidor.gov.br – Avaliação de responsividade.

Sumário: 1. Introdução – 2. As mudanças sociais: o caminho para a regulação responsiva – 3. Breves considerações acerca da teoria da regulação responsiva – 4. Brasil e o seu Sistema Nacional de Defesa do Consumidor: regulação das relações de consumo – 5. A maior plataforma de autocomposição de conflitos de consumos do mundo: o consumidor.gov.br – 6. As políticas públicas de expansão da plataforma durante a pandemia – 7. Elementos de responsividade no consumidor.gov.br – 8. A aferição da qualidade do atendimento pelo consumidor.gov.br e as *soft tools* da base piramidal responsiva – 9. Termo de ajustamento de conduta – 10. Caso envolvendo crédito consignado e as punições do topo da pirâmide responsiva – Considerações finais – Referências.

1. INTRODUÇÃO

Além de um princípio fundamental na Constituição Federal de 1988, a defesa do consumidor é um dos princípios da ordem econômica brasileira, que, por sua vez, é fundada na livre iniciativa.[1] Tais preceitos compatíveis e indissociáveis são estruturantes da atividade comercial nas sociedades economicamente sustentáveis.

---

1. Art. 170, da Constituição Federal: "A ordem econômica, fundada na valorização do trabalho humano e na livre iniciativa, tem por fim assegurar a todos existência digna, conforme os ditames da justiça social, observados os seguintes princípios: (...) V – defesa do consumidor."

O Código de Defesa do Consumidor, ao implementar os pressupostos da Constituição Federal de 1988, estabeleceu a Política Nacional das Relações de Consumo, que tem como princípio a presença do Estado no mercado de consumo como ação efetiva para a defesa do consumidor, visando objetivos como a garantia de seus interesses econômicos e a promoção de harmonia nas relações consumeristas.

Nesse contexto, a plataforma digital Consumidor.gov.br, administrada pelo órgão que coordena a Política Nacional das Relações de Consumo no Brasil – a Secretaria Nacional do Consumidor (Senacon) do Ministério da Justiça –, atende a esses e a outros princípios, como a autocomposição de litígios de consumo e a transparência.

A plataforma do governo federal possui adesão voluntária para diversos setores e participação obrigatória para outros e tem como propósito viabilizar a confecção de políticas públicas direcionadas aos consumidores com base em dados sobre reclamações de consumo.

O presente artigo busca analisar em que medida estão presentes elementos de responsividade no Consumidor.gov.br, conforme a teoria da regulação responsiva preconizada por Ayres e Braithwaite, inaugurada em 1992 e seus desdobramentos, já que o referencial teórico utilizado segue em constante aperfeiçoamento.

O artigo abordará aspectos iniciais sobre regulação, seus propósitos e a teoria da regulação responsiva. Da mesma forma, será apresentado o Sistema Nacional de Defesa do Consumidor, o papel da Senacon enquanto órgão federal de defesa do consumidor e os propósitos da plataforma Consumidor.gov.br na aplicação da regulação responsiva. Por fim, indicaremos a existência de elementos de responsividade presentes no serviço do Consumidor.gov.br procurando responder aos leitores: em que medida elementos de responsividade podem ser úteis para a defesa do consumidor?

Dessa forma, o artigo volta-se à investigação dos elementos de responsividade na plataforma Consumidor.gov.br, que foi maximizada na gestão da Senacon entre março de 2020 até março de 2022 e amplamente aceita na pandemia enquanto política pública de autocomposição de conflitos de consumo. Com isso, o artigo colabora para a compreensão sobre como a responsividade pode trazer benefícios ao consumidor.

2. AS MUDANÇAS SOCIAIS: O CAMINHO PARA A REGULAÇÃO RESPONSIVA

A vida moderna pavimentou o surgimento de novas necessidades sociais, interesses e desafios. Em resposta ao crescente incremento de complexidade dos sistemas sociais como um todo - seja no sentido da teoria dos sistemas de Luhmann (complexidade como contingência),[2] seja em um sentido mais prosaico relativo

---

2. Neves, comentando o sentido de complexidade na obra luhmanniana, destaca que complexidade implica contingência. NEVES, M. *Entre Têmis e Leviatã: uma relação difícil.* 3. ed. São Paulo, 2012, p. 15.

aos desenvolvimentos da técnica, da ciência, do trabalho e das próprias relações interpessoais –, os sistemas jurídico e político foram provocados a entregar novas formas de estabilizar as expectativas sociais.

O surgimento da responsabilidade objetiva em um mundo que passou a conhecer riscos que eram inimagináveis na era pré-industrial, a transformação dos sistemas constitucionais rumo ao reconhecimento de novos direitos fundamentais e ampliação da cidadania são exemplos de prestações entregues pelos sistemas jurídico e político para acomodar toda essa pressão.

É nesse contexto de crescente importância e complexidade que importa refletir acerca da regulação jurídica, não apenas conceitualmente, mas também em razão da sua relevância. Conceitualmente, podemos defini-la como uma função decisória do Estado que pressupõe realimentação contínua da decisão a partir do planejamento e acompanhamento conjuntural da realidade regulada.[3]

Com a complexificação dos sistemas sociais, acentuou-se a necessidade de um acompanhamento contínuo do ambiente regulado – isto é, os demais sistemas sociais – pelo sistema jurídico. A função clássica de execução das leis cometida ao Poder Executivo se tornou mais complexa.[4] A edição de normas jurídicas vinculantes por entidades da administração pública hoje é um fenômeno onipresente e parte integrante da prática constitucional de vários países, inclusive a do Brasil.

A função normativa que o Executivo exerce tem sua fonte de validade imediata na lei, mas tem como razão de ser a garantia da igualdade de condições no mercado e a concretização do conjunto de valores e princípios corporificados no conjunto de direitos fundamentais reconhecidos pela comunidade política.[5]

Em uma sociedade complexa, a regulação dos sistemas sociais com base apenas na lei, na atividade jurisdicional e na regulação tradicional do Executivo ("expedir decretos e regulamentos para a fiel execução das leis") parece insuficiente. O ritmo acelerado das mudanças do ambiente regulado, o caráter técnico dos assuntos envolvidos e a necessidade de um acompanhamento contínuo para a concretização de valores e princípios fundamentais tornam a regulação essencial para a estabilização da vida social.

---

3. ARANHA, M. I. *Manual de Direito Regulatório.* 5. ed. Londres: Laccademia, 2019, p. 55.
4. Como pontua Vermeule, "the main reason for the transformation of our government into an administrative state is that the rate of change in the policy environment, especially in the economy, is much greater than in the late eighteenth century – so much greater that the state has been forced, willy-nilly, so speed up the rate of policy adjustment. And the main speeding-up mechanism has been ever-greater delegation to the executive branch". VERMEULE, A. *Law's Abnegation: from Law's Empire to the Administrative State.* Cambridge, Massachusetts: Harvard University Press, 2016.
5. ARANHA, M. I. *Manual de Direito Regulatório.* 5. ed. Londres: Laccademia, 2019, p. 20.

Sobretudo a partir da década de 1990, no Brasil, tornou-se muito comum ouvir falar da função regulatória associada à regulação dos setores hoje regulados (utilidades públicas, vigilância sanitária, saúde suplementar etc.). Contudo, a regulação é um fenômeno mais amplo que não se limita à regulação setorial, sendo esta apenas uma de suas espécies. A regulação enquanto gênero abrange ainda a regulação regional e a regulação geral, sendo esta o foco deste trabalho.

Diferente da regulação setorial ou regional, voltadas a acompanhar e regular, respectivamente, regiões ou setores específicos da atividade econômica, a regulação geral tem como objeto a economia *como um todo*, destacando-se como exemplos de regulação geral as normas de proteção e defesa do consumidor, meio ambiente e concorrência.[6]

A regulação, seja qual for, fundamenta-se, primordialmente, nos direitos fundamentais e no interesse público. As justificativas iniciais para a regulação estatal foram a preservação e promoção do interesse público, por parte do Estado. Não é diferente com a regulação geral. De fato, proteção do meio ambiente, consumidor e concorrência são princípios da ordem econômica reconhecidos pelo art. 170 da Constituição Federal e que fundamentam não apenas todo um corpo de leis que visa dar concretude a tais princípios, como também a atividade regulatória das agências incumbidas de aplicar essa legislação (como a Senacon, o Conselho Administrativo de Defesa Econômica, o Instituto Brasileiro do Meio Ambiente e dos Recursos Renováveis, entre outros).

Por esse motivo, revela-se importante a esse artigo tratar da regulação sob a perspectiva da regulação responsiva. Considera-se que a teoria da regulação responsiva é apropriada para a análise de arranjos regulatórios que dão abertura para técnicas de justiça restaurativa, diálogo e autocomposição, sem olvidar da possibilidade de aplicação de sanções. É o caso do histórico de atuação da Senacon, por meio da plataforma Consumidor.gov.br, que não apenas viabiliza a autocomposição entre empresas e consumidor, como fornece subsídios para atuação das agências de proteção e defesa do consumidor na identificação de práticas abusivas e consequentemente no manejo de soluções via diálogo, tomada de compromissos ou imposição de sanções.

3. BREVES CONSIDERAÇÕES ACERCA DA TEORIA DA REGULAÇÃO RESPONSIVA

Em 1992, Ian Ayres e John Braithwaite publicaram a obra "*Responsive Regulation*", cujo subtítulo sugere a ideia de transcendência dos movimentos de desregulação ("Transcending the Deregulation Debate"). Na regulação responsiva, teoria que se encontra em constante desenvolvimento, desde sua criação, é

---

6. ARANHA, M. I. *Manual de Direito Regulatório*. 5. ed. Londres: Laccademia, 2019, p. 257.

rejeitada a ideia de regulação indesejada. Ao revés, a teoria da regulação responsiva sugere que, para o bom funcionamento dos mercados, o fluxo regulatório deve ser integrado por meio da regulação estatal.[7]

O contexto de surgimento da teoria da regulação responsiva, entre movimentos de desregulação e regulação extrema, ajuda a explicar a ideia de escalonamento de sanções utilizada por Ayres e Braithwaite como forma de estabelecer uma estrutura de incentivos e reprimendas a determinados comportamentos.

Por meio da representação de uma pirâmide, os autores estabelecem orientações prescritivas com elementos de persuasão ou punição, aplicáveis conforme a conduta mais ou menos "virtuosa" do regulado. Trata-se de uma estrutura de incentivos e trocas, cuja essência é o "isto por aquilo" ("*tit for tat*") em que os reguladores buscam, em um primeiro momento, a conformidade ("*compliance*").[8]

No topo da pirâmide sancionatória, podemos observar as punições mais graves, incapacitantes (*incapacitative*), enquanto na base da pirâmide encontram-se as medidas mais brandas, baseadas na persuasão do regulador para convencer o regulado a adotar determinada conduta (*persuation*). Na figura abaixo, ficam demonstrados os exemplos da pirâmide de apoio (*supports*) e de sanções (*sanctions*), que representam a estrutura de escalonamento.

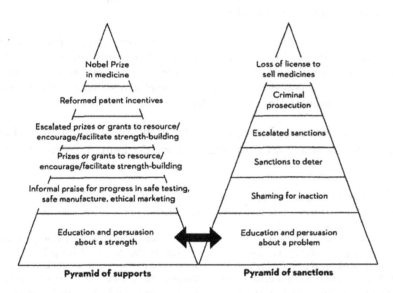

Figura 1: Pirâmides de incentivos e sanções desenvolvidas por Braithwaite em trabalho conjunto com Dukes e Maloney acerca da regulação médica – 1992.

---

7. ARANHA, M. I.; LOPES, O. A. *Estudo sobre Teorias Jurídicas da Regulação apoiadas em incentivos*. Brasília: Centro de Políticas, Direito, Economia e Tecnologias das Comunicações da UnB, 2019, p. 207.
8. BALDWIN, R.; BLACK, J. *Really Responsive Regulation*. The Modern Law Review 71, p. 59-94, 2008.

Já em relação à base da pirâmide de constrangimento, encontram-se os instrumentos brandos, ("soft tools"), que compreendem elementos orientativos de conduta, protocolos, estratégias educativas, instrumentos de persuasão lastreados na tendência do regulado a cooperar.[9] É a lição do professor Marcio Iorio Aranha sobre a estrutura da pirâmide regulatória:

> Tais instrumentos passam a assumir um caráter mais coercitivo à medida que sobem em direção ao ápice da pirâmide, podendo lançar mão, a depender do setor regulado, de prisão, suspensão de atividades, perda de licença de operar, dentre outros.

A estrutura do centro da pirâmide fica reservada à medidas escalonadas que variam entre as *soft tools* e as medidas incapacitantes e podem demonstrar que o regulador está aberto ao diálogo, mas que possui e vai utilizar medidas repressivas caso não haja mudança da conduta do regulado.

Note-se que, conforme a análise de Braithwaite no artigo "*Essence of Responsive Regulation*", a escolha por uma medida sancionatória não precisa ter início na base da pirâmide, sendo que o regulador pode adotar, de plano, medidas mais severas com regulados recalcitrantes. Entretanto, quando formas mais dialógicas de repressão à conduta errática do regulado são utilizadas antes de uma sanção, o uso do controle coercitivo parece ao regulado mais legítimo. A partir de então, a adequação à lei será mais provável.[10]

> [...] a pirâmide regulatória tenta criar uma estrutura dinâmica, na qual podem ser utilizadas diferentes técnicas, porém com foco no espaço mais flexível existente em sua base. Com isso, busca-se concentrar os esforços dos reguladores em opções mais baratas e colaborativas, deixando as demais opções, caras, demoradas e complexas para serem utilizadas em situações extremas, localizadas no topo da pirâmide.[11]

O debate da regulação responsiva também foi contemplado pela versão simplificada da teoria, que é ilustrada por meio do diamante regulatório:[12]

---

9. ARANHA, M. I. *Manual de Direito Regulatório*. 5. ed. Londres: Laccademia, 2019, p. 157.
10. AYRES, I.; BRAITHWAITE, J. *Responsive regulation: transcending the deregulation debate*. New York: Oxford University Press, 1992.
11. SILVA, J. M. A. M. M. A Regulação responsiva das telecomunicações: novos horizontes para o controle de obrigações pela Anatel. *Revista de Direito Setorial e Regulatório*, Brasília, v. 3, n. 1, p. 255-280, maio 2017.
12. Vide a lição do professor Marcio Iorio Aranha sobre o diamante regulatório: "A diferença da proposta de diamante regulatório está em que, ao enfatizar tanto padrões e incentivos comportamentais de conformidade à norma, quanto incentivos ao regulados de irem além do exigido pela normatização, cada metade do diamante regulatório representa um aspecto da regulação; a metade inferior do diamante é dedicada a representar as contribuições sedimentadas da pirâmide regulatória brathwaitiana invertida, reunindo-se ali as medidas punitivas e persuasivas da pirâmide de constrangimento com finalidade de regulação para conformidade às normas – regulação de conformidade ou *compliance regulation* –, enquanto a metade superior dedica-se a representar a contribuição originária de estudos sobre conformidade para além das normas – regulação aspiracional ou *aspirational regulation*. ARANHA, M. I. *Manual de Direito Regulatório*. 5. ed. Londres: Laccademia, 2019, p. 162-163.

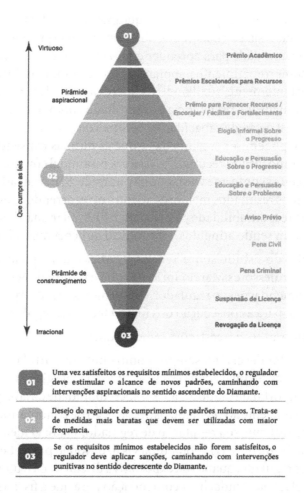

Figura 2: o diamante regulatório, adaptado de Braithwaite e Ayres (1992) e Kolieb (2015) – extraída do material produzido pela Escola Nacional de Administração Pública "Modelos de Conformidade Regulatória: conceitos, aplicação e lições no Brasil (2022)."

As pirâmides, apesar de simplistas representações frente aos variados aspectos da regulação responsiva, possuem grande valor didático para demonstração dos elementos de responsividade. A forma visual de responsividade, entretanto, não foi o único mecanismo utilizado por Braithwaite no desenvolvimento da teoria da regulação responsiva.

Em artigo de 2011 (*Essence of Responsive Regulation*), o Braithwaite renova o debate ao estabelecer nove princípios da regulação responsiva: *1)* Pensar dentro do contexto e não impor uma teoria preconcebida; *2)* Ouvir ativamente, estruturar um diálogo que dê voz aos *stakeholders*, estabelecer os resultados acordados e como monitorá-los, construindo comprometimento, auxiliando os regulados a encontrar a própria motivação para melhorias, comunicando determinações firmes para persistir em um problema até que este seja resolvido; *3)* Envolver com justiça aqueles que resistem; mostrando-lhes respeito interpretando sua resistência como uma oportunidade para aprender como melhorar o desenho regulatório; *4)* Elogiar os comprometimentos, apoiando a inovação, nutrindo motivação para melhorar constantemente, auxiliando os líderes a estabelecerem novos tetos de excelência; *5)* Sinalizar a preferência por resultados por meio de apoio e capacitação para a construção de capacidades; *6)* Sinalizar – sem ameaçar –, um *range* de sanções que podem ser escalonadas e que as últimas consequências podem ser utilizadas como último recurso; *7) Network* piramidal envolvendo redes mais amplas de parceiros conforme você sobe na pirâmide; *8)* Extrair atividade responsável, de tornar os resultados melhores no futuro, recorrendo à responsabilidade ativa quando a responsabilidade passiva falha; *9)* Avaliar quão bem e a que custo os resultados vem sendo atingidos e comunicar as lições aprendidas.[13]

No âmbito do Estudo sobre Teorias Jurídicas da Regulação apoiadas em incentivos, os professores Marcio Iorio Aranha e Othon de Azevedo Lopes exploram as recomendações ao regulador, conforme a teoria de Ayres e Braithwaite, aprimorando-a, para a consecução dos fins da teoria da regulação responsiva.

Em resumo, as recomendações indicam que:

a) o regulador deve: *i)* ter sempre, como ponto de partida e primeira forma de abordagem a aproximação; *ii)* estabelecer uma sinergia entre punição e persuasão; *iii)* comportar de modo a transmitir credibilidade da atuação reguladora; *iv)* dar tempo suficiente ao regulado para correção de conduta antes de escalar as sanções, o que reafirma sua reputação de regulador justo; *v)* identificar níveis de conformidade às normas; *vi)* adotar uma visão de longo prazo, tanto na compreensão do setor regulado, quanto na expectativa de colher os frutos do modelo da pirâmide regulatória. Ainda, há recomendação para que a fiscalização regulatória seja episódica a fim de que o caráter punitivo, ou persuasivo, contínuo sofra interrupções estratégicas e retomadas.

Portanto, dos desdobramentos propostos à teoria da regulação responsiva, a lição de Braithwaite motiva o regulador a buscar resolver os problemas não apenas por meio do *enforcement*, mas criando antes mecanismos para dar condições para que a resolução parta do próprio regulado, apoiando a capacitação. Dessa forma, a teoria da regulação responsiva evidenciará a vantagem comparativa de medidas conciliatórias sobre as de comando para o alcance efetivo de metas regulatórias.[14]

---

13. AYRES, I.; BRAITHWAITE, J. *Responsive regulation: transcending the deregulation debate.* New York: Oxford University Press, 1992, p. 476.
14. ARANHA, M. I. *Manual de Direito Regulatório.* 5. ed. Londres: Laccademia, 2019, p. 156.

4. BRASIL E O SEU SISTEMA NACIONAL DE DEFESA DO CONSUMIDOR: REGULAÇÃO DAS RELAÇÕES DE CONSUMO

O Código de Defesa do Consumidor (CDC) dedicou seu quarto título para disciplinar o Sistema Nacional de Defesa do Consumidor (SNDC) e o fez buscando possibilitar a articulação entre órgãos públicos e privados que possuem o dever de tutelar o consumidor.[15] Apesar de não funcionarem como agências reguladoras, alguns órgãos do SNDC têm características regulatórias em suas atividades, a exemplo dos Procons Estaduais e Municipais, independentes e autônomos entre si. Especialmente, se vê a regulação das relações de consumo nas competências do órgão responsável pela coordenação do SNDC: a Secretaria Nacional do Consumidor.

Trata-se do papel da "regulação geral", que se dedica a implementar o controle estatal sobre a totalidade da economia, o que inclui, também, o direito do consumidor.[16] À Senacon cabe não apenas o papel de planejar, elaborar, propor, coordenar e executar a política nacional de proteção ao consumidor, nos termos do artigo 106, I, do CDC, mas também o papel de regulação geral, conforme a proposta do autor:

A regulação geral está desconectada de setores da economia, desligando-se de um rol de prestações setoriais específicas devendo, portanto, ser encarada como regulação de áreas de interesse estatal, como é o caso das opções políticas geradoras do regime jurídico do consumidor, da concorrência e do meio ambiente.

Dessa forma, ainda que não se enquadre formalmente como "agência" de defesa do consumidor, a Senacon enquanto coordenadora do SNDC possui um papel regulador frente à Política Nacional das Relações de Consumo, concedido pelos comandos do CDC. Esse papel de órgão regulador não atinge competências meramente repressivas, já que a defesa do consumidor deve visar também à prevenção do dano.[17] O órgão desempenha, então a política pública do Consumidor. gov.br, cujo conceito merece destaque:

Em suma, o conceito de política pública envolve a ideia de processo político-administrativo, com fases sucessivas e interligadas (em oposição ao ato isolado), mediante o qual o Estado (havendo quem admita particulares também) se propõe a solucionar um problema público (do interesse da coletividade), considerando as circunstâncias do caso (como fatores culturais e condições fiscais), os atores

---

15. MARQUES, C. L., BENJAMIN, A. H. V. e BESSA, L. R. *Manual de Direito do Consumidor*. 8. ed. São Paulo, 2017, p. 465.
16. ARANHA, M. I. *Manual de Direito Regulatório*. 5. ed. Londres: Laccademia, 2019, p. 257-258.
17. COMPARATO, F. K. A proteção do consumidor. Importante capítulo do direito econômico. *Direito do consumidor*, v. 1. São Paulo: Ed. Ed. RT, 2011, p. 10.

envolvidos (agentes públicos, privados ou outros) e as estruturas disponíveis (órgãos, normas e procedimentos).[18]

Pelos aspectos discutidos, a plataforma Consumidor.gov.br dá à autoridade coordenadora da Política Nacional de Defesa do Consumidor um amplo espectro de possibilidades de atuação preventiva e repressiva para a efetiva defesa do consumidor. Algumas dessas possibilidades podem constituir elementos de responsividade, o que será melhor discutido adiante.

5. A MAIOR PLATAFORMA DE AUTOCOMPOSIÇÃO DE CONFLITOS DE CONSUMOS DO MUNDO: O CONSUMIDOR.GOV.BR

O Consumidor.gov.br é um serviço criado em 2014 e formalizado por meio do Decreto 8.573/15 para a resolução alternativa de conflitos de consumo ou conforme o sistema multiportas. A ferramenta foi estabelecida como plataforma oficial de resolução de conflitos da administração pública federal direta, autárquica e fundacional para a autocomposição das controvérsias em relações de consumo por meio do Decreto 10.197/20.

Na plataforma gerida pela Secretaria Nacional do Consumidor do Ministério da Justiça, o consumidor pode estabelecer um diálogo direto com o fornecedor por meio da internet. Após recebida a reclamação, o fornecedor terá o prazo máximo de 10 dias para propor uma solução ao conflito. A estrutura de funcionamento da plataforma é fortemente baseada em incentivos. Até março de 2020 não havia obrigação de ingresso no Consumidor.gov.br de quaisquer setores e a adesão era totalmente voluntária.

O motivo pelo qual algumas empresas fornecedoras aderiram ao serviço antes de tornar-se obrigatório, entretanto, não é difícil de explicar. Com um prazo de resolução média de 8 dias a uma taxa de resolução de 80% dos conflitos, a plataforma mantém índices de solução eficiente de conflitos que, sem uma resposta adequada, poderiam ser judicializados.

Os dados de reclamação da plataforma são públicos, o que a torna um exemplo transparente do tratamento dispensado ao consumidor. Desde a sua inauguração, o Consumidor.gov.br já recebeu mais de 4 milhões de reclamações de seus mais de 2,9 milhões de usuários cadastrados.

Além do propósito de promover a autocomposição dos conflitos, o Consumidor.gov.br auxilia a Secretaria Nacional do Consumidor, órgão responsável por coordenar a Política Nacional das Relações de Consumo, a promover políticas públicas direcionadas com base nas reclamações recebidas na plataforma.

---

18. BRITO, L. G. de. A relevância da participação social na formulação de políticas públicas. *Journal of Law and Regulation*, v. 3, n. 2, p. 95-112, 2017.

6. AS POLÍTICAS PÚBLICAS DE EXPANSÃO DA PLATAFORMA DURANTE A PANDEMIA

Durante a pandemia de coronavírus, com a necessidade de distanciamento social, alguns serviços tiveram seu funcionamento afetado, a exemplo dos órgãos que prestam atendimento ao consumidor, como os Procons. Com a capacidade de atendimento reduzida, soluções digitais encontraram solo fértil para implementação. Foi nessas circunstâncias que se iniciou o processo de expansão do Consumidor.gov.br, que atualmente conta com 1023 empresas.[19]

Em 27 de março de 2020, foi editada a Portaria 15/2020 do Ministério da Justiça, que obrigou determinados setores a ingressarem na plataforma Consumidor.gov.br no prazo de 30 dias. A norma abrangeu a) empresas que prestam serviços públicos e atividades essenciais; b) plataformas digitais de atendimento pela internet dedicadas ao transporte individual ou coletivo de passageiros ou à entrega de alimentos, ou, ainda, à promoção, oferta ou venda de produtos próprios ou de terceiros ao consumidor final; e c) os agentes econômicos listados entre as duzentas empresas mais reclamadas no Sistema Nacional de Informações de Defesa do Consumidor da Secretaria Nacional do Consumidor no ano de 2019.

Durante a vigência da Portaria n. 15/2020, a plataforma Consumidor.gov.br se expandiu mais de 58% em volume de fornecedores, passando de 609 cadastrados em 2019 para 965 empresas habilitadas em 2020.

Já em abril de 2021 foi publicada a Portaria n. 12, que além dos requisitos já expostos na Portaria 15, obriga também plataformas digitais e *marketplaces* que realizem a promoção, oferta, venda ou intermediação de produtos próprios ou de terceiros, comercialização de anúncios, publicidade, bem como provedores de conexão, de aplicação, de conteúdo e demais redes sociais com fins lucrativos a se cadastrarem no Consumidor.gov.br.

A medida de obrigar plataformas digitais a aderirem ao Consumidor.gov.br pode ter sido reflexo da significativa expansão do *e-commerce* em todo o mundo,[20] o que também impactou no volume das reclamações recebidas pela ferramenta do governo. Em 2020, 10% de todas as reclamações recebidas na plataforma Consumidor.gov.br eram relacionadas ao comércio eletrônico.

O processo de expansão do número de empresas na plataforma também impactou significativamente no volume de reclamações recebidas. Apenas em 2020, o Consumidor.gov.br recebeu o equivalente a um terço do volume total de reclamações já registradas na plataforma, conforme se observa do gráfico abaixo:

---
19. Disponível em: https://consumidor.gov.br/pages/indicador/infografico/abrir.
20. How Covid-19 triggered the digital and e-commerce turning point. UNCTAD, Geneve, 15 de março de 2021. Disponível em: https://unctad.org/news/how-covid-19-triggered-digital-and-e-commerce-turning-point.

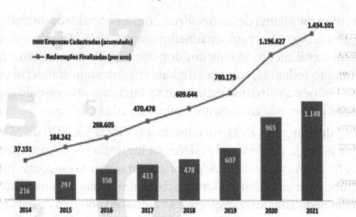

Figura 3: Gráfico que demonstra a evolução ano a ano dos números de empresas e reclamações na plataforma Consumidor. gov.br, divulgado no relatório Consumidor em Números 2021.

Analisando-se o perfil setorial dos fornecedores que aderiram ao Consumidor.gov.br em 2020 e 2021,[21] observa-se que a expansão da plataforma não se limitou às empresas que ficaram obrigadas a ingressar na plataforma por meio das Portarias 15/2020 e 12/2021 (serviços essenciais, plataformas digitais e empresas mais reclamadas nos Procons). Empresas de diversos setores passaram a integrar o Consumidor.gov.br, o que sugere um possível efeito de rede na participação dos fornecedores, que podem estar sinalizando para o "regulador" uma postura de adequação ou buscando conquistar a confiança do consumidor, a medida em que a credibilidade e popularidade da plataforma do governo crescem.

7. ELEMENTOS DE RESPONSIVIDADE NO CONSUMIDOR.GOV.BR

Considerando-se o que foi exposto acerca do marco teórico da presente pesquisa até o momento, e avaliando-se os critérios para ingresso no Consumidor. gov.br, passa-se a analisar se há elementos de responsividade na gestão da plataforma. Analisando-se o funcionamento da plataforma e a estrutura de incentivos de que dispõe para promover a participação, observa-se os seguintes elementos de responsividade no Consumidor.gov.br:

1). Discricionariedade para estabelecer os setores de participação obrigatória: exceto os fornecedores que se encaixam nos requisitos das Portarias 15/2020 e 12/2021 da Senacon, a adesão ao Consumidor.gov.br é totalmente voluntária.

---

21. Esses dados estão disponíveis em https://consumidor.gov.br/pages/dadosabertos/externo/.

2). Convencimento de setores estratégicos para ingresso na plataforma: apesar do aspecto voluntário da participação na plataforma, a Senacon dispõe da estrutura da Coordenação-Geral do Sistema de Informações de Defesa do Consumidor, que analisa as empresas que possuem atuação nacional e propõe o cadastramento no Consumidor.gov.br. Tal atuação denota a presença quotidiana de *soft tools* na Senacon para assegurar o convencimento de fornecedores para prestar atendimento pela plataforma do governo federal. De fato, mesmo antes de 2020, quando a Portaria 15 foi publicada, a plataforma já contava com vários grandes fornecedores, que ingressaram na plataforma por iniciativas de convencimento, por meio de Acordos de Cooperação Técnica com as Agências Reguladoras ou pela postura de conformidade com melhores práticas de governança, atualmente motivadas pela agenda ESG.

1). Monitoramento da qualidade do atendimento prestado ao consumidor: A Secretaria Nacional do Consumidor também dispõe de Coordenação-Geral de Estudos e Monitoramento de Mercado, que acompanha os dados de reclamações dos consumidores como forma de detectar desequilíbrios no mercado de consumo.

2). Notificações e propostas de acordos de conformidade e aplicação de sanções com base nos dados da plataforma: Como será melhor explorado adiante, caso uma empresa que tenha aderido a plataforma Consumidor.gov.br registre um aumento significativo no volume de reclamações, ou seja notada a insatisfação dos consumidores com as respostas concedidas, a Senacon poderá utilizar-se das informações prestadas pela plataforma para subsidiar uma sanção ao fornecedor.

Na atuação da Senacon, entre 2020 e 2021, é possível verificar elementos de uma pirâmide regulatória responsiva, marcada por exemplos de casos práticos que foram amplamente noticiados:

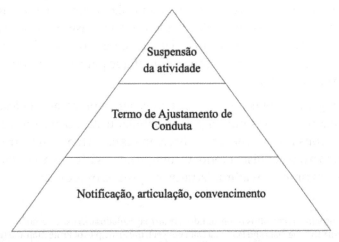

Figura 4: A pirâmide de responsividade da Senacon com medidas escalonadas já aplicadas em relação ao Consumidor.gov.br (elaboração própria)

No topo da pirâmide, temos uma medida incapacitante, que é, portanto, a sanção mais alta. Trata-se do caso C6 Bank, em que a Senacon suspendeu o direito de o banco comercializar empréstimos consignados em razão do aumento exponencial de reclamações sobre o serviço no Consumidor.gov.br (identificado o aumento de mais de 500% no mês que antecedeu a medida administrativa[22]). No meio da pirâmide é possível perceber o Termo de Ajustamento de Conduta como um dos elementos intermediários, do qual o regulador faz uso para obrigar o regulado a adotar uma postura de conformidade, sob pena de enfrentar a sanção administrativa. Na base da pirâmide responsiva do Consumidor.gov.br, é possível observar as *soft tools* da Senacon para trabalhar o convencimento por meio de articulação junto ao regulado e notificação para adequações no atendimento, como prazo de resposta ou índice de resolutividade.

8. A AFERIÇÃO DA QUALIDADE DO ATENDIMENTO PELO CONSUMIDOR.GOV.BR E AS *SOFT TOOLS* DA BASE PIRAMIDAL RESPONSIVA

O Consumidor.gov.br possui alguns indicadores públicos que auxiliam a Secretaria Nacional do Consumidor a realizar constantes monitoramentos de mercados, setores ou empresas específicas. No sítio eletrônico da plataforma, é possível ter acesso a informações como número de reclamações, tempo médio de resposta e resolutividade. Essas grandes quantidades de dados são facilmente dinamizadas e relacionadas por meio das tecnologias de armazenamento de informações em nuvem,[23] e viabilizam que tais informações estejam disponíveis em uma única fonte pública.

Com o monitoramento da qualidade do atendimento prestado ao consumidor e o volume de reclamações recebidas na plataforma, o Consumidor.gov.br possibilidade detectar desequilíbrios no mercado de consumo em âmbito nacional (já que a plataforma é acessada em todas as regiões do Brasil[24]). A amostragem de 2,9 milhões de usuários é um importante aliado para a construção de políticas públicas ao consumidor.

Congregando tantas informações úteis para a proteção e defesa do consumidor, a plataforma Consumidor.gov.br viabilizou que a Senacon exercesse o seu *enforcement* consumerista de forma direcionada e, portanto, muito mais eficiente considerando os custos dispendidos e o tempo necessário – sem contar os recursos humanos – em processos administrativos e processos judiciais.

---

22. Dados disponíveis em: https://consumidor.gov.br/pages/dadosabertos/externo/.
23. ZOLYNSKI, C. Big Data and Personal Data Between the Principles of Protection and Innovation. Law, *State and Telecommunications Review*, v. 12, n. 1, p. 225-245, 2020.
24. Veja-se mapa de acessos da plataforma: https://consumidor.gov.br/pages/indicador/infografico/abrir.

Assumindo a existência de elementos de responsividade na atuação da Senacon em relação ao Consumidor.gov.br, a base da pirâmide reúne, então, as *soft tools* e os esforços em conquistar a atuação voluntária do regulado. De forma ilustrada, a parte em destaque da base da pirâmide destina-se às medidas mais brandas, que buscam promover a conformidade de forma voluntária.

Figura 5: A pirâmide de responsividade da Senacon com medidas escalonadas aplicáveis em relação ao Consumidor.gov.br.

Exemplo prático de atuação da base da pirâmide, além do convencimento e persuasão utilizados para atrair fornecedores ao Consumidor.gov.br, é o uso de *soft tools* na situação das companhias aéreas. Diante de um cenário de aumento expressivo de reclamações ligadas ao setor, de aproximadamente 55%, a Senacon notificou as empresas que apresentaram os maiores volumes de insatisfação do consumidor para explicar as causas de aumento e as providências que já teriam sido tomadas.[25] Nesse sentido, passou-se a ter um movimento de comunicação ativa das empresas aéreas no ápice da pandemia em articulação conjunta com a Senacon.

9. TERMO DE AJUSTAMENTO DE CONDUTA

A possibilidade de uso de Termo de Ajustamento de Conduta enquanto medida escalonada dentro da pirâmide responsiva do Consumidor.gov.br também foi explorada na prática. O Boletim Consumidor em Números 2020 aponta as companhias aéreas como um dos setores mais reclamados no Consumidor.gov.br e que teve um dos maiores aumentos dos volumes de reclamações.[26] Obviamente, o contexto pandêmico e não previsto tem relação direta com os números.

---

25. Ministério da Justiça e Segurança notifica aéreas por causa do aumento das reclamações, CNN, São Paulo, 05 de outubro de 2020, https://www.cnnbrasil.com.br/business/2020/10/05/ministerio-da-justica-notifica-aereas-por-causa-do-aumento-das-reclamacoes.
26. Boletim Consumidor em Números 2020, página 10.

As maiores queixas dos consumidores eram relacionadas às regras para remarcação e reembolso de passagens. Para endereçar esse problema, a Senacon firmou Termo de Ajustamento de Conduta, envolvendo o Ministério Público Federal e a Associação Brasileira das Empresas Aéreas (ABEAR).[27] Quando da assinatura foram criados estímulos para remarcação e prazos para facilitar um entendimento entre consumidores e fornecedores. De forma ilustrada, a medida intermediária é destacada na figura:

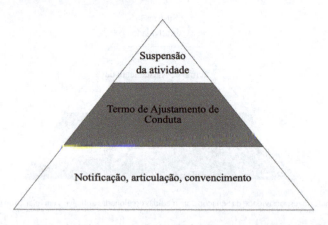

Figura 6: A pirâmide de responsividade da Senacon com medidas escalonadas destacada a sanção moderada para adequação da conduta do regulado.

A medida, não tão branda quando as medidas de convencimento e notificação, apesar de não ser a mais severa disponível, demonstra que o regulador possui o poder de impor uma alteração de conduta por parte do regulado, que pode se desdobrar em sanções severas caso não haja o atendimento às necessidades dos consumidores. No caso prático ao observar o aumento do volume de reclamações relacionados a um mesmo assunto e propor um ajustamento de conduta, a Senacon agiu conforme a pirâmide responsiva do Consumidor.gov.br.

10. CASO ENVOLVENDO CRÉDITO CONSIGNADO E AS PUNIÇÕES DO TOPO DA PIRÂMIDE RESPONSIVA

O C6 Bank é uma *fintech* brasileira com significativa fatia do mercado de empréstimos consignados. Já no final de 2020, o C6 Bank detinha 10% do mercado de empréstimos consignados no Brasil.[28]

---

27. Termo de Ajustamento de Conduta entre Senacon, MPF e ABEAR. Disponível em: https://www.conjur.com.br/dl/tac-aereas.pdf.
28. Vide matéria noticiada: Senacon suspende crédito consignado do C6 bank, Valor Econômico, 27 de dezembro de 2020. Disponível em https://valor.globo.com/financas/noticia/2020/12/29/senacon-suspende-credito-consignado-do-c6-bank.ghtml.

Apesar de não ser um *marketshare* tão relevante frente a um mercado tão concentrado como é o de serviços financeiros no país, o C6 Bank logo chamou a atenção dos órgãos de proteção e defesa do consumidor em razão do aumento exponencial no volume de reclamações contra a empresa. Apenas na plataforma Consumidor.gov.br, houve o aumento de mais de 1.900% do volume de reclamações recebidas entre agosto e novembro de 2020.[29-30]

A Senacon apontou que, mesmo após a notificação do C6 Bank para rever sua conduta empresarial frente ao consumidor, a postura do banco não foi adequada e seguiu o aumento do volume de reclamações na plataforma Consumidor.gov.br, nos Procons e nas defensorias.

Diante dos alegados riscos de danos irreparáveis aos consumidores, a Senacon adotou a medidas e suspendeu, cautelarmente, a venda de empréstimos consignados pelo C6 Bank, conforme autoriza o CDC no artigo 56, VI c/c artigo 56, parágrafo único do mesmo Código.

Analisando a ação da Senacon em relação à pirâmide de responsabilidade, a medida contra o C6 Bank poderia ser inserida no topo, por representar a sanção mais gravosa ao regulado.

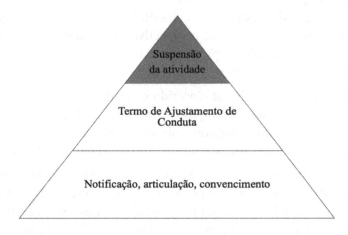

Figura 7: a pirâmide de responsabilidade da atuação recente da Senacon, destacada a sanção do topo da pirâmide, aplicada ao C6 Bank em 2020.

---

29. Conforme amplamente noticiado: C6 É barrado pela Senacon de vender empréstimo consignado, Terra, São Paulo, 29 de dezembro de 2020. Disponível em: https://www.terra.com.br/noticias/tecnologia/c6-bank-e-barrado-pela-senacon-de-vender-emprestimo-consignado,0e71baa70eb98f5ff6b904ee-a85f0ac76ualgx9h.html.
30. Perfil do C6 Bank no Consumidor.gov.br – https://consumidor.gov.br/pages/empresa/20190503001376215/perfil.

É a sanção incapacitante, aplicável apenas quando as demais reprimendas não surtem os efeitos desejados pelo regulador (que no caso do C6 Bank, eram as diversas reclamações na plataforma Consumidor.gov.br e nos Procons). No caso, a Senacon entendeu que havia indícios suficientes de práticas abusivas no fornecimento de serviços financeiros não contratados (crédito consignado), mediante o desconto automático em conta.

CONSIDERAÇÕES FINAIS

Como princípio caro à ordem econômica brasileira, a defesa do consumidor deve ser promovida e o Sistema Nacional de Defesa do Consumidor fortalecido. A plataforma Consumidor.gov.br tem como preceitos eficiência (uma média de 80% de resolutividade), celeridade (tempo médio de resposta de 8 dias) e transparência (todos os dados da plataforma são públicos).

O atendimento ao consumidor de forma eficiente, célere e transparente é benéfica não apenas para o cidadão, mas para todo o mercado de consumo, fortalecendo a livre iniciativa e a sustentabilidade do modelo econômico adotado.

A presença do Estado na Política Nacional das Relações de Consumo enquanto princípio do Código de Defesa do Consumidor certamente fortalece a regulação consumerista que, na perspectiva da teoria da regulação responsiva, traz incentivos para viabilização da atividade econômica de forma harmoniosa com o direito do consumidor.

O Consumidor.gov.br está inserido no centro de uma política pública que promove não apenas a autocomposição de conflitos de consumo e a desjudicialização, mas auxilia no monitoramento do mercado de consumo e no acompanhamento do tratamento dispensado ao consumidor por parte dos fornecedores.

As implicações práticas da expansão da plataforma entre março de 2020 e março de 2022 foram bastante positivas e ainda podem ser mais promissoras: um maior número de consumidores atendidos e mais fornecedores cadastrados. Além de não terminarem no já sobrecarregado Poder Judiciário, as demandas resolvidas pela plataforma auxiliam na promoção da confiança entre consumidores e fornecedores, promovendo o diálogo para a autocomposição, que reconhecidamente gera os melhores resultados e fortalecem uma cultura não litigiosa de resolução de conflitos.

As medidas de responsividade adotadas pela Senacon que foram analisadas demonstram que a plataforma tem um grande potencial como instrumento de regulação responsiva para promover a defesa do consumidor com a participação ativa do regulado. Com a participação do regulado no processo de adaptação e construção de medidas de corregulação e educativas, é possível promover uma cultura empresarial de conformidade, com maiores chances de implementação pelo fornecedor, gerando bem-estar ao consumidor.

Considerando o referencial teórico adotado, bem como as medidas do regulador em sentido amplo em relação à plataforma que foi objeto de análise, é possível identificar exemplos práticos da aplicação de elementos de responsividade relacionados ao Consumidor.gov.br. A aplicação de tais elementos deu-se no sentido de assegurar, principalmente, a melhoria do atendimento ao consumidor, a cessação de práticas consideradas abusivas pelo direito do consumidor e a maior participação de fornecedores para promoção da autocomposição de conflitos de consumo.

Nesse sentido, observa-se que há espaço para utilização com possibilidade de aprofundamento da abordagem responsiva na atividade regulatória do Sistema Nacional de Defesa do Consumidor visando o seu fortalecimento. Com isso, não apenas ganha muito a defesa do consumidor com mecanismos de maior efetividade (e com o uso de ferramentas de proteção e defesa mais amplas), como também ganha a livre iniciativa, diante do escalonamento de sanções conforme a gravidade da conduta, conferindo maior previsibilidade e segurança jurídica para o desenvolvimento da atividade econômica.

REFERÊNCIAS

ARANHA, M. I. *Manual de direito regulatório*. 5. ed. Londres: Laccademia, 2019.

ARANHA, M. I.; LOPES, O. A. *Estudo sobre teorias jurídicas da regulação apoiadas em incentivos*. Brasília: Centro de Políticas, Direito, Economia e Tecnologias das Comunicações da UnB, 2019.

AYRES, I.; BRAITHWAITE, J. *Responsive regulation*: transcending the deregulation debate. New York: Oxford University Press, 1992.

BALDWIN, R.; BLACK, J. *Really Responsive Regulation*. The Modern Law Review 71(1), p. 59-94, 2008.

BRASIL. Escola Nacional de Administração Pública. *Modelos de Conformidade Regulatória: conceitos, aplicação e lições no Brasil*. Disponível em: https://repositorio.enap.gov.br/bitstream/1/6940/1/2022.04.08%20-%20Policy%20brief%20Modelos%20de%20conformidade%20Regulatória.pdf.

BRASIL. Lei Federal 8.078 de 11 de setembro de 1990.

BRASIL. Ministério da Justiça. Secretaria Nacional do Consumidor. Consumidor.gov.br Disponível em: https://consumidor.gov.br/pages/dadosabertos/externo/.

BRASIL. Ministério da Justiça, Secretaria Nacional do Consumidor. Consumidor em Números 2021. Disponível em: https://www.gov.br/mj/pt-br/assuntos/noticias/consumidor-em-numeros-2021-3-3-milhoes-de-reclamacoes-foram-registradas-em-todo-o-pais/consumidor-em-numeros-2021.pdf.

BRASIL. Ministério da Justiça. Secretaria Nacional do Consumidor. Portaria 15 de 27 de março de 2020.

BRASIL. Ministério da Justiça. Secretaria Nacional do Consumidor. Portaria 12 de 05 de abril de 2021.

BRASIL. Ministério da Justiça. Termo de Ajustamento de Conduta firmado entre SENACON, MPF e ABEAR. Disponível em: https://www.conjur.com.br/dl/tac-aereas.pdf.

BRASIL. Terra Notícias. C6 É BARRADO PELA SENACON DE VENDER EMPRÉSTIMO CONSIGNADO, São Paulo, 29 de dezembro de 2020. Disponível em: https://www.terra.com.br/noticias/tecnologia/c6-bank-e-barrado-pela-senacon-de-vender-emprestimo-consignado,0e-71baa70eb98f5ff6b904eea85f0ac76ualgx9h.html Acesso em: 12 out. 2022.

BRASIL. SENACON SUSPENDE CRÉDITO CONSIGNADO DO C6 BANK, Valor Econômico, São Paulo, 27 de dezembro de 2020. Disponível em: https://valor.globo.com/financas/noticia/2020/12/29/senacon-suspende-credito-consignado-do-c6-bank.ghtml Acesso em: 12 out. 2022.

BRITO, L. G. de. A relevância da participação social na formulação de políticas públicas. *Journal of Law and Regulation*, v. 3, n. 2, p. 95-112, 2017.

COMPARATO, F. K. A proteção do consumidor. Importante capítulo do direito econômico. *Direito do consumidor*, v. 1. São Paulo: Ed. RT, 2011.

LUHMANN, N. *Introduction to the Systems Theory*. Cambridge: Polity, 2013.

MARQUES, C. L., BENJAMIN, A. H. V. e BESSA, L. R. *Manual de Direito do Consumidor*. 8. ed. São Paulo, 2017.

MINISTÉRIO DA JUSTIÇA E SEGURANÇA NOTIFICA AÉREAS POR CAUSA DO AUMENTO DAS RECLAMAÇÕES, *CNN Notícias*. São Paulo, 05 de outubro de 2020, https://www.cnnbrasil.com.br/business/2020/10/05/ministerio-da-justica-notifica-aereas-por-causa-do-aumento--das-reclamacoes

NEVES, M. *Entre Têmis e Leviatã: uma relação difícil*. 3. ed. São Paulo, 2012.

SILVA, J. M. A. M. M. A Regulação responsiva das telecomunicações: novos horizontes para o controle de obrigações pela Anatel. *Revista de Direito Setorial e Regulatório*, Brasília, v. 3, n. 1, p. 255-280, maio de 2017.

UNCTAD. HOW COVID-19 TRIGGERED THE DIGITAL AND E-COMMERCE TURNING POINT. UNCTAD, Geneve, 15 de março de 2021. Disponível em: https://unctad.org/news/how-covid-19-triggered-digital-and-e-commerce-turning-point. Acesso em: 12 out. 2022.

VERMEULE, A. *Law's Abnegation*: from Law's Empire to the Administrative State. Cambridge, Massachusetts: Harvard University Press, 2016.

ZOLYNSKI, C. Big Data and Personal Data Between the Principles of Protection and Innovation. Law, *State and Telecommunications Review*, [S. l.], v. 12, n. 1, p. 225-245, 2020.

ANOTAÇÕES